U1018917

江西财经大学信毅学术文库

全球价值链下我国产业集群低端锁定与高端攀升的机理及政策体系

胡大立　于锦荣　著

中国财经出版传媒集团
中国财政经济出版社

图书在版编目（CIP）数据

全球价值链下我国产业集群低端锁定与高端攀升的机理及政策体系 / 胡大立，于锦荣著．--北京：中国财政经济出版社，2022.7

（江西财经大学信毅学术文库）

ISBN 978－7－5223－1066－4

Ⅰ.①全…　Ⅱ.①胡…②于…　Ⅲ.①产业集群－产业发展－研究－中国　Ⅳ.①F269.23

中国版本图书馆CIP数据核字（2022）第012128号

责任编辑：张若丹　　　　责任校对：张　凡
封面设计：王　颖　　　　责任印制：党　辉

全球价值链下我国产业集群低端锁定与高端攀升的机理及政策体系
QUANQIU JIAZHILIAN XIA WOGUO CHANYE JIQUN DIDUAN SUODING YU GAODUAN PANSHENG DE JILI JI ZHENGCE TIXI

中国财政经济出版社 出版

URL：http：//ckfz.cfeph.cn
E－mail：cfeph@cfeph.cn
（版权所有　翻印必究）
社址：北京市海淀区阜成路甲28号　邮政编码：100142
营销中心电话：010－88191537
天猫网店：中国财政经济出版社旗舰店
网址：https：//zgczjjcbs.tmall.com
北京财经印刷厂印刷　各地新华书店经销
成品尺寸：170mm×230mm　16开　18.5印张　286 000字
2022年7月第1版　2022年7月北京第1次印刷
定价：65.00元
ISBN 978－7－5223－1066－4
（图书出现印装问题，本社负责调换）
本社质量投诉电话：010－88190744
打击盗版举报热线：010－88191661　QQ：2242791300

前　言

进入21世纪80年代以后，随着全球经济一体化和贸易自由化的不断深入，产品价值链各环节越来越具有空间上的可分布性。于是，国际产业分工也从早先的产业间、产业内分工，演变为以产品价值链内的工序、环节为对象的全球价值链分工。全球价值链分工，一方面为发达国家的跨国公司重新定位自身发展战略和强化竞争优势提供了可能；另一方面也为发展中国家地方集群嵌入全球价值链，参与国际竞争，实现跨越式发展提供了难得的机遇。我国产业集群作为区域经济发展的一种载体，正快速以各种方式（代工生产、加工贸易）嵌入全球价值链中，成为全球产业网络中不可分割的一部分。

我国产业集群通过嵌入全球价值链确实获取了外部资源、知识、信息与市场，实现了自身的快速发展。但嵌入全球价值链是一把“双刃剑”，在促进我国产业集群快速发展的同时，也使我国的产业集群“锁定”在全球价值链的低端环节（加工、制造等低附加值环节）。这种低端锁定，使我国产业集群陷入十分为难的境地。这些困境主要表现在以下方面：（1）利润微薄，使我国产业集群成为世界的血汗工厂。（2）资源消耗大、环境污染重的“代工”生产方式，使资源环境不堪重负。（3）全球经济低迷，使严重依赖国外市场的集群内企业陷入“无米之炊”的窘境。（4）人民币升值和日益上升的生产要素成本，使得原本十分微薄的“代工”利润再度缩水，最终导致大批“代工”企业经营举步维艰，甚至破产倒闭。

上述种种情况表明，全球价值链低端锁定使我国产业集群处于万难境地。面对上述如此艰难的困境，我国产业集群何处去？本书认为，唯一的出路是突破低端锁定，向全球价值链高端攀升，实现集群的转型升级。然而，产业集群如何才能突破低端锁定？其具体路径和策略是什么？低端锁定的形成机理又是什么？突破低端锁定的关键要素和支持条件是什么？这都是摆在广大理论和实务工作者面前的重大理论和实践课题，研究它具有重大的理论意义和实践价值。正是基于此，本书特选此课题对上述问题进行研究。

本书的创新或特色主要表现在以下方面：（1）从出口贸易水平、出口贸易质量、全球价值链位置三个方面出发，综合应用多项测度指标，利用世界投入产出数据库（World Input-Output Database，WIOD）和其他统计数据，分别计算加工贸易所占比重、出口国内增值率、全球价值链位置指数（GVC_ Position）指标值。据此，综合反映我国产业集群在全球价值链分工中的地位。（2）对我国产业集群低端锁定导致的因素及其作用过程作了逻辑上的理论论证，以此打开我国产业集群低端锁定形成的“黑箱”。（3）从企业微观层面、集群区域层面、宏观环境三个层面，全方位、多视角全面系统地剖析制约我国产业集群全球价值链高端攀升的障碍因素。这些障碍因素涉及体制、机制、资源、能力以及观念等诸多方面的内容。（4）科学地提出了产业集群向全球价值链高端攀升的三个驱动力（技术力、市场力和品牌力），并对这三个力量对集群企业向价值链高端攀升的内在作用过程进行了理论论证和实证检验。（5）不仅创新性地提出了驱动我国产业集群向价值链高端攀升的三种力量，还对这“三力”如何相互协同耦合，共同推动产业集群向全球价值链高端攀升进行了研究，内容涉及“三力”协同目的、协同对象、协同内容、协同机制等的研究。

目　录

第1章 绪　　论

1.1 研究背景及研究意义

产业集群是当今世界经济发展的主要载体。改革开放以来，我国东南沿海及广大的中西部地区相继产生了大量的产业集群，这些集群在解决就业、拉动 GDP 增长、增加出口、繁荣地方经济方面作出了巨大贡献，成为推动区域经济发展的重要力量。

随着经济全球化的加快，国际分工由先前产品之间分工向产品内的全球价值链分工演变，我国地方产业集群作为区域经济发展的一种载体，以各种方式（加工贸易、代工生产等）快速嵌入全球产业价值链分工体系中，成为全球生产网络中不可分割的一部分。

我国产业集群通过嵌入全球价值链分工体系确实实现了自身的快速发展，同时也促进了我国经济的高速增长，使我国迅速成为世界第二大经济体，并享有“世界工厂”的美誉。然而，我们也应该清醒地看到一个严峻的事实是，我国产业集群长期被锁定在全球价值链的低端环节。集群内大量企业从事的是全球价值链中加工、装配和简单制造环节的低技术含量、低附加值的劳动密集型、资源密集型产品的生产和制造，在全球价值链分工体系中只是一个打工者的身份。这种状况使我国产业集群陷入万难而又尴尬的境地。

第一，牺牲环境却只获得十分微薄的加工费，使我国产业集群成为“血汗工厂”。据权威部门统计，我国集群中代工企业只能得到产品价值的10%左右的加工费。例如一只在我国贴牌制造的鼠标在美国市场上的售价约为40美元，而我国代工企业只能拿到3美元的加工费。另据报道，苹果公司在我国的代工企业利润率不到2%。这种现象普遍存在IC芯片、手机、电脑、玩具、服装、鞋、皮具、小家电等产业中。

第二，耗费资源、污染环境，使我国资源和环境不堪重负。我国各地的产业集群作为国际采购商和跨国公司的加工基地，承接了大量发达国家转移的资源消耗大、环境污染重的制造环节的活动，致使我国资源、环境不堪重负。各地出现的大面积水源污染以及酸雨、雾霾天气就是我国资源、环境不堪重负的具体表现。

第三，贸易摩擦不断，使集群内企业蒙受巨大损失。集群内的“两头在外”“大进大出”的加工贸易给我国带来了巨额贸易顺差，这也给一些国家实施贸易保护政策提供了借口。根据商务部发布的数据，我国连续16年成为全球遭受反倾销调查最多的国家。这些贸易摩擦给集群内出口企业造成了极大的经济损失。

第四，其他发展中国家的竞争，使我国产业集群面临产业“空洞化”的危险。长期以来，我国产业集群主要依靠低成本优势吸引了大量跨国公司和国际采购商的眼球而成为它们的加工基地。然而，近年来，随着国内要素价格的上升，以及越南、印度等同类发展中国家加入全球价值链分工体系当中，我国产业集群低成本优势正逐步被这些国家替代，大量订单或产业开始从我国转移到这些国家，从而使我国产业集群面临产业“空洞化”的危险。

上述种种情况表明，全球价值链低端锁定使我国产业集群处于万难而又尴尬境地。面对上述如此艰难的困境，我国产业集群该往何处去？本书认为，唯一的出路是突破低端锁定，向全球价值链高端攀升，实现集群的转型升级。具体来讲，本书研究的意义和价值可以概括如下：

第一，本研究是我国在新一轮的国际分工体系中获得主动权和控制权，谁就在全球价值链利益分配中赢得更多话语权的需要。在当今新的国际分工体系中，谁占据了全球价值链的高端环节，谁就获得了对全球价值链的控制权，谁就在全球价值链利益分配中拥有话语权并获得较多的利益。正因如此，世界各国都在逐鹿全球价值链的高端环节。长期以来，我国处于全球价值链低端，在全球价值链分工中处于从属、被支配的“打工者”地位，在全球价值链利益分配中无话语权而成为世界“血汗工厂”。这种状况，显然与我国全球“第二大经济体”的身份极不相称。我国要在新一轮国际分工中摆脱“打工者”和“血汗工厂”的命运，赢得应有的地位和话语权，就必须向全球价值链的高端攀升。因此，本研究具有十分重要的现实意义。

第二，本研究是我国产业集群摆脱目前“贫困式增长”和“趋底式发展”困境的需要。如前所述，我国产业集群处在全球价值链的低端环节，在全球价值链分工体系中处于“打工者”的地位，这种状况使我国产业集群处于万难境地当中。我国产业集群如何突破低端锁定，向全球价值链高端攀升，以摆脱目前困境是摆在广大的理论工作者和实践工作者面前的重大的理论和实践课题，研究它具有重大的理论意义和实践价值。

第三，本研究是弥补现有研究的不足，完善和丰富全球价值链理论的需要。由于全球价值链理论诞生的时间还不长，目前国内外关于低端锁定的研究还存在诸多不足，需要广大的理论工作者对其不断完善和丰富。本书拟对上述所提及的现有研究的不足做些补充性工作，以完善和丰富全球价值链理论。

第四，本研究是我国经济实现高质量发展的具体实现形式。中国特色社会主义进入了新时代，我国的经济发展也进入了新时代。党中央、国务院走在时代的前列，准确把握时代发展的趋势，以及新时代经济发展的主要矛盾，高瞻远瞩、审时度势，作出了“我国经济已由高速增长阶段转向高质量发展阶段”的判断。推动高质量发展，既是保持经济持续健康发展的必然要求，也是适应我国社会主要矛盾变化和全面建成小康社会、全面建设社会主义现代化国家的必然要求，更是遵循经济规律发展的必然要求。推动高质量发展是当前和今后一个时期确定发展思路、制定经济政策、实施宏观调控的根本要求。推动经济高质量发展必须统筹推进“五位一体”总体布局和协调推进“四个全面”战略布局，以供给侧结构性改革作为高质量发展的主线，以科技创新作为高质量经济发展的新动力，以产业转型升级作为高质量发展的主要实现形式和具体载体。我国产业集群向全球价值链高端攀升就是我国产业转型升级的具体实现形式。因此，从这一点来讲，我国产业集群全球价值链高端攀升就是我国经济向高质量发展的具体要求和实现形式。

1.2 国内外研究现状述评

本书根据研究目的、研究对象和研究主题，围绕以下主题进行相关文献综述。

1.2.1 全球价值链分工的特点及利益分配研究

(1) 全球价值链分工

国际分工理论作为全球价值链分工理论的基础，主要包括产业间的分工、产业内的分工和产品内的分工。

作为资本主义社会早期的分工方式，产业间的分工是指产业间与产业间的国际分工，主要存在于宗主国与殖民地、发达国家与发展中国家之间。随着第三次科技革命的到来，国际分工模式出现了很大的变化，逐渐开始关注于在同一产品下异质性的分工，不同型号、类型等成为划分标准，比如在1997年的美国，消费者可以买到173种不同型号的汽车。随着分工的细化以及信息、服务等新兴产业的出现，各国逐渐将产品生产中的不同工序分布到不同国家，每个国家专门负责某个特定环节的生产，这称为产品内的分工。

随着经济全球化的发展，以及全球价值链概念的形成，基于产品内的分工，全球价值链分工被逐渐提出。Hummels 认为，在全球化的过程中，价值链实际上是被一段段分开的，在全球各地离散分布，不同国家承担着价值链中不同的环节，各自存在各自的全球价值链分工。高越和高峰（2005）提出了全球价值链分工的三个条件：一是某种商品在价值链的不同阶段被连续生产；二是至少两个国家在商品生产中提供价值创造；三是至少一个国家在生产过程中使用进口投入品，产品的产品被出口。

(2) 全球价值链分工的特点

随着全球科学技术的发展，经济全球化的趋势不断加强，各国之间的贸易壁垒逐渐降低。跨国公司开始在世界各地寻找最优的环境进行价值链环节的分布，以达到优化资源配置的目的。在如今全球价值链分工的大环境下，国与国之间的界限被淡化，取而代之的是跨国公司之间的联系，跨国公司将创造利润小且不核心的环节交给效率高、成本低的国外企业完成，自身垄断利润丰厚且核心的部分。由此可见，跨国公司是全球价值链的主导力量。

然而，全球价值链却存在着利益不均衡的特点。张二震（2003）等认为在全球价值链分工中，参与分工的层次和控制能力成为决定利益分配的重要因素。从微笑曲线可知，发达国家所控制的研发设计、品牌营销等环节位于价值链高端，而加工制造等利润微薄的环节则由发展中国家控制。发展中国家为了维持其在全球价值链中的地位，通常通过压低工人工资的方式进行获利，获利微薄的背后是相对利益的受损。

不同地区要素的差异同样决定了全球价值链利益分配不同的特点。在如今全球价值链分工下，具备如资本、技术、管理等高级要素的国家在利益分配上占据优势，而具备生产要素这种低级要素的国家作为从属国，获利远不如具备高级要素的国家。发达国家通过利用高级要素，使利益最大化。

在全球价值链分工中，国与国之间的界限变得模糊，企业与企业之间的联系变得更为密切。随着产品的生产工序越来越复杂，所需要的生产环节越来越多，产业愈加庞大，导致产业所需的专业化分工增多，企业与企业之间逐渐形成一个全球生产网络。全球价值链强调的是纵向发展，而全球生产网络可视为纵向、横向的双重发展，全球生产网络是全球价值链的一种高级形式。

（3）全球价值链分工的利益分配

对全球价值链中分工的利益分配问题，主要从分工中利益分布、来源、分配、利益提升四个方面来进行分析。

Porter 认为，保持在全球价值链分工中利益分配优势的方式是控制价值链上的关键环节。从微笑曲线来看，企业应该掌握处于微笑曲线上游的环节，如研发、营销等环节。发达国家跨国企业通过控制具有高附加值的环节，以达到在全球价值链利益分配上的优势。

张二震（2004）认为，如今全球价值链利益分配的原则不再取决于产品的产地和企业的产权，而是取决于参与全球价值链中企业所具备要素的质量和数量。拥有研发、销售、管理等高级要素的企业占据主导地位，而不具备高级要素的企业往往处于利益分配的不利地位。

发达国家与发展中国家在价值链利益分配中存在利益分配不公平的现象。Kaplinsky 认为，发达国家凭借其在价值链中所占据的主导地位，控制处于价值链低端的发展中国家，以获得利益分配的优势。在进行利益分配时，价格倾斜于发达国家，大型跨国企业占据价值链利益分配的高端环节。

1.2.2 全球价值链的驱动模式研究

根据驱动机制的不同，Gereffi（1994）等学者将全球价值链驱动模式分为购买者驱动型和生产者驱动型。购买者驱动型的全球价值链是由占据全球价值链高端环节的强大跨国企业所主导，其价值环节主要集中在设计、销售等环节。在此驱动模式下，利润主要集中于资本密集的高端环节。生产者驱动型的全球价值链是由发达国家跨国公司通过投资推动市场需求所产生的，其价值环节主要集中在研发、制造等环节。在此驱动模式下，利润主要集中于技术密集的环节，如飞机、电脑制造企业。两种驱动模式的比较如表 1-1 所示。

表 1-1　两种驱动模式的比较

项目	驱动模式	
	生产者驱动型	购买者驱动型
驱动因素	产业资本	商业资本
核心驱动能力	生产制造	设计、营销、管理
代表性产业	飞机、计算机等	服装、家具等
制造企业的所有权	一般为发达国家的大型跨国企业	位于发展中国家的地方企业
网络间联系方式	投资	贸易
代表企业	波音	耐克

资料来源：张辉，“全球价值链动力机制与产业发展策略”，《中国工业经济》，2006 年第 1 期，第 40～48 页。

然而，该种理论遭到了一些学者的质疑。他们认为，在实际活动中，全球价值链兼并了购买者驱动型和生产者驱动型这两种模式的特征。我国学者张辉（2006）提出了按照价值链的价值增值序列的划分方式，将其分为“中间型”和“混合型”驱动模式。驱动力是动态变化的，所以价值链的驱动模式也存在动态变化。

1.2.3 全球价值链的治理模式研究

(1) 全球价值链治理的概念

Gereffi 将全球价值链治理定义为一种协调和组织各地价值创造的活动，而这种活动是由价值链中掌握权力的经济体所控制，利用自身的主导性制定价值链中的系列规则。这一理论被认为是价值链治理研究的先河。Humphery 和 Schmiz 在 Gerefii 的研究基础上，认为全球价值链治理是通过非市场机制来协调企业之间的关系和制度，通过在企业之间设立一系列参数，比如产品的定义、生产过程的定义等来控制协调。

综上所述，一般来说，可认为全球价值链治理是一种协调和制度安排。治理者往往是在全球价值链中拥有权力的经济体。在治理中，治理者不仅仅需要通过制定参数、监督实施等手段来组织协调各环节的价值创造活动，价值在不同经济体之中的分配控制同样成为治理的关键。

(2) 全球价值链治理模式的分类

学者们根据价值链的权力分布状况将价值链治理模式分为“二分法”治理模式、“四分法”治理模式和“五分法”治理模式。

Gereffi 发现价值链中权力分布不均，存在于发达国家的大型跨国公司逐渐扮演着愈为重要的角色。受跨国公司控制的全球价值链，通过形成一种地方产业网络，穿过国与国之间的边界，将彼此分工合作的地方产业整合起来，通过价值链治理，以求资源配置的最优化。为此，Gereffi (1994) 根据占据主导位置的大型跨国公司类型，将全球价值链治理分为生产者驱动型治理模式和购买者驱动型治理模式，这就是“二分法”治理模式。

基于对价值链各环节权力类型的了解，区别于 Gerefii 所认为权力关系“不对等”的类型，Humphery 认为，还存在着权力关系“对等”的类型。基于各环节权力分布的类型，他提出了四种治理模式，分别为科层化治理模式、半科层化治理模式、市场化治理模式、网络化治理模式。这四种治理模式称为“四分法”治理模式。“四分法”治理模式具体分析如表 1 - 2 所示。

表1-2 “四分法”治理模式

项目	科层化治理模式	半科层化治理模式	市场化治理模式	网络化治理模式
特点	权力关系不平等，领导企业占有绝对的主导地位，由于产权优势而对制造商有绝对的支配能力	权力关系不平等，但由于没有绝对的产权优势，领导企业主要通过制定一系列标准来支配制造商	权力关系平等，领导企业与制造商只存在市场关系，不存在支配关系	权力关系平等，领导企业与制造商之间的关系更加客户化，联系更为密切，但存在一定的支配关系
表现	领导企业对生产商拥有所有权	领导企业对生产商有控制力，一般以某种标准来要求	领导企业和生产商只存在市场关系，不存在资产专用性投资	领导企业和生产商存在互补关系，存在资产专用性投资
治理机制	所有权	标准	价格	信任

资料来源：Humphrey J.，Schmitz H. How does insertion in global value chains affect upgrading in industrial clusters［J］. Regional Studies，2002，9（36）：1017－1027。

Gereffi基于Humphery等学者的研究，提出了由交易的复杂性、交易的可编码化能力、供应端能力这三个因素所决定的价值链治理模式，按照权力分布不平衡角度来排列，分为“市场型”“模块型”“关系型”“受制型”“层次型”，这称之为“五分法”治理模式。“五分法”治理模式具体分析如表1－3所示。

表1-3 “五分法”治理模式

项目	市场型	模块型	关系型	受制型	层级型
特点	购买商和生产商之间存在着单纯的市场关系，购买商与生产商之间并不存在密切的上下级关系，生产商不会得到任何支持，组织生产相对更加自由	通过减少生产上各种要求的差异化，以统一生产过程，使其“模块化”。领导企业可以通过自身的加工技术，提供“统包服务”，并且向外购买零部件和材料	领导企业与生产商交换信息的方式主要通过面对面接触，交流更为紧密，该种模式下企业更关注企业之间的互惠互利，购买商不质疑生产商的能力	领导企业与生产商之间存在支配关系，领导企业对生产商有很强的监督和控制能力	领导企业与生产商之间存在明显的支配关系，主要管理方式是管制
权力不均衡程度	高 ⟵			⟶	低

资料来源：Gereffi G.，Humphrey J. Sturgeon T. The Governance of global value chains［J］. Forthcoming in Review of International Political Economy，2003，11（4）：5－11。

1.2.4 全球价值链下发展中国家的产业升级模式研究

(1) 产业升级模式

产业升级的任务就是要放弃过去的专业知识领域，Kaplinsky 认为升级就是制造出更好的产品或从事需要更多技能的活动。基于对升级概念的理解，在此基础上，Humphery & Schmitz 提出了四种升级模式，其关键是通过企业内部升级以达到产业升级的目的，这四种升级模式包括：过程升级（生产过程更加有效率）、产品升级（产品更具备竞争力）、功能升级（改变自身在价值链中所处的位置）、链升级（转移向价值更高的产业链）。

发展中国家的产业升级，是为了提高一个企业或国家获取利润、提升技术的能力，主导企业在其中发挥着重要的作用。在此基础上，还有一种呈现阶梯式的产业升级模式。占据主导地位的企业有助于帮助发展中国家的企业进行阶梯式的升级，具体表现为由 OEM 企业代工生产到 ODM 企业升级生产加工，最后发展为 OBM 企业自有品牌生产，很多企业都在升级过程中表现出该种发展路线。

(2) 两种产业升级模式的异同

无论企业是进行过程升级、产品升级、功能升级、链条升级，还是通过 OEM 企业逐渐向 OBM 企业转型，这两种升级模式都强调了主导企业在这条全球价值链之下所起到的关键作用，主导企业通过对价值链进行治理，从而使处于价值链低端的企业进行转型升级。而且这两种模式的目的都是相同的，给处于价值链低端的企业提供一个思路，使其能够向价值链高端转移。

企业通过对过程、产品等进行升级的模式主要是对单一个体，而从 OEM 企业到 OBM 企业这一阶梯式的升级模式，是有顺序、有层次的，所适用的对象不仅仅是微观上的企业个体，同时也适用于宏观上的产业集群。OEM 企业到 OBM 企业这一升级模式是强调企业升级过程，而“四个升级”模式则是强调升级类别。两种产业升级模式的异同如表 1－4 所示。

表 1-4　　两种升级模式的异同

模式	不同点	相同点
“过程升级—产品升级—功能升级—链条升级”模式	升级模式的对象不同，前者适用于生产者驱动的产业集群，后者适应于购买者驱动的产业集群。而且“OEM—ODM—OBM”升级模式是动态的，且存在一定的时序性，而前者更像一个升级类别的选择	两者都是地方产业集群由价值链低端向价值链高端攀升（升级）的主要模式，对发展中国家处于价值链低端的产业集群提供了转型升级的思路
“OEM—ODM—OBM”升级模式		

1.2.5　全球价值链下发展中国家产业升级的动态性研究

（1）不同治理模式下发展中国家升级前景

参考 Humphrey 所提出的“四分法”治理模式，我们分别对处于科层化治理模式、半科层化治理模式、网络化治理模式以及市场化治理模式下的发展中国家产业升级前景进行分析。

在半科层化或科层化治理模式下，处于价值链低端的企业对领导企业依赖性很强。正是由于这种依赖性，使得这些企业必须提升自身在生产加工方面的竞争力，这对发展中国家制造商的产品升级以及过程升级有着很大的帮助。在该两种治理模式下，发展中国家制造商能学习到大量如何使用产品及如何升级生产过程的知识，但需要发展中国家在学习过程中，加强对人力、物力等方面的投资。同时，这也离不开领导企业的帮助，只有如此才能达到升级的目的。该两种模式也存在着不足，即领导企业的力量过于强大，为了保持其在全球价值链下的竞争力，导致其核心竞争力无法被模仿学习，发展中国家的生产商只能为领导企业生产产品，无法在自身方面进行功能升级。

在网络化治理模式下，购买商与生产商之间的关系更加客户化，存在着更为复杂的交流，不同于层级化或半层级化治理模式，网络化治理模式更关注企业之间的互惠互利，购买商不质疑生产商的能力，发展中国家制造商有着良好的升级机遇。在新产品开发阶段，创新网络发挥着巨大的作用，制造商在产品研发上产生了创新的需求，便利了创新的过程，使得制造商和用户之间联系紧密，以此提高制造商的竞争力。随着核心竞争力被发达国家企业关注，外包非核心业务越来越普遍，为了满足日益增长的需求，发展中国家逐渐成为新的供应基地，通过拓展业务，提升质量，降低成本来增加竞争力。该种治理模式会逐渐替代半层级化治理模式，但因为这种价值链在发展中国家几乎不可能出现，就要求生产商有极强的不可替代性。

在市场化治理模式下，购买商和生产商之间只是单纯的市场关系，二者之间并不存在密切的上下级关系，生产商不会得到任何支持，组织生产相对更加自由。在该种模式下，因为缺乏领导企业的推动，功能升级明显，过程、产品升级缓慢，同时在该种模式下，发展中国家制造商在产品设计、品牌、市场等方面投资过高，远高于建立半科层级关系中过程升级和产品升级所耗费的费用，不利于中小企业的发展。

（2）不同驱动模式下发展中国家产业升级路径选择

生产者驱动型的全球价值链中增值部分主要位于生产环节，这为处于该种驱动模式下的企业升级指明了方向。在该种驱动模式下，要与业内领导企业建立合作关系。企业需要通过增强自身竞争力（包括利用资源能力，遵循领导企业的管理方式并学习其管理经验）和国际化水平，努力嵌入领导企业所建立的全球价值链，以便拓宽企业自身的生存空间，最终达到升级的目的。在生产初期通过尽可能地降低成本来扩大生产规模，占据足够的市场份额，并进行产品之间的利润组合。注重技术创新，因为技术创新是在该种驱动模式下升级的基本动力，包括产品创新、技术创新、管理创新等一系列创新活动。提高供货服务的效率，这是企业信誉的保证，也是与领导企业长期合作的必要条件，特别是对于如电子产品这种时效性较强的产品。

处于高度竞争下的购买者驱动型全球价值链有别于生产者驱动型全球价值链，其利润位于购买者环节，处于该治理驱动下的企业，应该更关注企业自身能力的提升、身份的转型等，以不断完善产业集群内的价值链构成。处于该种驱动模式下的发展中国家企业应该实施成本控制战略，在发展初期，通过控制成本以形成价格优势。发达国家的大型企业在外包业务选择时看重的便是价格优势，因为在该种驱动模式下，产业集群从事加工制造，企业间的竞争力就集中在成本上，这也就是为什么大多数代工企业处于成本较低的欠发达地区。同时企业需要选择合适的时机进行转型，在该种驱动模式下，企业必须通过转型逐渐扮演处于价值链高端的角色，并融入全球价值链之中，从而使品牌面向更广阔的市场，学习先进的技术，以获得更多的附加价值。转型是企业升级的必经之路。企业应通过技术能力积累，提高技术能力推动企业转型。无论是处于生产者驱动型价值链治理模式还是购买者驱动型价值链治理模式下，技术创新能力都显得尤为重要。最后当企业发展到一定阶段时，要着手打造企业的品牌，通过创建自有品牌摆脱对领导企业的过度依赖，成为处于价值链高端环节的企业。

1.2.6 发展中国家低端锁定现象、成因及价值链高端攀升对策研究

(1) 发展中国家（含中国）全球价值链低端锁定现象的揭示与论证

针对发展中国家全球价值链低端锁定现象，学者们从不同的角度进行了揭示与论证。Gereffi（1994）、Bazan & Navas（2003）通过案例研究证明了巴西 Sinos 鞋产业集群锁定在全球价值链的低端环节。王辑慈（2008）、梁桂（2008）通过案例研究揭示了临海模具集群和晋江鞋业集群被跨国公司封锁于全球价值链低端环节的事实。于明超、刘志彪（2006）、张纪（2016）、陈立定（2017）、张洁达（2015）从我国代工企业赚取微薄加工费的角度阐述了我国企业全球价值链低端锁定的事实。曹和平（2006）、罗勇和曹丽莉（2009）、项星（2018）、熊鹤（2015）从加工贸易产品低廉价格的角度揭示了我国产业低端锁定的事实。此外，唐海燕（2009）、殷博乔（2011）、张平（2017）用出口相似度指数实证了我国产业处在全球价值链的低端位置。闫云凤（2019）通过绘制包含长度和强度两个维度的“全球价值链（GVC）位置—完全增加值率”曲线发现，中国具有比较优势的产业有房地产、保险和养恤金以外的金融服务、通信业、汽车和摩托车外的批发贸易，但这些产业的增加值主要来源于国内。中美两国的大多数产业都存在微笑曲线，全球价值链两端产业获得的增加值率高于中间部分。虽然中国制造业的全球价值链位置在上升，但依旧被锁定

在低端；中国服务业虽处于全球价值链中间，但已开始向两端延伸。黄光灿、王珏、马莉莉（2018）基于总出口附加值分解，测算中国制造业全球价值链参与指数，得出中国制造业参与全球价值链分工体系的程度较深，深入全球生产网络的趋势在不断上升，全球价值链地位指数呈现“右偏V”型发展趋势，国际分工地位表现出向上游攀升的特征，但分工地位仍相对较低，制造业行业间差异显著。

（2）发展中国家（含中国）长期处于全球价值链低端环节的成因研究

发展中国家为什么长期陷入在全球价值链的低端而不能升级呢？国内外学者对此进行了有益的探讨。Humphrey & Schmitz（2000）认为发展中国家产业集群大多数被纳入半层级型价值链治理中，在这种治理结构中领先公司会推动地方产业集群的过程升级和产品升级，但会阻碍功能升级和链条升级。Meyer-Stamer（1998）认为路径依赖阻碍了发展中国家产业集群的升级。刘志彪和张杰（2007）、卓越（2008）、韩晶（2008）、郑准和王国顺（2012）认为俘获型网络治理关系造成了发展中国家的代工企业无法实现功能升级与链升级。王雷（2015）、牛卫平（2016）认为跨国公司的纵向控制及封锁使代工企业长期被锁定在价值链的低端环节。胡国恒（2017）认为企业对低成本优势的过分依赖导致后发地区无法形成高级要素和技术创新能力，从而形成低端锁定。

（3）发展中国家（含中国）全球价值链转型升级模式研究

成祖松（2019）构建了一个基于国家价值链和全球价值链“双链”驱动的高技术产业升级的模式框架：以本土大型企业为主体，以自主创新为动力，立足强大内需和国家政策支持，构建高技术产业的国家价值链；在此基础上，将国家价值链向国外延伸，在全球不同国家（地区）尤其是“一带一路”沿线国家布局价值链，构建以我为主的全球价值链体系，推动中国高技术产业升级。同时，该文以高铁行业为例，验证了“双链”驱动模式在高技术产业升级中的作用。孙宁华、张翔（2019）提出了商业模式创新驱动全球价值链攀升思路，认为商业模式创新是企业实现全球价值链升级的可行路径，而全球价值链升级就是广义的商业模式创新。对于生产者驱动型全球价值链，企业可以通过商业模式创新驱动技术升级、提升服务质量、构建价值网络、推进技术商业化来占据价值链高端；对于购买者驱动型全球价值链，企业可以从制定客户价值主张、调整赢利模式、优化关键流程入手提升企业竞争力，实现价值链攀升。中国企业可以商业模式创新为支点，加快提升国际竞争力，并成为全球价值链的主导者。张卫华、梁运文（2017）提出了全球价值链视角下"互联网＋产业集群"升级的模式，分析了"互联网＋"推动传统产业集群机理和实践模式，实证测度了"互联网＋"对传统产业集群转型升级的影响。李国鹏、王绍媛（2018）提出了跨境电商的网络化制造推动全球价值链升级模式，认为在跨境电商模式下，网络化制造为制造企业更好地把握经济全球化新形势、融入世界经济新秩序提供了难得的机遇，进而为制造企业重构全球价值链和参与全球价值链分工提供了新思路。他们认为，跨境电商模式下网络化制造推动提升制造企业在全球价值链中的地位主要依靠两大机制：贸易便利化和制造服务化。

（4）发展中国家（含中国）全球价值链转型升级路径研究

苏敬勤、高昕（2019）对深度嵌入全球价值链的汽车零部件代表企业万向集团和作为机车行业国内价值链中链主企业的中车大连机车车辆有限公司进行了纵贯式案例分析。研究发现，以简单产品和复杂产品为起点的两类企业均在"接受定义→合作定义→主动定义"的定义延伸演化规律下，通过向垂直链条与水平链条两个方向交替进行定位跃升的路径，从而摆脱低附加值与低端技术的锁定风险。潘秋晨（2019）通过实证研究发现，技术水平越高的行业越依赖于由中间品效应产生的全球价值链中低端嵌入路径实现转型升级，技术水平越低的行业则越依赖于由竞争效应产生的全球价值链高端嵌入路径完成转型升级，而由链中学效应产生的全球价值链高端嵌入路径则能够带动装备制造业完成整体转型升级，且对高技术行业的带动效应更强。耿晔强、白力芳（2109）认为，人力资本结构高级化与研发强度能有效提高发展中国家在全球价值链中的地位。他们把人力资本结构高级化和研发强度与全球价值链纳入统一分析框架，从理论上阐述了人力资本结构高级化和研发强度对发展中国家全球价值链地位升级的影响，通过实证研究发现，人力资本结构高级化和研发强度均显著促进了中国制造业全球价值链地位的提升。孙先民、韩朝亮（2019）通过实证研究表明，中国生产性服务业与制造业处于松散耦合阶段。中国在嵌入全球价值链过程中，应实现从低级要素向中级、高级要素升级，并不断进行产业组织创新；通过国内市场优势，实现国内分工体系重构，形成国家价值链（NVC）；基于全球范围内关键要素的再整合，最终嵌入全球价值链，实现全球价值链攀升。吕文晶、陈劲、刘进（2019）以海尔集团 COSMO Plat 智能制造云平台的建设为例，采用探索性单案例研究方法，剖析了海尔 COSMO Plat 的智能制造模式及其在全球价值链中升级的动态机理与具体升级路径，研究显示：中国制造业企业制定升级战略需考虑所在行业的全球价值链治理模式，并相应通过智能生产、智能服务与智能产品转型，以智能制造为依托选择适应自身的升级路径。苏东坡、柳天恩、李永良（2018）借助产业集群升级的全球价值链分析框架，讨论了模块化带动制造业集群升级的内在机制，并选择新乡市电池产业集群进行案例研究。模块化导致全球价值链的分工模式、治理模式和市场结构发生变革，从而使集群流程升级、产品升级、功能升级和链条升级的路径出现新机会、新动能与阶段跨越。王海杰、宋姗姗（2018）通过研究表明：产业互联网以消费者和大数据为主导驱动研发模式再造，以数字车间和智能工厂为主导驱动生产模式再造，以产品全生命周期为主导驱动消费模式再造。由此得到基于产业互联网我国制造业全球价值链地位提升的一些可行路径，具体包括：直接路径——架构生产者与消费者之间的桥梁，增加生产过程技术含量，开辟新营销渠道；间接路径——重构全球价值链，搭建产业互联网作用机制平台；混合路径——基于产业互联网的产品、工艺、功能和跨产业价值链升级。夏友富、何宁（2018）认为，我国装备制造业企业应强化自主创新能力，结合行业特点和自身实际，合理选择“自主式”“集群式”“包围式”“渐进式”的产业升级路径，发挥比较优势迈向全球价值链中高端。同时，应重点关注技术升级空间较大的行业，实现国内价值链与全球价值链的高效对接，加快推动“两化”深度融合，提升我国装备制造业在全球价值链中的地位。刘春生、王泽宁（2017）在分析了北京市劳动力培养所面临的机遇和挑战的基础上，结合印度、智利等国家服务外包成功升级的经验，总结出北京市未来发展服务外包的路径选择。

(5) 发展中国家(含中国)全球价值链转型升级对策研究

发展中国家如何沿着全球价值链实现产业升级,国内外学者对此进行了广泛的研究。Humphrey & Schmitz (2002) 提出了发展中国家产业集群进行"过程升级—产品升级—功能升级—链条升级"的升级思路。Chikashi (2003) 总结了发展中国家产业集群"OEM—ODM—OBM"的升级路径。我国学者王辑慈 (2009)、胡军 (2008)、汪斌 (2009)、许南 (2012) 等借鉴西方理论,提出了很多全球价值链下我国产业集群升级策略。另一些学者针对我国低端锁定问题提出了许多针对性的升级策略,如刘志彪 (2011) 提出了以构建国家价值链实现我国企业全球价值链升级的策略;张小蒂 (2013)、李建军 (2015) 提出了我国企业通过形成渠道控制力来实现向价值链高端演进的策略;苏启林 (2017) 提出了把产业链转化为学习链和创新链的代工企业升级策略。刘英基 (2016) 提出了突破关键技术,构建协同创新体系的低端锁定突破措施;冯德连 (2017) 认为,全球价值链下劳动密集型产业集群升级策略是主动嵌入全球价值链,健全产业集群创新网络,加强产业集群国际化、国际品牌培育和技术创新,以及加快培育行业协会和跨国公司。

1.2.7 简要评述

现有文献对低端锁定现象的揭示、低端锁定的成因、转型升级的对策等主题进行了较广泛的研究,并取得了一定的成果,这些成果为后人的研究奠定了较坚实的基础。但我们通过梳理、分析发现,现有的成果仍存在诸多不足,需后人做不断的充实和完善。

一是在研究的深度上有待于深化。现有文献虽然注意到了低端锁定问题,但是这些成果大部分只是对低端锁定作现象上的描述和特征上的分析,鲜有文献对其形成作机理性的深层次分析。对低端锁定形成作机理性分析是未来深化低端锁定问题研究的努力方向。

二是在研究的广度上有待于拓展。现有文献已经对我国产业全球价值链低端锁定的现象、成因、转型升级的思路及对策等主题给予了关注并进行了一定程度的研究,但还有一些主题没涉及或研究得不够深入,如我国产业全球价值链高端攀升的现实障碍、高端攀升的驱动力和驱动因素、高端攀升的机理、高端攀升的支持条件等，目前还鲜有文献涉及并深入地研究之。这一切都需要后人做进一步的拓展。

三是在对策措施上有待于本土化和可操作化。由于国内对全球价值链低端锁定问题的研究仍然处于起步阶段，一些关于我国产业突破全球价值链低端锁定，实现产业升级的对策措施的成果基本上是借鉴西方学者的，这些对策措施大多只是粗线条、思路和理念性的，而针对我国国情提出的有针对性和可操作性的成果并不多。因此，加强对策措施的针对性和可操作性是未来研究努力的方向。

1.3 研究内容及框架

1.3.1 研究内容

本书主要由九个章节构成：

第1章，绪论。本章阐述了本书的研究背景及意义，综述了研究现状、技术路线、研究方法和创新点，介绍了本书的研究内容与结构。

第2章，相关理论基础。本章首先界定了本书涉及的几个既有区别又有联系的核心概念，然后介绍了本节（特别是产业集群升级）所用到的几个基础理论，包括全球价值链理论、资源基础理论、能力理论（包括核心能力理论、动态能力理论）、权力理论、协同理论。

第3章，我国产业集群在全球价值链分工体系中的地位分析。本章首先利用宏观数据分析，从三个层面（国际贸易的水平、国际贸易的质量、制造业在全球价值链位置指数）应用相关评价指标，对我国产业集群在全球价值链分工体系中地位进行了客观评价，然后，对我国产业集群微观企业的低端微利化现象进行分析。

第4章，我国产业集群全球价值链低端锁定形成的机理研究。本章从五个方面阐述了我国产业集群全球价值链低端锁定的形成机理，具体包括：路径依赖导致低端锁定；集群企业长期融资能力不足导致低端锁定；

价值链治理者的控制和封锁导致集群企业长期锁定于全球价值链低端环节；秩序重建能力缺失导致低端锁定；集群文化薄弱和企业家心智不适导致低端锁定。

第5章，我国产业集群全球价值链高端攀升的障碍因素分析。本章主要是从企业微观、集群区域、宏观环境三个层面分析了我国产业集群全球价值链高端攀升的障碍因素。

第6章，我国产业集群全球价值链高端攀升的驱动力及影响因素分析。本章首先研究了我国产业集群全球价值链高端攀升的驱动力；然后在此基础上，对影响我国产业集群全球价值链高端攀升驱动力的影响因素进行了分析。

第7章，我国产业集群全球价值链高端攀升作用机理的实证研究。本章首先是理论分析与相关假设，包括解释变量与被解释变量关系的研究假设、调节变量的研究假设、核心能力的中介作用研究假设、研究假设关系路径图等内容；然后是研究设计与实证检验，包括问卷设计与调查、变量的测量、变量的信度和效度检验、模型检验、检验结果分析。

第8章，“三力”协同互动推动产业集群全球价值链高端攀升研究。本章从协同学的视角构建了“三力一链”协同互动的集群代工企业升级模型；提出了“技术力、市场力、品牌力”三力协同的目标；研究了技术力、市场力、品牌力“三力”协同互动过程；探索了“三力”协同内容和“三力”协同机制。

第9章，我国产业集群全球价值链高端攀升的政策体系研究。本章首先对现行的我国产业转型升级政策从国家和省市层面进行了梳理，然后对现行的产业转型升级政策的效应进行了评价，随后在借鉴国（境）外加工贸易转型升级政策经验的基础上，提出了促进产业集群向全球价值链高端攀升的政策措施。

1.3.2 研究框架

本书的研究框架如图1－1所示。

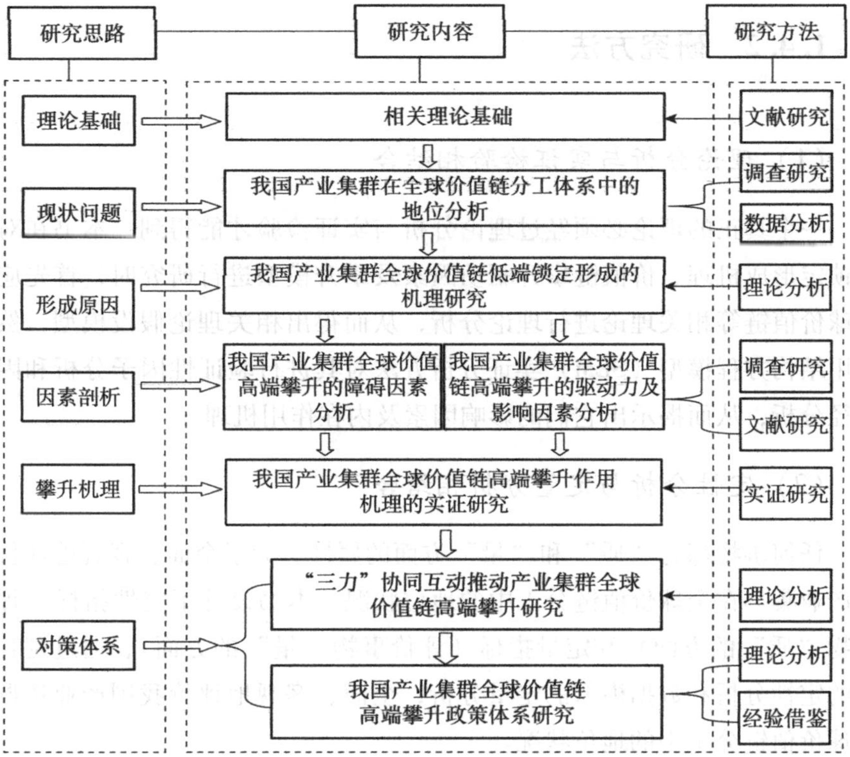

图1-1　研究框架

1.4　研究思路和研究方法

1.4.1　研究思路

本书按照提出问题⟶分析问题⟶解决问题，以及 what ⟶why ⟶how 的逻辑，紧紧围绕我国集群全球价值链低端锁定及高端攀升这一核心问题，沿着低端锁定现象（what）⟶锁定机理（why）⟶攀升驱动因素与动力机制（how）⟶攀升政策措施（how）的思路开展研究工作。各部分内容之间相互衔接、层层递进。

1.4.2 研究方法

（1）理论分析与实证检验相结合

一个真正的理论必须经过理论分析与实证检验才能得到。本书在对低端锁定形成机理、价值链攀升驱动因素及攀升模型进行研究时，首先应用全球价值链等相关理论进行理论分析，从而得出相关理论假设模型，然后应用结构方程模型（SEM）实证分析方法对其进行验证性因子分析和因果路径分析，从而揭示出它们的影响因素及内在作用机理。

（2）定性分析与定量分析相结合

任何事物都有“质”和“量”方面的属性。为了全面、客观地评价我国产业集群在全球价值链分工中的地位状况，本书设计了定性指标（评价事物“质”的方面）和定量指标（评价事物“量”的方面），通过逻辑思辨的定性分析和数据模型的定量分析，全面、客观地评价我国产业集群在全球价值链分工中的地位状况。

（3）规范分析与经验借鉴相结合

一项科学有效的政策必须是在经验借鉴的基础上，经过规范分析才能形成。在对我国产业集群全球价值链高端攀升政策体系进行研究时，一方面借鉴国外先进的产业转型升级做法，另一方面在相关理论的指导下，依据一定的价值判断，得出我国产业集群全球价值链高端攀升政策支持体系。

1.5 创新和特色

本书的创新之处以及特色主要体现在以下方面：

(1) 我国产业集群在全球价值链分工体系中的地位评价

以往的文献对我国产业在全球价值链中位置的判断是基于感性认识和主观判断，缺少客观数据刻画和描述，这样显然是不客观、不准确的。基于此，本书从出口贸易层次、出口贸易质量、全球价值链位置三个方面出发，综合应用多项测度指标，利用世界投入产出数据库（WIOD）和其他统计数据，分别计算加工贸易比重、出口国内增加值率、全球价值链位置指数（GVC_ Position）指标值。据此，综合反映我国产业集群在全球价值链分工中的地位。

它的创新性与特色表现在：一是定量分析与定性描述相结合，宏观数据判断与企业微观表现相印证，这样得出的结论更具可靠性，更有说服力。二是世界投入产出表是目前研究全球价值链分工体系中各国地位的最好数据来源和分析模型。本书利用世界投入产出数据库计算相关指标值来评价我国产业集群在全球价值链分工中的地位具有一定的创新性。

(2) 导致我国产业集群低端锁定因素及其作用过程的内在逻辑理论论证

据我们所掌握的文献来看，现有的文献对全球价值链低端锁定研究主要集中在低端锁定现象及事实的分析上，对低端锁定作机理分析的成果很少。本书对导致我国产业集群低端锁定的因素及其作用过程作了逻辑上的理论论证，以此打开我国产业集群低端锁定形成的“黑箱”。导致我国产业集群低端锁定的因素有：①集群强化对低端路径依赖（企业发展方式路径依赖、经济发展政策惯性）；②集群长期融资能力缺失（集群长期融资能力缺失、集群资产价格过高）；③全球价值链治理者的控制和封锁（治理者引导价格型和数量型“锁定”、治理者主导集群“散沙化”陷阱）；④秩序重建能力缺失（治理者“输出秩序”诱导集群依赖、集群难以形成自组织核心、集群缺失公平竞争秩序）；⑤企业家心智不适和文化薄弱（企业家心智不适导致低端锁定、集群文化薄弱导致低端锁定）。本书对上述因素对低端锁定的作用过程作了逻辑上的理论论证，以打开我国产业集群低端锁定形成机理的“黑箱”。这一研究内容是对现有成果的补充和拓展。

(3) 我国产业集群全球价值链高端攀升的障碍因素研究

以往的文献对集群企业全球价值链升级的障碍因素分析，往往从某一视角、某一方面出发进行研究，鲜有文献全方位、多视角、全面系统地剖析制约我国产业集群全球价值链高端攀升的障碍因素。为此，本书从企业微观层面、集群区域层面、宏观环境层面，全方位、多视角全面系统地剖析制约我国产业集群全球价值链高端攀升的障碍因素。这些障碍因素涉及体制、机制、资源、能力以及观念等诸多方面的内容。

(4) 我国产业集群向全球价值链高端攀升驱动力的提出及其作用机理的实证检验

产业集群向全球价值链的高端环节攀升是需要有相应力量来推动的，这种推动力量称为驱动力，本书把集群向全球价值链高端攀升的驱动力概括为技术力、市场力和品牌力，并对这三种力量对集群企业向价值链高端攀升的内在作用过程进行了理论论证和实证检验。这三种驱动力的提出及其相关论证是本书的一个原始创新，具有一定的创新性，是对现有研究的补充和深化。

(5) 技术力、市场力和品牌力协同互动推动产业集群全球价值链高端攀升研究

本书不仅创新性地提出了驱动我国产业集群向价值链高端攀升的三种力量，还对这三种力量如何相互协同共同推动产业集群向全球价值链高端攀升进行了研究。本书通过研究得出，驱动我国产业集群价值链高端攀升的基本内生力是技术力、市场力和品牌力（以下简称“三力”），然而，“三力”对产业集群价值链高端攀升的作用并不是各自独立的，它们相互协同，彼此耦合，共同形成一种合力来推动产业集群向价值链的高端攀升。为此，本书研究了“三力”的协同目的、协同对象、协同内容、协同机制等，这一成果丰富了全球价值链理论和集群升级理论。

1.6 主要建树

1.6.1 关于我国产业集群在全球价值链分工中地位与变化趋势的研究

(1) 通过纵向比较，揭示我国产业的变化趋势和演化特征。本书利用世界投入产出数据库多个年份（2008—2014年）的纵向数据，计算各国出口国内增加值率指标值，据此揭示我国产业的变化趋势（状况或特征），得出其呈现“快速下降—平稳—迅速上升—快速下降—平稳上升”特征的结论。

(2) 通过横向比较，判断我国产业在全球价值链分工体系中的地位。本书应用世界投入产出数据库数据，计算各国（各年度）出口国内增加值率指标值，然后进行横向比较，据此判断我国产业在全球价值链分工体系中的地位。

1.6.2 构建了“三力”协同互动推动我国产业集群升级模型

该模型包括协同目标、协同对象、协同内容、协同机制等要素。“三力”协同互动推动集群代工企业升级模型的基本逻辑是：“三力”合力最大化，以形成促进集群代工企业向价值链高端攀升的最大力量，这是协同的最终目标；要形成“三力”合力最大化这一目标，就必须确保“三力”（即协同对象）之间相互促进、协同一致（即“三力”不能相互冲突，相互抵触）；要做到“三力”相互促进、协同一致，就必须使“三力”在战略上、组织上、资源上、文化上保持协同一致（即协同内容）；同时，要使协同有良好的效果和可持续性，还必须有协同机制作保障，良好的协同机制是“三力”有效协同的重要保障。这个“三力”协同模型能有效指导集群企业使“三力”做到协同耦合、良性互动，共同促进企业向全球价值链高端攀升。

1.6.3 对2001—2015年我国加工贸易转型升级的政策绩效进行评价

本书结合加工贸易转型升级目标，从5个维度，选取7个指标变量，构建了加工贸易转型升级政策绩效评价指标体系，并运用因子分析法，对我国2001—2015年加工贸易转型升级的政策绩效进行评价。评价结果显示：从政策综合效应来看，加工贸易政策总体效果较好，但在后期政策效应呈现递减趋势；从政策结构效应来看，加工贸易政策对产品结构升级的效果显著，但对价值链升级的效果不佳，后期的政策甚至阻碍了价值链升级，促进了加工贸易的低端化。此政策效应评价结果可以作为下一步完善我国加工贸易政策的依据。

1.6.4 科学地设计了促进我国产业集群向全球价值链高端攀升的政策措施

本书针对目前我国产业集群全球价值链高端攀升的障碍因素，在借鉴其他国家或地区经验的基础上，提出了我国产业集群全球价值链高端攀升的政策措施。具体内容包括：①提高集群企业升级意愿，为企业向价值链高端攀升提供原动力；②培养企业家精神和能力，为集群企业向价值链高端攀升提供引领力；③提高企业创新能力，为集群企业向价值链高端攀升提供驱动力；④提升人力资本水平，为集群企业向价值链高端攀升提供支撑力；⑤发展生产性服务业，为集群企业向价值链高端攀升提供促进力（推进力）；⑥培养国内有效需求，为集群企业向价值链高端攀升提高牵引力；⑦构建由本土企业主导的国内价值链，为集群企业向价值链高端攀升提供跃升力。

这些政策措施具有综合性和全面性，必将对推动我国产业集群向全球价值链高端攀升起到应有的作用。

1.7 学术价值和应用价值

1.7.1 学术价值

第一，本书关于“我国产业集群全球价值链低端锁定形成机理研究”的理论成果，一定程度上揭示了我国集群全球价值链低端锁定内在机理，打开了我国产业集群低端锁定形成机理的“黑箱”。这一研究内容是对现有成果的拓展，也是对全球价值链理论的深化。

第二，本书关于“我国产业集群全球价值链高端攀升的驱动力及其对价值链攀升作用机理研究”的理论成果探索了我国集群企业向价值链高端攀升的驱动力，并对价值链升级的内在作用机理进行了理论论证和实证检验。显然，这是对现有研究的补充和深化。

第三，本书构建的“三力”协同互动推动产业集群向价值链高端升级模型，由协同目标、协同对象、协同内容、协同机制等要素组成，这些要素之间彼此相连，层层推进，最终达到推进产业集群向全球价值链高端升级的目的。这一成果丰富了全球价值链理论。

1.7.2 应用价值

第一，关于“我国产业集群在全球价值链分工体系中的地位以及变化趋势”的研究成果可以帮助政府相关职能部门客观真实地判断我国产业集群在全球价值链中的位置，了解这些年来我国在全球价值链分工中的地位变化趋势和演化特征，进而为政府相机制定相关政策措施提供指导。

第二，关于“我国产业集群全球价值链高端攀升的障碍因素”的研究成果可以为政府职能部门和集群企业采取相应措施克服这些障碍因素，实现价值链高端攀升提供理论指导。

第三，关于“对2001—2015年我国加工贸易转型升级的政策绩效进行评价”的研究成果可以帮助政府客观准确地评价我国现行的产业转型升级政策的绩效，了解现行政策存在的不足，为下一步优化政策提供依据。

第四，关于“促进我国产业集群向全球价值链高端攀升的政策措施”的研究成果可以为政府相关部门制定促进我国产业集群向价值链高端攀升政策措施提供参考，同时也可以为集群企业转型升级提供方法论指导。

第2章 相关理论基础

2.1 核心概念的界定

在现实的经济生活和学术研究中存在以下相关概念，这些概念之间在内涵和外延上既有区别，又有联系。为了明确研究对象，界定所要研究的内容，本书有必要对以下核心概念进行界定，以明确这些概念的区别和联系。

2.1.1 企业升级与全球价值链分工下的企业升级的区别与联系

（1）企业升级

对于企业升级，卡普林斯基（Kaplinsky，2000）有过定义，企业升级是指制造更好的产品、更有效地制造产品或从事需要更多技能的活动。本书认为卡普林斯基这个定义较深刻地揭示了企业升级的内涵，是一般意义上企业升级的含义，但它没有考虑全球价值链分工这一特殊背景下升级任务的特殊性。

（2）全球价值链分工下的企业升级

全球价值链分工下的企业升级是基于全球价值链分工下，一些国家的企业处于全球价值链低端环节这样一个重大背景下提出的一个特殊命题。自20世纪80年代以来，随着贸易自由化和投资自由化的不断深入，产品的价值链环节越来越具有空间上的可分布性。国际产业分工也从早先的产业间、产业内分工，演变为以产品价值链内的工序、环节为对象的全球价值链分工。在全球价值链分工体系中，发展中国家企业以代工方式积极嵌入，成为其中重要的一环。但根据发展中国家的比较优势及现实条件，发展中国家只能走“低端嵌入”道路的方式参与全球价值链活动，即只能凭借劳动力优势和自然资源优势从事全球价值链分工体系的加工、组装、制造等环节的活动。这些环节属于全球价值链的“非战略环节”，位于U形“微笑曲线”的底部，相对于研发设计、品牌运营、营销渠道等战略环节，它们属于低价值环节。在跨国公司和国际大买家主导的全球价值链的利益分配格局当中，我国地方产业集群企业只能分得很少的利益，因此，发展中国家成为世界“血汗工厂”。在这种背景下，提出了发展中国家在全球价值链分工下企业升级的特殊命题。

针对这一背景，Gereffi（1999）认为，产业升级是一个企业或经济体向获利能力更强的资本或技术密集型产业领域发展的过程。本书认为，Gereffi正是考虑了在全球价值链分工背景下一些国家的产业是属于低技术含量、低附加值的劳动密集型和资源密集型产业，急需向高技术含量、高附加值产业转变的客观现实所作出的定义，这一升级的定义比较深刻和准确地反映了全球价值链分工背景下产业升级的含义。

结合Gereffi（1999）的定义，本书认为，全球价值链下的产业或企业升级是指一个国家的产业或企业通过创新能力提升，不断实现由低技术生产到高技术生产，由低技术含量到高技术含量，由低附加值到高附加值，由资源/劳动密集型向资本/技术密集型的转变，进而实现由全球价值链低端环节向高端环节不断攀升的过程。

2.1.2 全球价值链分工下的产业集群升级、代工企业升级、加工贸易升级的区别与联系

产业集群是当今产业发展的组织方式，当今的产业基本上都是以集群方式存在的。产业集群是指在产业链上有一定关联的企业或机构（专业化供应商、服务机构、金融机构、相关产业的厂商及其他相关机构）聚集在一定区域空间范围内的企业群体。产业集群包括历史自然形成的产业集

群，还包括政府人工打造的各类工业园区，如产业园区、科技工业园区，高新技术开发区、经济技术开发区等。

20 世纪 80 年代以来，国际分工进入以价值链分工为主要形式的阶段。全球价值链分工使原本在企业内部一体化的价值链各环节开始在全球范围内垂直分离并重新整合。对价值链各环节在全球范围内出现垂直分离这种现象，Arndt & Kierzkowski（2001）用“片断化”这个词语进行了描述，认为在全球范围内的分离是个新现象，片断化使得不同国家的生产融合起来并形成了跨国界的生产网络。

虽然全球价值链的片断化导致各个价值环节在全球空间上出现离散分布格局，但是分离出去的各个价值片段一般都具有高度的地理集聚特征，而不是天女散花似地散落一地，毫无头绪而言。换句话说，全球价值链的地理分布特征就是“大区域离散、小地域集聚”。正是各个价值环节的地理集聚特性使得很多地方产业集群成了全球价值链条中的一个从属部分。

发展中国家的产业集群作为全球价值链条“片断化”的一个从属部分，正以不同方式快速嵌入全球价值链分工体系当中。但如前所述，发展中国家只能从事全球价值链中加工、组装、制造等环节的低端活动，在分工体系中获得较少的分工利益。正是基于这样一个现实背景而提出了发展中国家产业集群升级的命题。

本书认为，全球价值链分工下的产业集群升级是指发展中国家的产业集群的微观主体——企业通过与集群中的相关主体（如同类企业、上下游关联企业），在相关机构（如金融机构、咨询机构、技术信息机构等）联合行动，在政府相关政策的支持下，通过技术创新、市场创新与品牌创新等活动，实现从价值链的低端攀升到价值链的高端，从而达到提高产品技术含量和附加值的目的。

代工生产是发展中国家产业集群嵌入全球价值链参与全球价值链分工的主要形式。代工企业升级是指集群中的代工企业通过技术创新、品牌创建和营销渠道等创新活动，使企业由不掌握关键技术、无自主品牌、无销售渠道的“三无”企业变为掌握核心技术、有自主品牌和自营渠道的“三有”企业的过程。通过升级达到企业产品技术含量和附加值的提升，最终实现由全球链低端环节到价值链高端环节不断攀升的目的。

代工企业是产业集群中的微观主体，全球价值链分工背景下，产业集群升级是通过集群中的微观主体——企业（即代工企业）升级来实现的，（代工）企业的升级过程就是产业集群升级的过程。

在全球价值链分工背景下，除了有产业集群升级和代工企业升级的概念之外，还有加工贸易升级的概念。加工贸易升级是从国际贸易的视角来研究升级问题的。国际贸易从形式上分有两类，一类是一般贸易，另一类是加工贸易。

加工贸易是指进口国外的原辅材料、零部件、元器件、包装物料（以下简称料件），经加工或装配后，将制成品复出口，从中赚取差价或工缴费。这种经营方式没有自己的品牌运营、产品营销等高附加值活动，因而在全球价值链分工体系中处于较低的位置，产品技术含量低，附加值低。

加工贸易升级就是努力提高加工贸易产品的技术水平和附加值，实现由低技术水平加工贸易产品出口转变为高技术加工贸易产品出口，由低附加值加工贸易产品出口转变为高附加值加工贸易产品出口，由资源密集型/劳动密集型加工贸易产品出口转变为技术密集型/资本密集型加工贸易产品出口。

全球价值链分工背景下，产业集群升级、代工企业升级、加工贸易升级是三个不同层面讲的经济升级问题。产业集群是从中观的视角研究一个国家经济的升级问题，而代工企业是从微观视角研究经济升级问题，加工贸易升级是从国际贸易视角研究一个国家经济升级问题。中观层面的产业集群升级和国际贸易层面的加工贸易升级是通过微观层面的代工企业升级来实现的。同样，贸易层面的加工贸易升级是通过经营层面的代工企业升级来实现的。代工企业升级过程就是产业集群升级和加工贸易的升级过程。

2.1.3 全球价值链下的产业集群升级与产业集群全球价值链高端攀升的区别与联系

如前所述，全球价值链分工下的产业集群升级，是指发展中国家的产业集群的微观主体——企业通过与集群中的相关主体（如同类企业、上下游关联企业），在相关机构（如金融机构、咨询机构、技术信息机构等）联合行动，在政府相关政策的支持下，通过技术创新、市场创新与品牌创新等活动，实现从价值链的低端攀升到价值链的高端，从而达到提高产品技术含量和附加值的目的。

从此定义可知，产业升级的过程其实就是产业或企业向全球价值链高端攀升的过程。因此，全球价值链下的产业集群升级、产业集群全球价值链高端攀升这两个概念在内涵和外延上没有差别。本书所研究全球价值链分工下的我国产业集群高端攀升，与全球价值链分工下的产业集群升级是同一个含义，其内涵和外延没有什么差别。

2.2 全球价值链理论

20 世纪 80 年代，随着经济全球化的发展，产品之中的价值创造出现了分离与再构。在如此环境之下，一种价值链学说被国际商业研究者提出并发展，这被认为是全球价值链理论的根源。

Porter（1985）提出了公司价值链理论，在分析公司的行为和竞争优势时，将公司整体的经营活动进行拆分，由一个个单独的、具体的活动组成，主要包括基本活动（生产作业，市场销售，服务售后等）和辅助活动（采购，技术升级开发，企业管理，人力资源管理等）。公司的价值创造是通过这一系列活动所产生的，而这些活动是动态存在的，这些活动的过程被认为是公司价值创造的行为链，也称价值链。Kogut（1985）在 Porter 研究的基础上，从价值增值这一角度进行了思考分析，认为价值链是一种价值循环的过程，将技术、原料和劳动融合在一起，形成最终商品，最后通过市场交易、消费等完成整个循环。同时，Kogut 将价值链研究上升到了国际生产分工的层面，他认为国家之间的比较优势是价值链空间配置的决定因素。Kogut 对价值链的定义更接近全球价值链理论的雏形，主要是注重强调了企业之间活动连续性这一特点，对全球价值链理论定义的形成起到了关键的作用。

Gereffi & Korzeniewicz（1994）在结合 Porter 和 Kogut 对价值链的定义与调查研究的基础上，提出了全球商品链的概念，即在全球化的视角下，全球不同的企业在由产品设计到营销等行为所组成的价值链中开展业务合作的过程。相对于企业内部价值活动所形成的价值链，全球商品链则是以商品在全球流动为基础，各国不同类型的企业扮演着企业内部的各个部门，通过各国不同类型企业之间的价值活动所形成的价值链。

Gereffi（1995）在之后的研究中通过总结归纳，对全球商品链进行了说明。他认为全球商品链存在着明显的制度性和地域性，通过遵守和适应不同国家的法律或者其他非正式的规定，处于全球不同地域的企业突破自身地域的局限，形成了全球商品的生产体系。Porter（1998）同时提出，价值链不仅存在于公司之中，还存在于公司与其他经济体之间，且价值链之间是相连的，许多价值链相互作用形成价值体系。Gereffi 提出的全球商品链理论以及 Porter 所研究的结果，已经基本将企业的各种活动纳入全球性生产网络之中，这成为全球价值链理论的基本研究思路。

随着贸易分工的不断演化，企业产业间的分工逐渐发展成为企业产业内分工，直到企业产品内的分工。这种新颖的分工模式成为学者们研究的重点，而这也直接促成了全球价值链理论的形成。

Yeat（1998）认为，全球价值链是一种生产过程的国际化，一些国家参与到商品生产的各个环节之中，从而提高每个阶段的生产效率以此降低成本，这种生产模式使得各国之间的生产更为紧密。Gereffi 经过研究，结合全球商品链概念，提出了全球价值链理论，这一理论基本形成于 2000 年。全球价值链指在全球范围内，从进行相关产品设计到使用报废的周期内所创造的价值活动范围。卡普林斯基和莫里斯（Kaplinsky & Morris，2001）认为，全球价值链是指生产经营活动中的各项行为。从产品的设计到形成的过程中，企业分别从事同一条价值链中的不同活动，企业的核心竞争力逐渐从生产转移到服务、营销等活动上，由于竞争力中服务、营销等活动流动性较强，促进了企业间的交流合作从而促进了全球价值链的形成。UNIDO（2002）对全球价值链理论的概念进行了更为规范的定义，认为全球价值链是全球性跨企业网络组织，其目的是通过连接生产、销售、回收等过程而实现商品或服务的价值，涵盖了生产、销售、利润分配等过程。表 2－1 是对全球价值链理论发展的归纳。

表 2－1　　全球价值链理论发展

项目	公司价值链理论	全球商品链理论	全球价值链理论
研究代表人物	Porter 等	Gereffi 等	UNIDO 等
时间	20 世纪 80 年代中期	20 世纪 90 年代中期	20 世纪 90 年代末

续表

项目	公司价值链理论	全球商品链理论	全球价值链理论
理论要点	企业与企业之间的竞争不仅仅局限于某个环节上，而是整个价值链上的竞争，全球化理念逐渐形成，是全球价值链概念的基础	以某种商品为基础的跨国生产体系逐渐发展起来，在全球价值链理论的发展中起到了重要的指导作用	以产品为基础的全球性跨企业网络组织逐渐成熟。该种网络下，企业更看重增值环节，以及价值链中的企业关系与利益分配

2.3 资源基础理论

潘罗斯（Penrose）于1959年在《企业成长论》一书中提出企业资源基础理论，认为“企业所拥有和控制的资源是企业核心竞争力之源”，通过建构企业的能力来揭示企业成长的内在动力，形成其独特的企业成长分析框架。因此，企业可以通过内部知识积累来拓展经营领域所需的能力，而且这种知识的积累是一种内部化的结果，而知识的增长又会导致管理力量的增长，从而推动企业演化成长。潘罗斯在20世纪50年代末就已经把知识的增加定义为基于内部资源的企业增长的主要动力。资源基础理论对后期的Richard Rumelt、Stehen Lippman、Sidney Winter、Jay B. Barney都有一定的影响。此外，她认为企业扩张的方向与企业“继承”（inherited）的资源有关，即以前获取的资源与企业的成长方向存在着路径依赖（path dependence）的因果关系，这对本书中有关代工企业升级的探讨和研究有观点上的启发作用。

从全球价值链分工的角度看，相对于产品市场及资本市场，“要素”的重要性显现出来，原材料、土地、劳动力、能源的争夺成为企业参与全球价值链的重要因素。因此，代工企业在制定其升级战略时要考虑关键生产要素的取得的难易度和成本。随着代工企业的劳动力资源优势逐渐减小，代工企业的升级必须透过提升高端资源来达成，或者寻找相对更加低成本的资源，弥补发展的不足。在经济全球化趋势日益加快的背景下，企业的边界趋向模糊化、动态化，企业成长面临很多新情况和新问题，企业竞争优势的来源也不仅仅局限于企业内部的资源和能力，代工企业升级除了透过企业内部能力的不断学习和持续创新之外，也可以运用“外包”“联盟”等方式，把外部资源内部化，这些方式对于企业的升级有同样重要的作用。

2.4 能力理论

2.4.1 核心能力理论

1990年，普罗哈拉德（Prahalad）和哈默尔（Hamel）（1990）在《哈佛商业评论》上发表了划时代文章《公司核心能力》，从而正式确立了核心能力在企业战略管理理论与实践上的地位。普罗哈拉德和哈默尔的公司核心能力承继了 Dierícks & Cool（1989）内生化持久竞争优势的研究思路，同样探索“企业持久竞争优势的源泉问题”。他们认为，企业持久竞争优势的源泉在于企业内生的“核心能力”，并提出了“核心能力”的分析框架。普罗哈拉德和哈默尔提出：企业是一个能力体系或能力的集合，企业核心能力最终决定企业的竞争优势与经营绩效，一个企业的长期竞争力来自于它具备了比竞争者更低的成本和更快的速度开发具有差异性的创新产品的能力，而且这种核心能力具有适用性、价值性、难模仿性，能够成为企业竞争优势的来源。在超级竞争的背景下，企业持久竞争优势的源泉就是企业的核心能力。Teece（1998）认为，核心能力是指许多有差别的技能、互补资产和惯例的集合，它可以在某些业务领域为企业提供一种竞争能力，强化企业的竞争优势。Meyer & Utterback（1993）认为，核心能力特指内嵌于企业价值链的各环节中的有别于竞争对手的独特能力，如研究开发能力、生产制造能力和市场营销能力等。这些独特能力（个性化的且难以模仿的运作能力）往往在企业的产品系列创新、新产品上市推广、对广泛资源的整合方面得到直接映射。

核心能力体现了企业对内外部资源整合的能力，关注企业如何将企业资源转化为发展的竞争优势，企业竞争的意义本质上是企业之间核心能力

信毅学术文库

的竞争。企业必须准确评估自己与竞争对手的差距，从企业战略的制定到终端产品的推出及有效地与消费者沟通等各个层面了解自己的实力，也许企业在某些技术方面领先，但如果核心能力不如竞争对手，则应在核心能力层级上取得并保持竞争优势，建立产品开发创新的领导地位。

代工企业的资源和能力是代工企业升级的基础条件，且代工企业可以通过代工获取技术和管理知识，但代工企业如何将这些资源、技术和知识转化为企业升级的动力，尤其用来提升代工企业的核心能力，是代工企业面临的挑战。代工企业多数具有一般的能力，如生产制造能力、沟通能力、财务管理能力、人事管理能力，长期处在价值链的低端，却缺乏营销能力、品牌能力等竞争对手难以模仿的核心能力，位于全球价值链低端的代工企业核心能力的构建是代工企业升级的焦点问题。

2.4.2　动态能力理论

企业要想持续成长，必须拥有持续性竞争优势。因此，企业如何获得和保持持续性竞争优势就成了战略管理理论研究的一个永恒主题。然而，人们发现在动态复杂环境中，核心能力时常与核心刚性相伴生。当环境的不确定性和个人决策的有限理性对企业运行的影响与决定效应越发明显时，企业现有能力的稀缺性特征会随着时间的推迟、环境的变化而消失（罗伯特森，1996）。市场环境提供企业成功的界限，这一界限与企业存活及增长的能力有着密切的关系（尼尔森，1982）。因此，在技术快速变迁与不确定性所形成的超级竞争（hypercompetition）条件下（达韦尼，1994），企业在制定战略的过程中必须把能力置于环境中分析，不能忽视环境的作用（巴尼，1991），不仅要关注能力的突出性、特殊性，还应着眼于能力的动态性、适应性，也就是说，要求企业是动态的企业（dymanic firm），有效应对环境的变化。动态能力理论集中探讨企业组织能力的演进与竞争优势之间的核心关系，并把组织能力看作是企业持续竞争优势的根本源泉。动态能力概念和理论由 Teece、Pisano & Shuen 在 1990 年发表的《公司能力、资源和战略概念》中首次提出，并经过 1994 年 Teece & Pisano 的《静态规则与动态能力》、1997 年 Teece、Pisano & Shuen 的《动态能力与战略管理》得到不断发展和完善。这一学派经过斯多克（George Stalk）、伊万斯（Philip Evans）、舒尔曼（Lawrence E. Shulman）、朗格卢瓦（R. N. Langlois）、贺尼（A. Heene）等的发展，已成为一个比较完整的理论体系。其中，Teece，Pisano & Shuen（1997）更将演化经济学的企业模型和资源学派的观点结合起来，提出了“动态能力理论”，他们认为企业的竞争优势存在于企业组织与管理过程之中，而企业的组织与管理过程是由企业的专有资产形态和演进路径决定的，它特别强调动态环境中企业特定能力的获得以及企业能力的运用和保护。

基于核心能力的企业理论只关注企业的内部“惯性”，在很大程度上忽略了外部环境变化对企业的影响，企业也会因核心能力的刚性陷入“路径依赖”，动态复杂的环境给企业带来了发展的不确定性，企业要想在日益激烈的市场竞争中保持长久的竞争优势，就要保持核心能力的动态发展。代工企业以贴牌方式进入全球价值链，以生产成本为企业的竞争优势，导致企业产品的技术含量与品牌附加值低，长此以往，形成了对跨国公司的技术发展的路径依赖。近年来，来自于发达国家和发展中国家与地区的强烈挑战，代工企业的外在环境发生了巨大变化，代工企业要实现升级，尤其是具有营销、品牌管理职能的功能升级，建立自主品牌，企业必须要建立动态的核心能力来满足升级的要求，企业发展的战略重心从生产效率的提高向技术研发、营销及品牌管理方向延伸。代工企业整合、更新企业资源基础，延伸与创造资源基础的能力子集，包括一定的资本要素、技术知识、创新人才等，不断增强企业的创新能力，输出新的能力，保持核心能力的动态性，才能适应外部环境的变化。

2.5 权力理论

权力一词来源于政治学范畴，理解为一个人或组织支配他人或其他组织的力量，是主体意志的集中表现（王伯鲁，2013），是权力的主体与客体间的支配与制约关系。权力表明成员间的地位是不平等的，现在权力被广泛应用到经济学、管理学、社会学和地理学等领域，用来研究产业链、全球价值链和网络的关系和发展（张云逸，2009），全球价值链上的权力是以主导企业为主的不对称的话语权，主要描述领导者的作用力量。

伯恩斯在《领袖论》中就提出“权力 = 动机 + 资源”，Galbraith 则认为，权力来源于配置性资源和权威性资源，因为对于企业来说，拥有特殊的资源或是较多的资源，决定了其对其他行动者具有支配地位。Hart（1995）认为企业的权力来源于契约的不完备性，谁占有更多的经济剩余，谁就更有权力。毛文静和朱家德（2008）认为，企业个体层面的权力主要包括两个方面，企业由于掌握关键性的信息、资源、知识和能力而拥有的权力；企业因为制定产业标准和制度而拥有的权力。Stefano Ponte（2009）认为主导企业通过惯例体系的影响来获取权力，即使是松散的价值链治理体系，主导企业的控制力依然不会减弱。从以上分析可以看出，权力来源于企业拥有的资源、制度或规制，随着世界经济分工的日益演化，企业间的联系日益紧密，权力成为企业争夺的目标。

权力往往集中于大型厂商，在全球价值链上跨国公司因为拥有品牌、技术、市场的特殊资源而处于价值链的核心位置，在由跨国公司、合作企业组成的网络中表现出关系的不对称和权力的差异，跨国公司成为价值链的权力领导者。当这些资源无法被其他成员替代时，于是跨国公司产生了持续的竞争优势，在价值链上长期处于支配地位，只将非核心环节进行外包，控制着集群网络的发展。在全球化的经济格局中，虽然地域表现出分散化的特征，但企业的经济权力高度集中，牢牢地掌握在跨国公司手中。

跨国公司为控制价值链各环节上的价值从而获得最大收益，会采取措施捍卫高价值地位，阻挠价值链上代工企业的升级发展，导致本地企业过度根植于跨国公司而破产。领导公司的技术被锁定，限制了整个集群网络的技术进步，集群网络的企业被黏附在跨国公司价值网上，只能实现低等级的工艺、产品升级，当发生产业转移或变迁时，致使整个网络企业崩溃（Bent Dahum，2002），领导企业是阻止代工企业升级的主要力量。曾刚和文嫮（2005）研究浦东信息产业集群时发现，全球价值链上的领导企业通过知识产权控制等方式设计进入壁垒，阻止当地企业向研发设计、营销、品牌的价值链高端环节升级。

位于全球价值链分工环节的代工企业处于跨国公司强大的权力包围中，代工企业全心致力于服务跨国公司的产品与工艺要求，被束缚在跨国公司设置的同行竞争的氛围中，利润越来越薄，发展方向非常专一，一些企业出于对领导企业的盲目信任，依据跨国公司的需求扩大规模、购置固定资产，代工企业的专用资产越多，技术越专，在全球价值链上被俘获得越深，从而彻底丧失了自主发展的能力。跨国公司拥有价值链上特殊的权力，并不断对价值链进行治理，代工企业在价值链中逐渐丧失了讨价还价的权力。

2.6 协同理论

协同是指系统中诸多子系统或要素之间交互作用而形成有序的统一整体的过程。1969 年联邦德国斯图加特大学教授、著名物理学家哈肯提出了协同的概念，1976 年其发表的《协同学导论》系统地论述了协同理论，从而创立了协同学。协同论认为在整个环境中各个系统间相互影响而又相互合作。

安索夫（H. I. Ansoff，1965）确立了协同的经济学含义，分析了战略协同将企业多元化业务有机联系的原理，将其视为战略四要素之一。Porter（1985）将协同理论与战略业务单元理论进行了融合，利用价值链分析法对每项业务行为如何影响企业的整体战略进行了研究。Campbell & Goold（1998）认为协同能在六个方面给商业带来回报，通过共享的技能、联合力量创造新商机。

国内对企业管理协同的研究中有关创新协同的成果较多，也有学者对企业的战略协同、知识协同、模块协同等进行了研究。曹虹剑等（2015）认为协同与融合是经济组织的另一个侧面，产品模块化、企业组织模块化、产业组织模块化、模块化分工与模块化协同对技术创新都具有显著正向影响。魏江等（2014）指出组织模块化和技术模块化的协同分为拼合式协同、聚拢式协同、获取式协同、整合式协同，可以规避因组织身份差异、单体与系统技术差距所带来的障碍。石宝明（2004），胡昌平、晏浩（2007），沈丽宁（2007），盖玲、罗贤春（2008），刘超（2010），Lawrence Liu（2010）等研究了知识协同，为知识协同所包含各要素提出了战略、文化、制度、结构、规则、技术和流程等方面的创新机制和协同方法。张浩等（2011）认为战略协同包括内部协同和外部协同，内部协同指结构维、文化维和能力维的战略协同机制，内部协同实现内部资源的有效匹配，外部协同可以与战略伙伴互惠成长。

代工企业升级需要技术、市场、品牌相关部门与团队成员的互动行为，赵慧群等（2010）研究团队互动行为与学习能力的关系时发现，在组建团队时，首先应尽可能地选取具有不同经验、知识和技能的人员，给团队带来更丰富的信息、多样化的思维方式和视角；其次，在管理团队时，应建立明确的团队目标，统一成员对团队目标的偏好，以事实导向和情感导向为原则产生互动，愿意彼此交流信息，顾及团队成员的情绪和感受。张敬伟（2014）通过案例研究发现科技型小微企业的技术能力与营销能力互动关系能产生积极的协同效应，是企业成长的关键动力。企业在成长过程中往往出现能力发展不平衡或关注技术力而忽视市场力或品牌力的情况，这是导致企业成长失败的原因，企业要主动在各种能力之间主动转换、配合。

国内学者对代工企业协同与互动的研究内容侧重于代工企业与外部组织的互动与学习，对代工企业内部组织、部门、团队、员工之间的互动、协同的研究有限。于明超（2008）认为代工企业可以利用不同发展阶段所获得的资源和能力的协同发展战略业务创造协同效应，实现竞争力的构建与资源的杠杆利用。在ODM阶段将OEM阶段积累的产品技术吸收转化为先进的产品技术，实现OEM与ODM互补，推动ODM升级。在OBM升级阶段的协同效应体现在三个方面：在技术力方面对产品的规格、外观进行改造或以模块化的技术进行改变，实现技术协同；可以中间品市场获得的较高利润，反哺自有品牌业务的发展；利用顾客需求、市场的研究信息反馈加强产品的设计和研发能力。裴秋蕊（2017）我国出口型代工中小企业坚持走技术进步协同品牌发展的道路，突破全球价值链上主导企业的俘获，通过技术进步和产品创新增强品牌差异性，通过研发获取技术领先优势，在行业内占领制高点，与竞争者抗衡，增加品牌价值，形成企业核心竞争力，使创新带来的竞争优势凝结于品牌之中。

第3章　我国产业集群在全球价值链分工体系中的地位分析

我国产业集群在全球价值链分工体系中处于何种地位①，需要有客观的分析和科学的判断。本章利用世界投入产出数据库（World Input-Output Database，WIOD）② 和相关统计年鉴的数据，应用相关评价指标和评价模型，对我国产业集群在全球价值链分工体系中的地位进行客观评价。

3.1　我国产业集群在全球价值链分工体系中地位的判断——基于宏观数据分析

产业集群是一种新的产业组织方式，当今企业基本上都以产业集群方式存在于一定区域内——集群当中。在经济全球化高度发展的今天，每个国家都以不同的方式嵌入全球价值链分工体系中。然而，这个国家的产业集群在全球价值链分工体系中处于什么位置和地位呢？一般判断一个国家的产业（集群）在全球价值链中的状况（位置）可以从以下方面来判定：一是出口贸易的层次（一国出口贸易的层次是一国产业的全球价值链地位在国际贸易方面的具体表现）；二是出口贸易的质量（可以用出口贸易国

① 如绪论中所述，产业集群是当今产业发展的组织方式，当今企业基本都是以集群方式存在，很少有企业游离于某个集群之外。因此，此处的我国产业集群在全球价值链分工中的地位，实际上就是我国产业在全球价值链分工中的地位。

② 世界投入产出表能够在世界范围内，从投入产出两个方面反映一个国家生产的投入是从哪里来，生产的产出到哪里去，能全面、深刻地揭示各国之间的经济往来和经济技术联系。世界投入产出表是目前研究全球价值链分工下各国经济活动以及在这个过程中的分工地位最好的数据来源和分析框架。

内增加值率指标反映）；三是全球价值链所在位置（可以用 GVC_ Position 指数反映）。

3.1.1　中国出口贸易的层次

一个国家产业集群中的企业在全球价值链分工体系中的地位可以用这个国家的国际贸易层次来反映，而国际贸易的层次可以用加工贸易比重来反映。

（1）加工贸易比重——反映全球价值链地位的显性指标

加工贸易是我国企业参与全球价值链分工在贸易方式上所表现出来的形式。所谓加工贸易是指进口国外的原辅材料、零部件、元器件、包装物料，经加工或装配后，将制成品复出口，从而从中赚取差价或工缴费。加工贸易方式具体形式包括进料加工、来料加工、装配业务和协作生产。这种经营方式没有自己的品牌运营、产品营销等高附加值活动，因而在全球价值链分工体系中处于较低的位置。

因此，在一个国家的对外贸易中，加工贸易在总贸易量中的比重越大，说明这个国家的贸易水平和层次越低，也说明这个国家大部分是从事加工、组装的加工贸易，其产业在全球价值链中处于较低的位置。

（2）加工贸易比重的计算

加工贸易比重是指加工贸易总额占进出口贸易总额的比例。本书利用《中国统计年鉴》（1999—2016）、《中国海关统计年鉴》（1999—2016）和《中国对外经济统计年鉴》（1999—2016）对我国加工贸易总额及加工贸易比重进行了计算，具体情况如表 3 - 1 及图 3 - 1、图 3 - 2 所示。

从表 3 - 1、图 3 - 1 和图 3 - 2 中可以看到我国加工贸易总额呈现出如下变化趋势：

①从加工贸易进出口总额来看，2000—2008 年我国加工贸易进出口总额呈快速增长趋势，从 2000 年的 2302. 27 亿美元增长到 2008 年的 10537. 78 亿美元，2009 年加工贸易进出口总额突然大幅下降到 9094. 19 亿美元，此后的 2009—2014 年加工贸易进出口总额稳步上升，但 2015 年又开始下降，从 2014 年的 14101. 53 亿美元下降到 2016 年的 11125. 8 亿美元。

②从加工贸易占进出口贸易总额比重来看，我国加工贸易占进出口贸易总额比重呈下降趋势，从2000年的48.54%下降到2016年的30.19%。这说明我国国际贸易层次在持续提高和改善。但如果作阶段性分析会发现，2006年之前，我国加工贸易比重大致为47%～48%，2007—2010年，比重大致占38%～45%，2011年之后比重大致占30%～35%。2000—2016年我国加工贸易比重的平均值为41.16%，说明我国加工贸易所占比重偏高，我国产业在全球价值链分工体系中处于中低端位置。

表3-1　2000—2016年我国加工贸易和一般贸易总额占比

年份	加工贸易		一般贸易	
	贸易总额（亿美元）	占进出口贸易总额比重（%）	贸易总额（亿美元）	占进出口贸易总额比重（%）
2000	2302.27	48.54	2052.4	43.27
2001	2415.36	47.37	2256.79	44.28
2002	3022.93	48.68	2653.44	42.74
2003	4048.59	47.57	3699.89	43.48
2004	5500.55	47.61	4913.35	42.56
2005	6908.18	48.56	5948.44	41.83
2006	8321.67	47.25	7495.95	42.58
2007	9865.12	45.31	9672.52	44.45
2008	10537.78	41.10	12342.48	48.15
2009	9094.19	41.19	10621.55	48.11
2010	11580.26	38.93	14879.45	50.03
2011	13055.15	35.84	19227.06	52.79
2012	13448.42	34.75	20093.12	51.96
2013	13853.12	32.65	21965.16	52.81
2014	14101.53	32.75	23152.33	53.82
2015	12447.9	31.49	21404.4	54.15
2016	11125.8	30.19	20283.2	55.04
平均值		41.16		47.77

资料来源：根据中华人民共和国商务部综合司网站、《中国统计年鉴》（1999—2016年）、《中国海关统计年鉴》（1999—2016年）和《中国对外经济统计年鉴》（1999—2016年）相关数据整理而得。

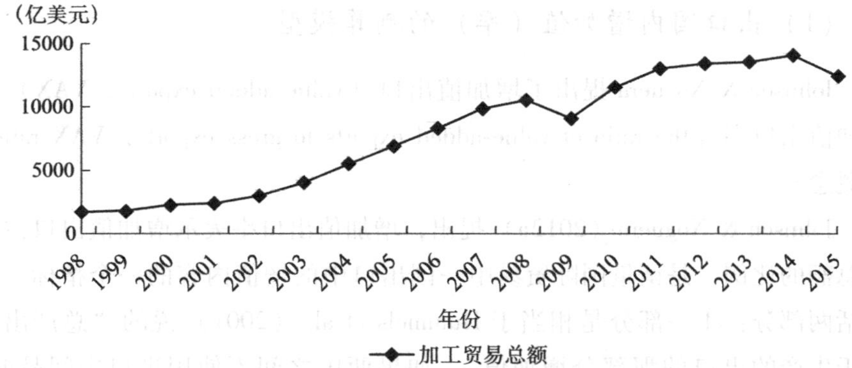

图3-1　1998—2015年我国加工贸易总额

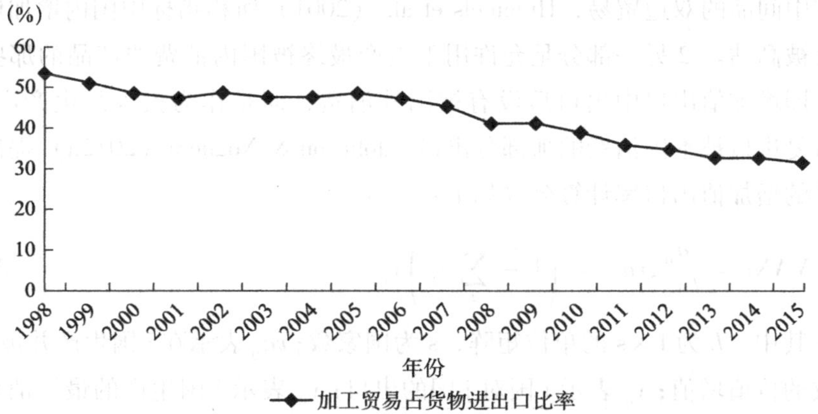

图3-2　1998—2015年我国加工贸易占货物进出口比率

3.1.2　中国出口贸易的质量

一个国家在国际分工中所处的地位，不是看其出口贸易数据规模，而要看其出口贸易的质量。反映一国出口贸易质量的指标有出口国内增加值（DVA）（出口国内增加值反映了某国家在国际贸易中实际利益的多少）和出口国内增加值率（DVS）。

(1) 出口国内增加值（率）的测算模型

Johnson & Noguera 提出了增加值出口（value-added exports，VAX）和增加值出口率（the ratio of value-added exports to gross exports，VAX ratio）的概念①。

Johnson & Noguera（2012a）提出，增加值出口率表示增加值出口占出口总额的比例，是衡量国际贸易中一国出口中的增值内容的一个指标。它包括两部分：①一部分是相当于 Hummels et al.（2001）说的“总产出中用于生产的出口的那部分增加值”，如果两国之间不使用进口中间品时，增加值出口率等于 Hummels et al.（2001）定义的垂直专业化率；如果是存在中间品的双边贸易，Hummels et al.（2001）所称指标中国内增加值的量会被高估。②另一部分是允许用于生产最终被国内消费的产品的那些出口，即增加值出口中出口后没有被国外消费，而是作为投入品生产产品，然后复进口被本国消费的那部分出口。Johnson & Noguera（2012a）提出一国总的增加值出口率计算公式如下：

$$\mathrm{VAXr} = \frac{va_{ij}}{Lx_{ij}}, va_{ij} = \left(1 - \sum_{j}^{s} a_{ji}\right) y_{ij} \tag{3.1}$$

其中，L 为 $1 \times s$ 的单位矩阵，s 为国家数；va_{ij} 表示在 i 国生产并被 j 国吸收的价值增值；x_{ij} 表示 i 国对 j 国的出口；y_{ij} 表示 i 国生产的最终消费品被 j 国使用的产出矩阵。

随着全球价值链的出现，进口产品可能随着价值链多次流入流出国境，这意味着贸易总额数据包含大量重复计算。当供应链延伸至多个经济体时，双边出口总额也不能告诉我们这些出口的价值增值在哪里被最终消费。贸易总额数据不能准确地解释全球价值链中国际贸易体系的特征，甚至引起国际局势误判。有关贸易增加值的核算，是国际贸易和垂直专业化分工问题中的重要研究内容。

Koopman et al.（2014）将不同文献中有关垂直专业化和增加值贸易的

---

① Robert C. Johnson. Five Facts about Value-Added Exports and Implications for Macroeconomics and Trade Research [J]. Journal of Economic Perspectives, 2014, 28 (2): 119 - 142.

测量整合为一个统一的框架。Koopman et al.（2014）指出，Hummels et al.（2001）和 Johnson & Noguera（2012a）等文献中对“增加值”的界定表明它是一个“净值”概念，不允许存在重复计算，但是这些文献的计算结果却不同，是因为存在某些重复计算项。为此，Koopman et al.（2014）将一国的总出口分解为增加值部分和重复计算部分，这些被定义好的组成部分加总之和（sum of these well-identified components）正好等于总出口（100% of the gross exports）。Koopman et al.（2014）列举了在一个两国（s 和 r 两个国家生产的所有总产出，必须全部被用于这两国的中间和最终使用）模型中，s 国的总产出 x_s 计算公式如下：

$$x_s = a_{ss}x_s + a_{sr}x_r + y_{ss} + y_{sr} \tag{3.2}$$

其中，y_{sr} 表示最终需求中 s 国生产的供 r 国最终消费的产品，a_{sr} 是投入产出系数（input-output coefficient），表示 s 国生产的中间品被 r 国用于生产总产出的部分。建立的两国一部门生产和贸易的投入产出模型如下：

$$\begin{bmatrix} x_1 \\ x_2 \end{bmatrix} = \begin{bmatrix} a_{11} & a_{12} \\ a_{21} & a_{22} \end{bmatrix}\begin{bmatrix} x_1 \\ x_2 \end{bmatrix} + \begin{bmatrix} y_{11} + y_{12} \\ y_{21} + y_{22} \end{bmatrix} \tag{3.3}$$

矩阵运算后得到：

$$\begin{bmatrix} x_1 \\ x_2 \end{bmatrix} = \begin{bmatrix} 1 - a_{11} & -a_{12} \\ -a_{21} & 1 - a_{22} \end{bmatrix}\begin{bmatrix} y_{11} + y_{12} \\ y_{21} + y_{22} \end{bmatrix} = \begin{bmatrix} b_{11} & b_{12} \\ b_{21} & b_{22} \end{bmatrix}\begin{bmatrix} y_{11} + y_{12} \\ y_{21} + y_{22} \end{bmatrix} \tag{3.4}$$

其中，系数矩阵 $B = \begin{bmatrix} b_{11} & b_{12} \\ b_{21} & b_{22} \end{bmatrix} = (I - A)^{-1}$，称为里昂惕夫逆矩阵（Leontief inverse matrix），经过矩阵乘法运算后，得到如下公式：

$$\begin{bmatrix} x_1 \\ x_2 \end{bmatrix} = \begin{bmatrix} b_{11}y_{11} + b_{12}y_{21} & b_{11}y_{12} + b_{12}y_{22} \\ b_{21}y_{11} + b_{22}y_{21} & b_{21}y_{12} + b_{22}y_{22} \end{bmatrix} \tag{3.5}$$

a_{11} 表示国家 1 生产 1 单位产品时所使用的国内中间品的数量，$a_{11} = \frac{x_{11}}{x_1}$；$a_{21}$ 表示国家 1 生产 1 单位产品时所使用的进口中间品的数量，$a_{21} = \frac{x_{21}}{x_1}$，国家 1 总出口中的国内增加值（domestic value-added）份额 $v_1 = 1 - a_{11} - a_{21}$。类似地，国家 2 总出口中的国内增加值份额 $v_2 = 1 - a_{12} - a_{22}$。

增加值份额矩阵 $VB = \begin{bmatrix} v_1 b_{11} & v_1 b_{12} \\ v_2 b_{21} & v_2 b_{22} \end{bmatrix}$，$v_1 b_{11}$ 和 $v_2 b_{22}$ 分别表示国家 1 和国家 2 的国内增加值份额，$v_2 b_{21}$ 和 $v_1 b_{12}$ 表示产品中国外增加值的份额。由于所有的增加值必须是要么来自国内要么来自国外，因此，得到如下公式：

$$v_1 b_{11} + v_2 b_{21} = v_1 b_{12} + v_2 b_{22} = 1 \tag{3.6}$$

国家 1 总产出中的全部增加值等于 $v_1 x_1$，是为 GDP 定义下的国家 1 的 GDP。$v_1 x_1 = v_1 x_{11} + v_1 x_{12}$。国家 1 总产出中全部增加值可以拆分为两个部分：①被本国最终使用的国内增加值 $v_1 x_{11}$；②被国外最终使用的国内增加值 $v_1 x_{12}$，此部分也叫作增加值出口额。

增加值出口额 $v_1 x_{12}$ 可以分为两部分：①国家 1 最终产品出口中的增加值被国家 2 最终使用部分，即 $v_1 b_{11} y_{12}$；②国家 1 中间品出口中的增加值被国家 2 用于生产最终产品并最终被国家 2 最终使用的部分，即 $v_1 b_{12} y_{22}$。

$$v_1 x_{12} = v_1 b_{11} y_{12} + v_1 b_{12} y_{22}, v_2 x_{21} = v_2 b_{21} y_{11} + v_2 b_{22} y_{21} \tag{3.7}$$

一国增加值的出口小于总出口，是因为：一是出口产品的生产中可能包括外国增加值或进口中间品的投入（A）；二是一些出口产品中的国内增加值可能复进口被本国消费，而不是被国外最终使用（B）。而增加值出口是一个净值，即从总出口中扣除了国外增加值和出口中复进口的那部分国内增加值。那些处于全球生产链上游的国家，倾向于有大的 B 值和小的 A 值；而那些进口零部件组装出口（加工贸易）最终产品的国家倾向于小的 B 值和大的 A 值。

国家 1 的总出口包括最终产品和中间品的出口：

$$E_{12} = y_{12} + a_{12} x_2 \tag{3.8}$$

整合公式 $v_1 b_{11} + v_2 b_{21} = v_1 b_{12} + v_2 b_{22} = 1$，得到：

$$E_{12} = (v_1 b_{11} + v_2 b_{21})(y_{12} + a_{12} x_2)$$

最后，Koopman et al.（2014）将国家 1 的总出口 E_{12} 完全分解为不同的增加值和重复项共八个部分，如式（3.9）所示。

$$E_{12} = [v_1 b_{11} y_{12} + v_1 b_{12} y_{22}] + [v_1 b_{12} y_{21} + v_1 b_{12} a_{21} (1 - a_{11})^{-1} y_{11}] +$$
$$v_1 b_{12} a_{21} (1 - a_{11})^{-1} E_{12} + [v_2 b_{21} y_{12} + v_2 b_{21} a_{12} (1 - a_{22})^{-1} y_{22}] +$$

$$v_2 b_{21} a_{12} (1 - a_{22})^{-1} e_{21} \qquad (3.9)$$

公式右边八项表达式的经济解释是：

①第一、第二项（$v_1 b_{11} y_{12}, v_1 b_{12} y_{22}$）是增加值出口额，即 $v_1 x_{12}$，表示国家1出口中的国内增加值被国外最终使用的部分。$v_1 b_{11} y_{12}$ 是国家1最终产品出口中的增加值被国家2最终使用部分；$v_1 b_{12} y_{22}$ 是国家1中间品出口中的增加值被国家2用于生产最终产品并最终被国家2最终使用的部分。

②第三项和第四项是国家1出口至国家2的国内增加值，复进口被国家1最终消费的部分。第三项（$v_1 b_{12} y_{21}$）是国家1生产的中间品出口至国家2用于生产最终产品，然后复进口被国家1最终消费的国内增加值部分；第四项［$v_1 b_{12} a_{21}(1 - a_{11})^{-1} y_{11}$］是国家1生产的中间品出口至国家2，用于生产国家2的中间品，然后复进口至国家1用于生产最终产品并被国家1最终消费的部分。

③第五项［$v_1 b_{12} a_{21}(1 - a_{11})^{-1} E_{12}$］是纯重复计算项（pure double counted term）。当两个国家均出口中间品时，该项才出现；如果至少有一个国家不出口中间品，则该项就不存在。

④第六项（$v_2 b_{21} y_{12}$）是国家1最终产品出口中的国外增加值部分，第七项［$v_2 b_{21} a_{12}(1 - a_{22})^{-1} y_{22}$］是国家1中间品出口中的国外增加值部分。这两项国外增加值最终返回国外并被国外消费。

⑤第八项［$v_2 b_{21} a_{12}(1 - a_{22})^{-1} e_{21}$］是国家1总出口中的另一个纯重复计算项，与第五项类似，当至少一个国家不出口中间品时，该项不存在。

国家1的总出口为这八个部分之和。国家2的总出口可以进行类似的分解。按照 Koopman et al.（2014）的研究，Hummels et al.（2001）计算的 VS 值为第六项至第八项之和［$v_2 b_{21} y_{12} + v_2 b_{21} a_{12}(1 - a_{22})^{-1} y_{22} + v_2 b_{21} a_{12}(1 - a_{22})^{-1} e_{21}$］，这也是 Koopman et al.（2010）研究中所指的出口的国外增加值部分，即 FV。Johnson and Noguera（2012a）计算的 VAX 值即为第一项和第二项之和（$v_1 b_{11} y_{12} + v_1 b_{12} y_{22} = v_1 x_{12}$），增加值出口率（VAX ratio）等于 VAX 除以总出口，即 $VAXr = \frac{v_1 x_{12}}{E_{12}}$。总出口中的国内增加值部分等于第一项至第四项之和；总出口中的国内含量部分等于第一项

至第五项之和，即出口额中国内含量的份额（又称出口国内增加值率）$DVS=\frac{v_1b_{11}}{E_{12}}$，该值与 Koopman et al.（2010）研究中所指的出口的国内增加值部分一致。将重复计算的第五项和第八项分别列入国内增加值和国外增加值后，一国的总出口等于国内增加值与国外增加值之和。

（2）数据来源

本书测算全球价值链位置指数的原始数据均来自于世界投入产出数据库。世界投入产出数据表是目前各国学者研究全球价值链分工所广泛使用的权威数据库。该数据库的数据来源于各统计机构的官方和开放数据，是根据国民经济核算体系框架构建的时间序列数据，而非某些基准年的数据，数据质量高且免费开放。最新的世界投入产出数据表是2016年11月公布的，是2000年到2014年的时间序列数据。该数据包含43个国家（其中28个欧盟国家、15个主要国家以及世界其他国家），56个行业，这些国家的总产值占全球总产值的85%左右①，其余的国家用ROW（Rest of World）代表。WIOD所含国家名和行业分类表详见附录。

利用WIOD，可以从全球视角考察各国参与全球价值链分工的程度和地位，也是计算中国制造业部门产品参与全球价值链分工程度和地位的合适数据来源②。本书将直接采用WIOD 2016年11月公布的最新数据来核算中国的出口增加值，并展开分行业分国别核算和国际比较，以求在国际统一的核算框架下，尽量如实体现中国制造业产品参与全球价值链分工的国内增值能力和国际分工程度。

值得注意的是，WIOD提供的是年度时间序列数据，区别于GTAP专有数据库的特定标杆年度数据，因而具有不可用于长期趋势分析的局限。

① Timmer, M. P., Dietzenbacher, E., Los, B., Stehrer, R. and de Vries, G. J. An Illustrated User Guide to the World Input-Output Database: the Case of Global Automotive Production [J]. Review of International Economics, 2015, 23 (3): 575-605.

② 马风涛："中国制造业全球价值链长度和上游度的测算及其影响因素分析"，《世界经济研究》，2015年第8期，第3~10页。

WIOD 是基于国民账户数据和国际贸易统计合并在一个概念框架下的官方公布的投入产出表，从 2012 年首次发布以来，被证明在国际贸易分析中非常有用，已经被用于描述全球价值链贸易趋势，研究区域生产集群的形成，以及分析出口总额中的国内增加值内容；还被证明适合于评估贸易政策效果的一般均衡模型的校准，可以作为全球化效果的政策导向研究的途径之一（Timmer et al.，2015）。

（3）中国出口国内增加值率及国际比较

出口国内增加值率（DVS）能较好地反映一国出口贸易的质量，同时也反映一国在全球价值链分工中的地位。

①出口国内增加值。

根据 WIOD 数据库（2016）提供的投入产出数据，利用国际投入产出分析方法，测算得到中国和其他国家或地区从 2000 年至 2014 年总出口中所包含的国内增加值数据，如表 3－2 所示。

将表 3－2 中主要国家（中国、美国、德国、日本、英国、法国、韩国、意大利、加拿大）的数据画成柱形图，如图 3－3 所示。

第一，从纵向（纵向时间序列）比较来看，9 个国家从 2000 年到 2014 年之间出口国内增加值增长倍数由大到小排序是：中国（8.268554 倍）、印度（4.747085 倍）、韩国（2.396545 倍）、德国（1.721657 倍）、意大利（1.146935 倍）、法国（1.079791 倍）、美国（1.047971 倍）、加拿大（0.901079 倍）、日本（0.473675 倍）。由此可知，中国的国内增加值增加最快，中国从 2000 年的 23163070 万美元增加到 2014 年的 21468816 万美元，增加了 8.268554 倍。

第二，从横向比较来看，2000 年前，中国的出口国内增加值一度低于美国，2008 年之前，中国的出口国内增加值一度低于德国，2005 年之前，中国的出口国内增加值一直低于日本，但自 2010 年起开始，中国的出口国内增加值一度超过美国、德国、日本等国，居世界第一。到 2014 年，中国的出口国内增加值是美国的 1.20 倍、加拿大的 4.56 倍、德国的 1.56 倍、法国的 3.36 倍、英国的 3.30 倍、印度的 6.64 倍、意大利的 6.64 倍、日本的 3.00 倍、韩国的 4.07 倍。

表 3－2　　世界主要国家总出口中的国内增加值　　单位：百万美元

国家和地区	2000 年	2001 年	2002 年	2003 年	2004 年	2005 年	2006 年	2007 年	2008 年	2009 年	2010 年	2011 年	2012 年	2013 年	2014 年
澳大利亚	81080.6	72415.5	74234.6	86763.1	110831.5	134417.6	146135.3	174475.2	215827.0	180075.2	247774.8	293131.4	281033.2	285730.8	257123.7
奥地利	59690.4	61697.4	68204.4	81278.9	95793.7	107360.1	118546.6	140611.0	157113.8	128988.3	139261.1	158173.2	150691.1	156798.5	160714.5
比利时	108871.9	108203.3	117808.5	141934.7	167859.4	175465.5	189170.3	222953.7	248936.0	208137.9	221339.9	250112.7	27701.1	247243.1	253335.1
保加利亚	1148.0	1230.2	1627.1	2748.2	4910.0	6120.5	8133.2	12794.5	16241.1	13331.7	16060.4	21577.1	20099.2	21872.6	22070.8
巴西	59759.8	62614.0	68045.1	78232.5	101512.3	125758.4	146886.8	171514.4	208877.2	168084.1	219542.7	276651.4	264644.0	262290.8	246654.9
加拿大	247595.2	238296.2	234981.8	266596.4	308381.9	350551.2	383344.9	422591.3	448743.5	334438.1	396573.3	459329.1	464746.8	467855.1	470698.1
瑞士	98259.5	98462.7	105893.9	121722.7	142646.6	153292.2	169700.7	200339.7	231501.4	212775.2	235619.2	277838.2	269170.5	272698.8	286561.6
中国	231630.7	249675.3	303804.3	396484.4	529807.6	673348.8	857146.3	1086809.5	1300597.6	1132301.7	1456472.6	1745448.8	1869739.7	1998180.4	2146881.6
塞浦路斯	2562.6	2747.9	2951.5	3882.3	4892.8	5068.3	5314.6	6587.7	7302.2	6764.8	6785.0	7415.3	7165.7	7364.8	7459.8
捷克共和国	21173.1	23612.8	27087.6	34086.8	47124.7	56217.1	66740.9	83679.3	101687.8	84563.2	91102.4	105245.3	99256.8	101305.3	105712.6
德国	504426.0	520976.8	574317.6	692649.4	833724.3	886312.8	992051.9	1201506.2	1314166.1	1060455.6	1143317.1	1309441.1	1250896.0	1319416.8	1372874.6
丹麦	55399.0	56041.8	59703.2	71408.5	81418.9	91427.9	101164.6	114996.1	131347.5	107438.0	113797.0	125109.8	120979.5	125802.4	128203.6
西班牙	123002.3	127539.2	139063.2	171994.9	200524.4	211119.0	231881.1	282955.6	311070.7	261928.6	278035.2	320202.4	301195.4	317808.2	326870.3

续表

国家和地区	2000年	2001年	2002年	2003年	2004年	2005年	2006年	2007年	2008年	2009年	2010年	2011年	2012年	2013年	2014年
爱沙尼亚	1501.8	1721.6	2035.8	3009.9	4161.0	5187.5	6088.8	8321.1	9659.3	7143.6	8378.7	10980.5	10662.2	11838.0	12376.1
芬兰	41754.1	41260.0	44163.8	51603.4	61040.9	63413.0	70464.7	86237.9	96735.9	72870.7	73800.5	81070.6	75943.4	79035.5	78704.9
法国	307665.2	307852.3	328327.4	384928.7	444111.3	466720.6	503588.9	577703.2	641827.0	527835.2	554422.9	630503.5	600375.3	630452.4	639879.2
英国	332734.3	325937.6	343056.4	396179.2	464449.5	500089.2	553757.0	628081.0	638032.8	504607.4	545168.7	625431.6	624231.6	620601.8	649795.6
希腊	15069.0	14845.2	15517.2	21372.8	31436.6	33765.8	36820.7	47593.5	57222.0	42957.5	44452.8	47614.3	43497.1	45329.0	47576.7
克罗地亚	5942.7	6560.3	7299.3	9446.4	11476.1	12463.1	13880.2	16364.1	19247.4	16202.2	16547.2	18120.1	16729.9	17352.4	18269.0
匈牙利	18683.3	21064.6	25210.5	30860.3	40160.6	44878.1	51927.2	64633.7	73887.4	57979.1	62427.1	70603.8	63368.2	67701.2	71017.8
印度尼西亚	58400.4	54489.5	56914.5	64362.7	72821.7	84125.6	100739.5	113778.6	135246.3	121041.0	159507.4	202552.7	193473.0	187702.3	179725.0
印度	56232.4	56670.1	66745.9	78163.0	106795.1	136395.8	168825.7	202124.1	216196.1	193747.9	272385.2	309639.5	305742.4	329679.1	323172.4
爱尔兰	55101.8	61577.9	72171.5	88253.0	102798.7	110197.2	119104.9	141625.2	147048.1	135973.5	135029.2	150149.9	139504.1	147482.1	155020.9
意大利	233918.9	241131.3	252693.5	299845.1	353037.6	369679.8	408247.1	484676.8	517857.8	398579.1	427187.6	485560.6	468299.5	486901.5	502208.6
日本	488396.3	411895.5	424596.6	483151.6	576397.6	607273.8	643752.5	700165.4	770925.9	593703.0	766127.2	809452.2	789923.6	709222.1	719737.2
韩国	155305.3	139559.9	150678.1	176178.0	226735.3	252186.6	280767.8	324648.7	358838.9	320085.3	390231.9	466035.6	482471.4	507233.7	527501.4
立陶宛	2607.8	3201.8	4108.7	5647.9	7223.2	9257.2	10726.2	13198.2	17508.5	13116.1	15403.0	19925.5	21221.3	23453.0	23735.6

续表

国家和地区	2000年	2001年	2002年	2003年	2004年	2005年	2006年	2007年	2008年	2009年	2010年	2011年	2012年	2013年	2014年
卢森堡公国	14041.6	13897.5	15078.9	18562.9	22572.4	24975.7	29786.7	36675.8	40261.0	34894.8	37824.3	42772.8	40624.0	45303.1	48248.1
拉脱维亚	1657.2	1846.4	2132.3	2737.5	3646.7	4655.6	5488.9	7941.3	9507.1	7359.1	7950.5	9776.8	10313.4	10917.1	11187.9
墨西哥	143765.5	139086.6	142424.3	144188.5	162405.9	185891.9	215346.2	233559.3	248272.2	195002.2	245023.3	283172.6	290921.9	300780.5	304620.4
马耳他	1715.7	1653.7	1963.2	2397.6	2575.7	2792.6	3316.6	4216.7	5229.3	4859.0	5025.5	5607.0	5527.0	6000.0	6250.3
荷兰	160257.1	164795.3	174197.1	208176.3	247343.4	268548.1	293674.4	349947.1	394872.7	333879.9	355503.8	401077.6	379317.6	411083.8	419455.0
挪威	67000.8	66385.6	67553.0	76794.6	92069.9	114046.2	131297.5	145730.9	182305.8	128525.2	143384.8	173016.1	174429.1	171830.1	161473.0
波兰	37664.0	42672.8	46155.0	57231.8	70128.8	85472.6	102805.7	128517.9	158039.6	129708.3	147873.3	169776.0	165441.6	181797.7	194461.8
葡萄牙	18210.4	18294.5	20875.0	27455.8	33289.9	33958.5	40792.1	50683.2	56114.5	46032.6	48649.4	56406.8	54090.6	59809.7	61964.9
罗马尼亚	9357.6	10060.1	12141.3	15116.1	19663.8	23950.4	29149.3	37470.9	42830.6	36049.9	40996.1	49969.3	47070.4	56279.0	60749.6
俄罗斯	88638.0	86176.0	94935.2	118732.4	159752.8	209439.8	263500.9	314227.1	419936.6	282910.3	363688.3	464971.3	479271.9	477387.4	452922.2
斯洛伐克	5604.9	6291.7	7686.5	12457.8	17622.4	20699.9	26444.2	37464.6	46263.6	37171.6	40669.1	46990.8	48694.9	51959.9	53081.8

续表

国家和地区	2000年	2001年	2002年	2003年	2004年	2005年	2006年	2007年	2008年	2009年	2010年	2011年	2012年	2013年	2014年
斯洛文尼亚	5532.0	6015.8	7239.7	9379.7	11923.6	13510.8	15733.6	20101.7	23011.8	18378.6	18943.7	21596.8	19832.2	20965.9	22353.1
瑞典	88755.7	81713.4	87416.7	107778.0	129841.4	136231.7	152220.2	178375.6	193235.6	146261.3	169437.2	194829.1	187621.1	192178.4	191135.9
土耳其	60277.9	62572.1	62722.3	72728.6	92888.1	105942.8	119007.2	140007.1	166700.5	141936.8	149378.1	174265.4	188651.3	197382.1	206280.5
中国台湾	129870.4	113337.2	120884.4	130181.1	151010.3	163497.9	178836.8	196610.2	198731.0	172614.1	217526.8	238971.0	239975.4	245636.8	258565.4
美国	872797.4	825415.2	807399.8	837303.0	938452.5	1030773.3	1173317.3	1330404.9	1459303.2	1261661.5	1449884.4	1636707.2	1698454.4	1729493.9	1787463.6
其他	984841.7	937759.7	922136.7	1050068.5	1274393.1	1537491.9	1824414.4	2060382.4	2438299.0	1923161.7	2408241.1	2964845.8	3073674.2	3062293.5	3009935.9

资料来源：WIOD 数据库（2016），http://www. wiod. org/database/wiots13。

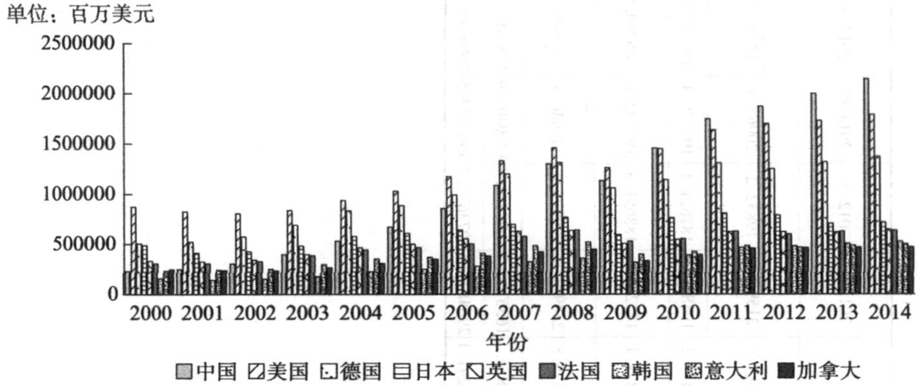

图3-3　主要国家的出口国内增加值对比

②出口国内增加值率。

利用前文的计算公式，我们测算2000年至2014年各国出口中的国内增加值占总出口的比重（即国内增加值率），结果如表3-3所示。

表3-3　世界主要国家总出口国内增加值率（DVS）　单位:%

国家和地区	2000年	2001年	2002年	2003年	2004年	2005年	2006年	2007年	2008年	2009年	2010年	2011年	2012年	2013年	2014年
澳大利亚	89.1	89.8	90.1	90.8	90.3	90.0	89.7	89.4	89.0	90.3	90.5	89.6	89.9	89.2	89.5
奥地利	81.8	81.0	81.2	81.2	80.5	78.9	78.1	77.9	77.4	80.3	77.6	75.8	75.6	75.9	76.2
比利时	73.1	73.5	74.5	75.1	74.3	73.7	72.5	71.8	70.0	73.5	69.0	66.6	66.3	66.7	66.1
保加利亚	78.5	77.8	79.2	77.7	74.1	72.2	69.6	69.0	68.9	76.3	73.3	71.5	70.2	69.5	69.6
巴西	92.8	92.1	92.4	91.7	91.5	92.1	92.3	92.1	91.0	92.9	92.6	92.2	91.7	91.2	91.3
加拿大	82.7	83.3	83.5	84.3	83.8	83.6	83.9	84.6	84.0	85.4	84.6	84.0	84.0	84.3	83.5
瑞士	83.1	82.9	84.1	84.0	83.1	82.3	81.2	80.7	81.0	82.7	82.3	81.9	81.6	81.4	81.3
中国	88.4	89.0	88.1	85.8	83.8	83.5	83.4	83.3	84.4	87.5	85.8	85.7	86.7	87.1	88.5

续表

国家和地区	2000年	2001年	2002年	2003年	2004年	2005年	2006年	2007年	2008年	2009年	2010年	2011年	2012年	2013年	2014年
塞浦路斯	79.7	80.2	79.7	80.3	81.0	81.5	81.2	80.4	79.5	80.8	80.9	81.4	80.1	79.4	79.8
捷克共和国	76.2	76.1	77.3	76.6	73.7	72.4	70.9	70.2	71.2	73.0	69.7	67.7	66.5	66.6	65.4
德国	86.1	86.4	87.5	87.0	86.3	85.1	83.7	82.9	82.3	84.7	82.5	80.8	80.8	81.3	81.6
丹麦	80.4	80.1	80.2	80.8	80.3	78.4	76.7	75.3	74.5	78.1	77.3	75.6	75.1	74.4	75.3
西班牙	83.7	85.0	85.7	86.2	85.8	85.3	84.5	84.4	84.8	87.8	85.9	84.4	84.1	84.3	84.0
爱沙尼亚	73.8	73.8	73.9	74.6	72.9	71.9	71.1	71.9	71.5	75.2	70.4	67.4	66.1	66.7	67.8
芬兰	82.7	84.0	84.3	84.2	83.0	81.0	79.7	79.2	77.6	81.3	78.7	77.4	77.0	77.4	78.3
法国	86.3	86.7	87.4	87.8	87.0	86.1	85.6	85.6	85.1	86.9	85.4	84.1	83.9	84.2	84.2
英国	87.8	87.7	88.0	88.2	87.9	87.6	87.1	86.9	85.9	86.1	85.4	84.3	84.5	85.4	86.5
希腊	87.1	87.5	88.5	88.9	88.2	87.8	86.6	85.7	85.4	88.0	86.8	85.8	84.7	85.1	84.6
克罗地亚	79.7	78.8	77.8	77.9	78.0	77.8	77.3	77.4	77.5	81.0	80.6	79.5	79.0	78.6	78.5
匈牙利	66.9	68.6	70.7	70.0	69.1	68.3	64.2	63.9	63.4	66.5	63.1	61.2	61.4	61.8	61.0
印度尼西亚	83.3	83.0	85.2	86.5	84.6	83.3	85.6	85.8	84.7	88.0	86.9	86.1	85.7	85.4	85.3
印度	90.6	90.8	90.2	90.3	88.5	87.2	85.5	85.6	85.6	87.1	86.4	85.8	85.6	86.6	87.5
爱尔兰	67.3	66.4	67.5	68.1	67.4	67.1	66.6	66.5	64.8	62.7	60.8	62.3	60.3	60.7	59.0
意大利	87.4	87.7	88.2	88.6	88.2	87.2	86.0	85.7	85.6	87.6	85.7	84.7	84.9	85.0	85.3

续表

国家和地区	2000年	2001年	2002年	2003年	2004年	2005年	2006年	2007年	2008年	2009年	2010年	2011年	2012年	2013年	2014年
日本	94.9	94.7	94.6	94.4	93.7	92.6	91.3	90.5	89.5	92.8	91.7	90.5	90.3	89.1	88.0
韩国	81.0	81.9	83.2	82.4	80.9	80.9	80.1	79.5	73.8	77.1	75.2	71.5	71.9	73.9	75.6
立陶宛	82.8	81.3	81.5	81.1	79.2	76.8	75.3	77.7	74.3	78.9	74.9	72.1	72.2	71.9	72.5
卢森堡公国	53.0	53.6	55.1	54.4	51.0	49.5	46.9	45.0	44.4	47.6	45.7	44.7	43.3	42.2	40.7
拉脱维亚	81.0	79.9	80.5	79.9	78.4	78.0	76.7	77.8	78.9	81.6	77.7	75.5	74.6	75.6	76.0
墨西哥	84.1	85.6	86.3	85.7	84.9	85.1	84.7	84.5	84.1	84.4	83.1	82.7	82.6	83.1	82.7
马耳他	55.4	58.0	58.4	58.1	57.9	56.6	51.6	50.4	45.7	45.1	44.5	43.8	43.6	45.2	46.6
荷兰	80.5	79.9	79.3	79.8	80.0	79.3	78.6	79.4	76.6	76.9	73.9	71.8	70.7	72.7	72.9
挪威	88.0	87.4	87.9	87.9	87.5	87.5	87.3	86.1	86.7	87.0	86.4	86.4	86.5	86.2	85.8
波兰	82.6	84.1	83.6	81.8	81.2	81.5	79.5	78.8	78.5	80.9	78.3	76.6	77.1	77.5	77.3
葡萄牙	82.3	83.0	83.9	84.5	83.8	83.5	82.5	82.6	81.7	85.0	83.2	81.2	81.3	81.3	80.9
罗马尼亚	81.1	80.4	80.6	79.9	79.0	79.7	79.8	80.9	82.0	83.2	80.7	78.2	77.5	78.5	78.2
俄罗斯	90.5	91.1	90.8	90.7	92.2	91.6	91.9	92.6	92.4	93.8	93.2	92.9	92.9	92.0	91.7
斯洛伐克	74.2	72.6	72.8	72.0	70.1	68.5	65.8	65.5	66.8	69.6	67.3	64.5	64.2	64.0	64.6
斯洛文尼亚	77.8	78.0	78.6	78.3	76.3	74.9	73.5	72.3	72.9	76.7	73.8	72.3	72.4	72.7	72.5

续表

国家和地区	2000年	2001年	2002年	2003年	2004年	2005年	2006年	2007年	2008年	2009年	2010年	2011年	2012年	2013年	2014年
瑞典	81.0	81.0	81.9	82.5	82.1	80.8	79.9	79.5	78.4	80.9	80.5	80.1	80.2	81.4	81.2
土耳其	87.7	86.9	86.0	85.7	84.9	85.1	84.0	84.3	83.5	86.2	84.8	82.5	83.2	82.3	82.6
中国台湾	76.0	78.0	77.5	76.1	72.8	72.2	70.4	69.4	68.2	73.1	68.9	67.7	68.8	69.3	69.9
美国	94.2	94.8	94.8	94.6	93.9	93.4	93.0	93.1	92.4	94.1	93.4	92.6	92.7	92.6	92.8
其他国家	78.8	79.7	78.1	77.6	77.3	78.2	78.0	77.0	77.3	79.2	79.0	79.0	79.2	78.7	78.5

第一，从纵向比较来看，如图3－4所示，2000—2014年，中国的出口国内增加值率呈现“快速下降—平稳—迅速上升—快速下降—平稳上升”的特征。

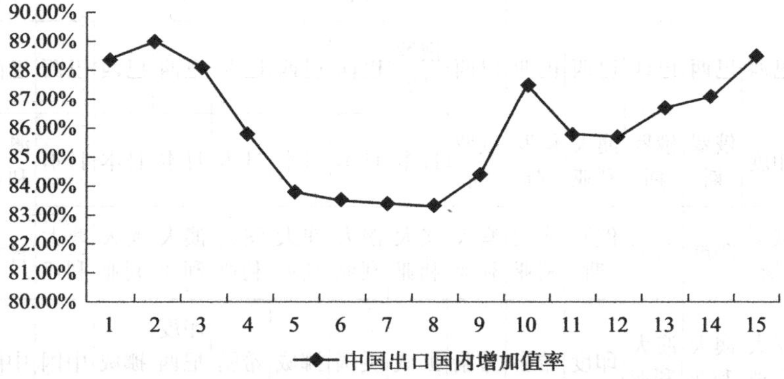

图3－4　2000—2014年中国总出口国内增加值率

第二，横向比较来看，根据表3－3的数据对各国的出口国内增加值率进行排序，前18位国家的情况如表3－4所示。下面就2000—2014年15个年份的中国出口国内增加值率与其他国家作横向对比，以此来了解中国在全球价值分工中的地位。从表3－4可以看出，2000—2014年中国出口国内增加值率在全球排名依次是第7位、第7位、第9位、第15位、第17

位、第 17 位、第 18 位、第 17 位、第 14 位、第 10 位、第 11 位、第 10 位、第 6 位、第 6 位、第 5 位。总体排位情况是，前期排位稍靠前，中期（2004—2007 年）排位最低，后期排位缓慢攀升。2009 年、2010 年、2011 年中国出口国内增加值率在全球排第 10 位、第 11 位、第 10 位，低于美国、俄罗斯、巴西、日本、澳大利亚、挪威、印度尼西亚、希腊，甚至低于印度。基于此判断，如果认为美国、俄罗斯、巴西、日本的产业是在全球价值链的高端位置，印度尼西亚、澳大利亚、希腊的产业是在全球价值链的中端位置，那么，中国产业在全球价值链分工体系中的位置大致是在中低端水平。

表 3－4　世界主要国家出口国内增加值率前 18 位国家排名情况

排序	2000年	2001年	2002年	2003年	2004年	2005年	2006年	2007年	2008年	2009年	2010年	2011年	2012年	2013年	2014年
1	日本	美国	美国	美国	美国	美国	美国	美国	俄罗斯	美国	美国	俄罗斯	俄罗斯	美国	美国
2	美国	日本	日本	日本	日本	日本	巴西	俄罗斯	美国	俄罗斯	俄罗斯	美国	美国	俄罗斯	俄罗斯
3	巴西	巴西	巴西	巴西	巴西	巴西	俄罗斯	巴西	巴西	巴西	巴西	巴西	巴西	巴西	巴西
4	印度	俄罗斯	俄罗斯	澳大利亚	俄罗斯	俄罗斯	日本	日本	日本	日本	日本	日本	日本	澳大利亚	澳大利亚
5	俄罗斯	印度	印度	俄罗斯	澳大利亚	澳大利亚	澳大利亚	澳大利亚	澳大利亚	澳大利亚	澳大利亚	澳大利亚	澳大利亚	日本	中国
6	澳大利亚	澳大利亚	澳大利亚	印度	希腊	希腊	挪威	英国	挪威	希腊	印度尼西亚	挪威	中国	中国	日本
7	中国	中国	希腊	希腊	英国	英国	英国	挪威	英国	印度尼西亚	希腊	印度尼西亚	挪威	印度	印度
8	挪威	英国	意大利	意大利	挪威	挪威	希腊	印度尼西亚	印度	西班牙	印度	希腊	印度尼西亚	挪威	英国

续表

排序	2000年	2001年	2002年	2003年	2004年	2005年	2006年	2007年	2008年	2009年	2010年	2011年	2012年	2013年	2014年
9	英国	意大利	中国	英国	印度	印度	意大利	希腊	意大利	意大利	挪威	印度	印度	英国	挪威
10	土耳其	希腊	英国	挪威	意大利	意大利	法国	意大利	希腊	中国	西班牙	中国	意大利	印度尼西亚	印度尼西亚
11	意大利	挪威	挪威	法国	法国	法国	印度尼西亚	法国	法国	印度	中国	意大利	希腊	希腊	意大利
12	希腊	土耳其	德国	德国	西班牙	西班牙	印度	印度	西班牙	挪威	意大利	西班牙	英国	意大利	希腊
13	法国	法国	法国	印度尼西亚	德国	德国	墨西哥	加拿大	印度尼西亚	法国	法国	英国	西班牙	加拿大	法国
14	德国	德国	墨西哥	西班牙	墨西哥	墨西哥	西班牙	墨西哥	中国	土耳其	英国	法国	加拿大	西班牙	西班牙
15	墨西哥	墨西哥	土耳其	中国	土耳其	土耳其	土耳其	西班牙	墨西哥	英国	土耳其	加拿大	法国	法国	加拿大
16	西班牙	西班牙	西班牙	墨西哥	加拿大	加拿大	加拿大	土耳其	加拿大	加拿大	加拿大	墨西哥	土耳其	墨西哥	墨西哥
17	印度尼西亚	波兰	印度尼西亚	土耳其	中国	中国	德国	中国	土耳其	葡萄牙	葡萄牙	土耳其	墨西哥	土耳其	土耳其
18	瑞士	芬兰	芬兰	葡萄牙	葡萄牙	葡萄牙	中国	德国	德国	德国	墨西哥	瑞士	瑞士	瑞士	德国

3.1.3 中国制造业企业的全球价值链位置指数

衡量一国在全球价值链中所处位置，可以将一国某部门的中间品出口中被用于他国使用的部分与该国同部门中进口中间品的使用部分进行比较，如果一国处于全球价值链的上游，则它参与生产的形式是为其他国家生产输出原材料（例如俄罗斯）或提供中间品（例如日本），或两者兼有。这类国家总出口中的间接增加值出口（IV）份额会高于其国外增加值（FV）份额。而如果一个国家处于全球价值链的下游，则其出口的最终产品中有很大一部分来自其他国家的中间品，其国外增加值（FV）份额高于间接增加值（IV）份额。①

按照 Koopman et al.（2010）的全球价值链位置（GVC_ Position）指标定义：

$$GVC\_\ Position_{ir} = Ln\left(1+\frac{IV_{ir}}{E_{ir}}\right) - Ln\left(1+\frac{FV_{ir}}{E_{ir}}\right) \tag{3.10}$$

其中，IV_{ir} 表示其他国家出口中国家 r 的价值增值，称为增加值间接出口，即国家 r 的国内增加值作为中间品被其他国家出口的部分；FV_{ir} 表示国家 r 出口中来自其他国家的价值增加值。一国的增加值间接出口越多或出口中其他国家的国内增加值越少，GVC 位置指数（GVC_Position）值越大，国际分工地位越高。

依据上述公式计算，如果 GVC 位置指数为正数，则表明该国产业处于全球价值链的上游（即研发、设计、关键零部件、关键原料、关键设备环节），其产品的国内增加值较高；如果 GVC 位置指数为负数，则表明该国产业处于全球价值链的下游（加工、组装环节），其出口产品国内增加值较低。

有着相同 GVC 位置指数的两个国家的某一个行业，其 GVC 参与度指数可能相差很大。所以 GVC 位置指数要与 GVC 参与度指数一起使用。Koopman et al.（2010）将 GVC 参与度指数（GVC_ Particapation）定义如下：

$$GVC\_\ Participation_{ir} = \frac{IV_{ir}}{E_{ir}} + \frac{FV_{ir}}{E_{ir}} \tag{3.11}$$

下面利用 WIOD 数据，计算得到中国总出口参与全球价值链的位置指数和参与度指数，如表 3－5 和图 3－5 所示。

① Koopman, R., W. Powers, Z. Wang, S. J. Wei. Give Credit to Where Credit is Due: Tracing Value Added in Global Production [J]. NBER Working Paper 16426, 2010.

表3-5 中国总出口的GVC位置指数和参与度指数

年份	2000	2001	2002	2003	2004	2005	2006	2007	2008	2009	2010	2011	2012	2013	2014
GVC位置	-0.107	-0.101	-0.109	-0.128	-0.146	-0.148	-0.148	-0.148	-0.137	-0.110	-0.124	-0.123	-0.114	-0.109	-0.096
GVC参与度	0.118	0.113	0.123	0.146	0.167	0.171	0.172	0.174	0.163	0.132	0.151	0.154	0.144	0.141	0.127

①从表 3－5 中的 GVC 位置指数值可以看出，2000—2014 年，中国 GVC 位置指数值为负数。GVC 位置指数值为负数，表明中国总出口中的国外增加值（FV）份额大于间接增加值（IV）份额，说明中国产业总体上处于全球价值链的中低端位置，即中国主要是进口别国的中间品（关键设备、关键零部件、关键原料）经加工后再以生产最终产品形式出口到别国，这表明中国贸易形式主要是加工贸易。这点也可以从其他相关资料中得到佐证，2016 年中国加工贸易出口占总出口的比重达到 30.19%，而 2000 年中国加工贸易出口占总出口的比重更高，达 48.54%。

②从图 3－5 中的 GVC 位置指数变化趋势可以看出，2000—2014 年，中国 GVC 位置指数值动态变化规律是，先平稳变化—下降—平稳变化—上升—下降—缓慢上升。这说明，中国产业在全球价值链上的位置变化是先维持在一定位置上，然后向链条的上游移动，再维持在一定位置上，再向下游移动，再向链条的上游移动，再缓慢向链条的下游移动。

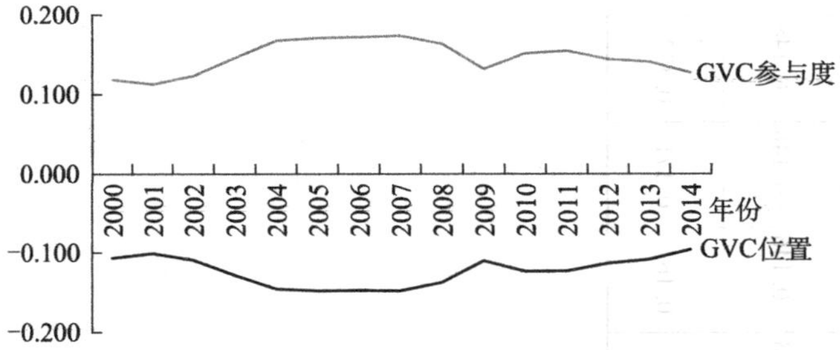

图 3－5　中国总出口的 GVC 位置指数和参与度指数趋势

③从图 3－5 中的 GVC 参与度指数变化趋势可以看出，2000—2004 年，中国 GVC 参与度指数是上升的，随后 2005—2007 年保持在一定水平上，然后 2008—2010 年 GVC 参与度指数有一定波动，随后 2010—2011 年保持在一定水平上，之后又持续下降。

3.2 我国产业集群在全球价值链分工体系中的低端微利化——基于微观企业的分析

3.2.1 全球价值链分工地位的低端化

我国地方产业集群作为全球价值链条“片断化”一个从属部分，正以不同方式快速嵌入全球价值链中，特别是处于沿海地区的外向出口加工型地方产业集群，与全球价值链的融合程度最高，成为全球价值链分工体系中不可分割的一部分。我国产业集群通过嵌入全球价值链获取外部资源、知识、信息与市场，并与全球价值链其他主体互动，谋求自身的发展。

但根据我国的比较优势及现实条件，我国地方产业集群只能走“低端嵌入”道路的方式参与全球价值链体系分工，即只能凭借低廉的劳动力、土地和自然资源优势从事全球价值链分工体系中的加工、组装、制造等环节的活动。

目前，产业集群的高速发展使我国已经成为世界的制造大国，据联合国工业发展组织估算，中国制造业有 172 类产品产量居世界第一位，世界 70% 的玩具、50% 的电话和鞋、超过 1/3 的彩电、箱包等都产自中国。[①] 但是，很多产品由于我国企业缺乏核心技术，无自主品牌和营销渠道等，只能以 OEM 的形式从事价值链低端环节的制造、组装活动。

3.2.2 全球价值链分工利益的微利化

我国产业集群全球价值链第二个特征就是集群企业利润微薄，呈现出“趋底式”发展和“贫困式”增长的现象。

如前所述，由于我国企业缺乏核心技术，无自主品牌和营销渠道等，

① 王清：“‘中国制造’在全球价值链中的地位提升探析”，《生产力研究》，2011 年第 6 期，第 129 ~ 130 页。

只能以OEM的形式从事价值链低端环节的制造、组装活动。加工、制造、装配等环节属于全球价值链的“非战略环节”，是位于U形“微笑曲线”的底部，相对于研发、设计、品牌运营、营销渠道等战略环节，它属于低价值环节。在跨国公司和国际大买家主导的全球价值链的利益分配格局当中，我国地方产业集群的企业只能分得很少的利益。例如，在美国罗技公司无线鼠标价值链中的利益分配中一只在国际市场上售价40美元的无线鼠标，有15美元归分销商和零售商，13美元给零部件供应商，3美元给在中国苏州的装配厂，剩下的留给了罗技公司。又如世界名牌Hugo Boss的精品衬衣在美国纽约的售价高达120美元，而中国的制造商只拿到其中的10%，渠道商拿走了总价值的60%，剩下的30%给了品牌商。中国企业生产一个芭比娃娃平均获利30美分，但芭比娃娃在国际市场上的销售均价为30美元，百倍于中国的OEM企业。在中国生产的200美元耐克运动鞋的价值构成中，发现市场目标并将鞋子设计出来的企业，可得到100美元，贴上耐克标签并把它卖出去的销售者可得到90美元，剩下的10美元才是贴牌生产商的收入。另据报道，在出口市场中，中国产的袜子平均每双价格仅为0.21美元，领带平均每条价格仅为1.6美元。2010年中国服装的出口额为1057.524亿美元，完成295.4744亿件，平均每件仅为3.58美元。

我们再以存储量为30GB的iPod video为例。一台iPod在市场上的最终售价为299美元，其中加工组装费用为8美元，这包括代工企业的资产、劳动力等生产成本；iPod产品的核心零部件包括微型硬盘来自日本东芝、解码器来自美国Broadcom公司、PCB板来自荷兰飞利浦等，这三个零部件的价格总和为76美元，是组装一台产品的9倍多，实际上最终代工企业获得的利润非常低，仅占产品销售价格的2.68%。在合作的过程中，产品主导方为了提高利润，还会不断压低产品组装的价格，有人称很多代工企业是压榨工人的血汗工厂。

第 4 章　我国产业集群全球价值链低端锁定形成的机理研究

如前所述，我国产业集群长期锁定在全球价值链的低端环节是一个不争的事实。那么是什么原因导致我国产业集群长期锁定于全球价值链的低端环节呢？为了从机理层面弄清我国产业集群全球价值链低端锁定形成的过程，同时也为探究我国产业集群突破低端锁定，实现高端攀升的措施提供理论指导，本章对我国产业集群低端锁定导致的原因（机理）作逻辑上的理论论证，以打开我国产业集群低端锁定形成机理的“黑箱”。

然而，我国产业集群类型很多，不同的产业集群其“低端锁定”的形成因素及机理是不同的。为此，本书区分传统产业集群和高新技术产业集群两类产业集群来分别研究其各自的形成机理。

4.1　传统产业集群全球价值链低端锁定形成的机理

4.1.1　路径依赖导致低端锁定

路径依赖理论是由美国经济学家道格拉斯·诺思提出。诺思认为，“路径依赖”类似于物理学中的惯性，事物一旦进入某一路径，就可能对这种路径产生依赖。这是因为经济生活与物理世界一样，存在着报酬递增和自我强化的机制。这种机制使人们一旦选择走上某一路径，就会在以后的发展中得到不断的自我强化。企业集群对过去发展路径依赖，以及政府对过去政策的惯性导致我国产业集群锁定于全球价值链的低端环节。

(1) 集群企业对代工生产方式的路径依赖以及升级“机会窗口”错失，进而导致低端锁定

产业集群的“路径依赖”很大程度上是集群利益分配现状和预期共同导致的，而集群现有利益分配机制又往往直接影响未来预期。集群路径依赖的内在实质，包括产业集群对价值链定位、经验边界和战略规划的惯性依赖，导致集群内企业自发要求维持现有利益分配格局的相对稳定。

低端产业集群具有结构扁平化的特点，其中企业普遍无须承担技术研发和市场营销义务，因此缺乏对应的能力和人力资源储备。两大义务的缺失大大简化了“秩序再生产”支出，降低了维持秩序的成本。可以认为，低端产业集群在低端价值链区间里享有消极性质的自由，免除了治理者对应的创新责任、研发投入和营销负担（积极性质的自由是高端治理者的特权，指创造新价值创造模式的自由，以及为全球消费者提供更高附加值产品的权利）。这种自由让低端集群组织充斥着扩张热情，驱使集群企业野蛮生长、模仿复制和规模膨胀，甚至伴随着集群内外的恶性竞争与掠夺。尤其是随着集群中的代工企业开始沿着价值链融合兼并，催生出大型本土代工企业集团，规模效应带来的显著收益为共同体全部成员树立起标杆。庞大的加工生产规模本身蕴含着更强烈的路径依赖，原本巨大的规模优势将变成巨大的惯性，阻碍集群未来方向的调整，其辉煌的历史埋下更加执着的经验“僵化”陷阱。而发展初期演化形成的“路径依赖”也妨碍了后期“升级”所需的组织结构重组。

当集群在原有“路径”继续加大投入，对应集群发展的两种阶段，可能产生两种截然不同的效果：

第一种可能是由于加大公共产品以及生产设备的投入，集群整体的产出所获得的收益能够覆盖全部投入。这是集群投资边际收益最大的时期，集群企业资产负债表处于稳步扩张阶段，所以能够提供充裕的资本用于升级所需的长期投资，那么此时将成为部署集群“升级”战略的最佳时机，拥有最充裕的时间和要素资源来搭建正反馈路径。此时，集群企业和投资者的风险偏好趋势上升，资产风险溢价持续收窄。远离边际的产业集群具有未来的无限可能。

第二种可能是在现有价值链定位下，集群已经达到了边际收益最大的

边界，原因有四：一是集群企业已将过去的盈利用于扩大低端制造环节规模，而非研发高端制造环节技术；二是集群企业为维持生产规模而向银行过度借贷，本息负担沉重；三是集群企业生产的低端产品严重过剩，超出全球市场需要；四是集群企业再生产收益已近边际，利润极微薄。随着边界临近，收益能覆盖投入成本的发展阶段基本结束，即使继续增加投入，也不会带来更高的收益，集群的风险偏好遭受重挫；在短期生产效率无法提升的情况下，随着企业负债率上升，集群企业资产负债表持续衰退，风险溢价将显著上升，集群企业只能通过缩小投入规模来保证资产负债表不至于破产，并导致价值链低端企业的批量关停、裁员、倒闭等一系列的衰退表现。由于此时企业资产负债表已经开始收缩，缺少足够资本用于升级所需的长期投入，导致机会窗口渐渐紧闭；且由于集群供给总量和竞争企业减少，幸存的集群企业为生存将缩减成本，从而出现集群整体投入下降、收益反而上涨的情况。这种“回光返照”更易让本想向高端环节发展的幸存企业产生误判而放弃升级。此时，集群会日益感受到自身路径依赖的内在约束。

因此，产业集群升级的时间窗口对升级成败至关重要。“升级”还是“锁定”，强烈依赖于集群企业在短暂的“机会窗口”中作出的集体决断。“机会窗口”处的选择成本最低，而错过“机会窗口”后，选择成本就沿着时间轴方向非线性增长；一旦错过这样的升级“机会窗口”，集群将陷入各种因素叠加导致的低端路径依赖。

当然，产业集群“路径依赖”并非“路径决定”。只要集群未消亡，就始终存在在下一个“机会窗口”重新选择的希望。但若集群企业对低端投入“效益边际”的认知一错再错，导致错过“机会窗口”而被锁定在价值链低端环节，持续内部“竞低”，就难免重蹈“低端锁定”的覆辙，像生命体无法逃脱热力学第二定律的“熵增”趋势一样，最后终被内生的“无序”吞噬。

(2) 政府既有政策的惯性导致集群企业长期锁定于全球价值链的低端环节

在全球市场乐观的预期和利益促使下，尤其是国内在经济增长至上主义的旗帜下，一些政府官员习惯于把经济指标的增长作为最大的“喜事”，从营收总额的增长中寻找产业集群的政绩，激励企业追求个体利益最大化，以“理性”的欲望为原动力，以物质丰度为优先的价值选择。

刚性的行政权力通过政府文件的行政指令，寻求产业规模最大化的“荣誉”，解构了集群企业所熟知的价值链市场规则和经验知识，使集群企业在参与市场竞争时也无法摆脱这种经营模式和价值态度，在优胜劣汰的竞争原理下“不择手段”地追求经营收入。而在全球市场的周期性危机中，我国地方行政长官更倾向于将保护经济规模作为治理的成绩，哪怕低端规模的“逆市场”扩张可能导致集群组织“散沙化”的后果。且政府的“保护”越强，产业集群被“低端锁定”的时间就会拖得越久，在萧条冲击中维持“死而不僵”的时间也越长，就只能成为对集群“低端锁定”的人为设限。

例如在2008年全球金融危机后，我国各地方政府在维持经济规模方面的动力强于推动集群产业升级的动力，甚至超过集群企业维持规模经济的冲动。在经济下行期间，集群所在地方政府为了保住就业和税源，往往大力保护失去竞争力的规模企业，维持低经营效率运营，稳定就业，减少裁员。对“僵尸企业”的保存挤压了创新企业和科研院所的资源投入，对规模扩张的重视进一步压低了对“创新”的价值评估，结果在财政和金融资源有限的情况下，加剧了集群中创新企业资金和资源的“饥渴”，导致有创新能力和技术实力的集群企业发展缓慢甚至死亡，反而固化了“僵尸企业”的金融支持和利益分配份额，使得产业集群不断强化“低端锁定”的负反馈循环。

在产业集群中，总存在一些发展到一定规模、能提供大量就业岗位和缴纳较多税金但创新能力较低、技术储备落后和管理体系僵化的企业。在全球市场紧缩周期里面，这些价值创造能力虚弱、盈利不断下降的企业，却能在银行的帮助下靠低成本融资阻止资金链断裂，续命成为“僵尸企业”，导致集群资产重组和价值链整合速度比正常情况缓慢得多，并使大量信贷资金在集群实体外空转，无法有效投入价值创造，更无力驱动企业创新和集群升级。因为“僵尸企业”价值创造能力和获利能力低于集群中急缺信贷资源的创新型企业，因此将从政府和银行获取的信贷资本“加息”后借给创新企业，衍生出大量的集群企业间信用债并获得不菲的“套利”收益，成为实质上的“套利群体”并占据“食利者”的生态位；创新能力带来的收益被集群中的“套利者”侵蚀，使“创造力”的价值加速耗散，并迫使创新型企业从战略制定到经营实践都将受制于这些“套利者”。这种信贷“套利”损害了集群社会的凝聚力。当大型“僵尸企业”压倒“边缘化”的创新型小微企业，形成事实上的“挤出效应”时，往往就是集群陷入从内而外腐化和衰退的开始。这种“劣企驱良企”的内向吞噬余波未定，集群就将迎来整体竞争力衰退，并被全球价值链的其他低端竞争者夺走订单，却再难创造新生的组织资源来与之持久竞争。

当国际市场复苏，政府行政干预力量试图退出的过程中，集群企业将从对财政和信贷资源的依赖中痛苦解脱出来，将面临资金流动性显著变差的困境，其战略调整和资产价格重估也会显著滞后于全球竞争对手复苏，企业间的协同纽带也已疏离或断裂，难对全球市场变化作出迅捷反应，并最终指向价值链低端锁定的结局。

4.1.2　集群企业长期融资能力不足导致低端锁定

（1）集群企业长期融资能力缺失导致低端锁定

产业集群升级，意味着要超越集群现有的价值创造能力，从低利润、低信用度的阶段进入高利润、高信用度的阶段。

由于处于价值链低端环节的产业集群利润相对微薄，其自有资本和现阶段利润不足以支撑集群升级的全过程，所以升级过程中的低端集群企业向价值链高端持续投入而处于资本投入大于利润产出的阶段，不可能只靠自身经营周转而获得稳定而强劲的现金流。因此，集群升级的过程必然依赖外来资本的支持，包括债权资本和股权资本两种形式，表现为集群整体信用度的持续扩张和风险资本的长期流入，前者依赖于集群企业的整体信用水平，而后者依赖于产业资本和风险资本对于集群升级后价值增加能力的预期。

在产业集群信用扩张的自我加强循环早期，涉及的信用量相对较少，所以很多产业集群都是依赖企业主个人信用衍生的民间借贷从无到有迈出第一步的；随着产业集群的形成，越来越多来自银行的贷款等信用融资支持了集群企业规模的扩大，此时产业集群的现有价值“内涵”和经营产生的现金流“外延”是集群信用融资的基础。集群信用扩张能带给集群企业更多的短期借贷资金，在高端价值链的资金投入促使升级过程中的集群企业获取更多的竞争优势，而升级和市场优势带来的价值生产能力增长的预期吸引更多的长期资金进入，资助集群企业用于升级所需的技术研发与积累、渠道建立与品牌培育、人力资源招聘与储备等，这样的正反馈循环是支持产业集群持续升级的动力机制。

然而，随着越来越多的企业投入价值链升级的活动，对于资金支持的需求必然增加，因此集群整体的信用扩张变得非常明显，对于长期资金的需求也越来越大。这个过程持续进行，直到集群企业的总信用无法足够快地增长以继续支持集群升级行为，由于银行在风险偏好方面天生的保守，使其不会支持集群超出信用边界的融资行为；而且集群信用扩张的成本也将计入集群产品的平均成本之中，进而影响集群整体的价值链竞争能力，所以过高的信用负债将反过来制约集群的价值再生产能力。

因此在集群升级的后期，集群直接融资（尤其是风险投资、股权投资等直接投资）总量变得越发重要，开始对产业集群整体价值生产能力造成显著的影响。对主导升级的集群企业来说，由于升级所需的大规模的多样化分工与合作会增加价值链总体上的脆弱度和经营风险，规避资金链风险先于囊括盈利收益，所以需要极为强大的金融系统作为后盾来分散和化解风险：若资金链断裂，哪怕前面存在升级成功后的高额利润，也无法挽回企业倒闭局面。所以缺乏风险资本提供的现金流是我国产业集群升级受阻的重要原因之一，并由此普遍遭遇融资成本骤升、风险投资不足的困境，导致升级进程终止、重回“低端锁定”状态。

（2）集群资产价格过高将削弱集群长期融资能力

产业集群资产价格高企的原因主要包括长时程的集群信贷扩张周期走到末期，集群内部不动产投机趋势盛行，地方政府地产收益依赖持续加剧等。这些因素往往同时发生。

我国研究者普遍认为，宏观的信贷扩张周期有助于企业增加信贷并在宽松的财务状况下完成升级，但忽略了企业信贷扩张形成的产能扩张冲动的负面作用。信贷宽松可以放大杠杆比增加集群现金供应，却无法提高实体企业的回报率，无法让集群企业主动投资到升级行动来向高端扩张集群价值链。产业集群在信贷规模扩张时往往优先扩张低端产能，在规模效应带来的单位成本削减中获得满足的收益，反而减小企业技术研发和渠道差异化的意愿和努力，进一步减弱集群对风险资本的吸引力及直接融资整体规模。

值得注意的是，集群周边不动产价值的快速升高通常伴随着集群的“低端锁定”和迅速衰退，因资产价格上升导致生产经营成本高企；持续升高的不动产地租会摊入集群周边地租、仓储流通成本、员工生活成本等一系列价值链环节而抬高总成本，导致集群企业盈余恶化、集群内投资回报率加速下坠、对收益率敏感的国际投资开始撤离；且当不动产收益高于企业经营收益时，资金会从集群企业“价值再生产”过程中流出，并聚集向不动产投机，在不断推高不动产价格和集群企业实体“抽血”的双重效应中，引发“脱实入虚”的自我加强反馈循环。从系统论的角度来看整个产业集群，该阶段已处在一个自我耗散的状态中，暴涨的集群资产价格与快速下降的企业投资回报率之间矛盾激烈，但创新型企业由于投资回报的长期性而对融资需求不减反增，在集群直接融资不足的情况下，会导致集群内实际利率不断攀升，进一步加剧集群内部资金“套利”冲动。集群中重资产比例大、国有背景强、风险偏好低的企业往往能获得大量廉价融资，却因自身价值创造能力较低而表现出“资本过剩”，在经济形势的压迫和短期利益诱惑下，易转变为资本“套利者”而放弃自主创新和价值链升级，加剧集群内部“实际利率”梯度的斜率；它们以“借短套长”的方式套取创新型集群企业的预期收益，转型为依赖于行政规制力量和国有银行信贷的食利者，实际上却将集群创新企业陷入融资成本过高、负债过重的绝境，断送集群的升级前景。

这个过程类似于经济学家米塞斯[①]和哈耶克[②]发展的宏观经济周期理论，在货币宽松周期中，低利率导致信贷杠杆放大，投资不动产和大宗原材料也能以低风险获得高收益，而无须投入复杂和高风险的创新研发和品牌建设中，致使企业家集体作出了错误决策。而且这种正反馈作用强烈、系统延时很长，所以引发集群系统整体涨落的周期较长（长达数年甚至十

① 路德维希·冯·米塞斯：《货币与信用原理》，台湾银行经济研究室，1966年。

② 哈耶克：《货币理论和贸易周期》，商务印书馆1972年版。

数年），容易被研究者作为背景因素而忽略；直到涨落的下降周期到来，正反馈让低效投资收缩和清算的幅度非常剧烈，企业家和学者才措手不及地从集群“低端繁荣”表象中觉醒。因此，当我国产业集群周边呈现不动产价格高企，往往是长期融资向低效经济部门进行错配的结果，预示集群未来“低端锁定”和整体衰退的开始。

4.1.3 价值链治理者的控制和封锁导致集群企业长期锁定于全球价值链低端环节

格里芬（Gereffi，1994）认为，每条价值链中都有一个主导者，这个主导者对价值链的性质起着决定性作用。全球价值链治理者的控制权来自其对价值链规则因果关系的洞察：垄断高端产业生产技术和管理技术的输出能力。这种维系大规模知识组织运作的资源优势，就是全球价值链治理者的权力基础。

（1）跨国企业控制导致集群价格型和数量型“锁定”

产业集群的“低端锁定”表面上是价格型的“锁定”，而本质上是数量型“锁定”：即不仅价格被居于价值链高端的跨国企业操控，而且产品的生产和交易总量也不得不维持在一定规模，所以就剩下与其他同样低端的产业集群，以及集群内部同样低端企业的“死磕”之路；而集群企业个体也在规模扩张中获得了持续的短期利益激励，加剧了这种在低端环节扩大产能的行为，使集群企业投资效率低而利润不足，不得不继续大量增加生产规模和资本投入，以期通过规模效益换取足够的产出利润额。产能扩增通常是为了规模化目标，集群企业地位通常依赖营收规模，即依赖高端治理者的订单数量，所以不可能有勇气和意志对抗价值链治理者的封锁和压迫。

而且不断循环投入规模产能意味着更大量的负债，导致集群企业财富大多停留在账面上，反而持续面临现金流紧张的困境，更加削弱了企业投入科技研发和品牌升级的动机。加之各地方政府对企业规模和就业能力的偏好，共同导致企业在低端规模扩张上形成一种“路径依赖”，更强化了治理者引导的“数量型”锁定。在国际市场乐观或者相对平稳时，表面上还能维持营收平衡，而一旦国际市场发生剧烈波动，集群产品的国际需求锐减，被“低端锁定”的产业集群必然受到“海啸般”冲击，陷入大规模产能过剩和普遍亏损，并进入加速恶化的衰亡螺旋。

“低端锁定”可理解为这样一种陷阱，使低端产业集群既在组织资源上倾向“散沙化”，又同时缺乏足够的利润积累及足够的风险资本注入，因此缺乏研发和营销资源的企业间协同投入，缺乏升级所需的“剩余资源”。“剩余资源”是维持集群企业正常再生产之外的资源，是集群用于建立价值链高端环节的竞争优势的“进化”力量，并能随时间累积转化为可观的竞争优势，类似于生物进化“中性学说”中“随机产生的微小基因突变的持续积累导致显著的表型变异”。集群升级的成功来自于持续积累、控制风险，产业集群发展策略里，最有效的也是大方略的稳定和小范围的自由调整：

一是持续积累，达到可以有“剩余资源”进行试错的程度。通过减少大错，换取犯小错的空间（试错权、选择权）。低端产业集群能否有效积累“剩余资源”，关键在于能否在低端环节持续扩大比较优势，当比较优势积累达到一定阈值之后就能打开“机会窗口”，继而建立一个正反馈循环，利用“剩余资源”试错、探索、创新，提升产业集群现有附加价值，而新增的价值又可以促进更多的“剩余资源”积累，产生正反馈加速度，升级成功的概率就能持续增大。反之，则落入“低端锁定”的陷阱难以自拔。

二是积累产生的剩余资源被用于持续关注一些具有核心价值的方向，否则将产生“方向错误”的“风险”。例如，低端扩张带来的“低端锁定”结局本身就是“风险”的一种形式，如果集群企业集中 100% 的资源用于扩张产能，那么必然没有剩余资源投入真正促进价值链升级的战略方向。如果集群中所有企业个体都失去探索、试错和调整的资源，那么整个集群就失去了可选择性，也必然被锁定在低端环节。

（2）全球价值链治理者主导集群“散沙化”陷阱

全球价值链治理者主导的“散沙化”陷阱，就是通过促使价值链低端企业“散沙化”来削弱低端产业集群的抵抗能力，导致集群自组织资源的不断流失和集群企业的圈层连接不断动摇，进而无法构成一种彼此协助升级的紧密群体“核心圈层”，从而降低价值链垂直治理的难度。

从我国产业集群的发展案例来看，大量企业群体分散积累资源的“散沙”时代远远长于产业集群的短暂发展史；且我国产业集群大多数分工较粗放，结构相对扁平，缺乏稳定预期，延续着“散沙化”的初级发展状态。在价值链治理者的主导下，低端集群企业更多与跨国企业发生利益联系，所以往往缺乏基于集群利益的价值共识，缺少利益其他集群企业的“利他”精神，因此无从维系企业间的协同关系和维护价值链契约的传统。其特点如下：

首先，这种“散沙化”企业根植性极弱，与集群内其他企业联结过少，而与价值链治理者依赖甚密，一旦全球价值链格局发生改变就会流动迁移到其他地区，并不以集群整体利益作为自身发展路径考量，其角色类似全球价值链治理者的利益“代理人”。而且，依靠吸引外资而建立起的产业集群对全球价值链网络依赖性强，所以在全球性的产业危局中危险性也更大，更加脆弱，即全球市场的局部扰动更易扩散至集群内部引发危机。

其次，这种“散沙化”企业缺乏共同体纽带，因此缺乏相互协调和信任的习惯。“机会主义”和“成果主义”会激励各集群成员去争抢资源，结果降低集群企业协同性及整体配合的效能，经营投机化的伤害不仅是对企业个体的，还是对整个集群的，其结果便是整个集群的“去根植化”和“散沙化”，甚至使得集群走向衰败的恶性循环，最终无力在激变的国际市场中选择未来。因此，机会主义企业家的胜利不仅不能证明产业集群的强大，反而是对集群价值链契约的破坏和对集群自组织秩序碾压，使原本有机的集群组织加速“散沙化”和“癌变”。而对机会主义者的排挤与隔离，代表着集群还有一定的自我免疫能力，还能识别和杀死“癌细胞”以保护有机体不受损害。

此外，这种“散沙化”企业缺乏共同的价值底线，彼此进行着无所不在的“竞低”，唯恃企业个体的“智与力”和短期利益刺激。由于“散沙化”的企业家群体没有了共同的愿景，必然尊崇的绝对现实主义，把短期利益最大化作为唯一的决策标尺，为眼前的利益而不择手段；原子化的企业个体不得不独自直面激烈的全球价值链竞争，成为失去长远目标和“竞合原则”的投机分子，放弃长远的升级可能。

因为根植性差的企业会将唯一的经营目标定位于投机和寻租，并注定以腐蚀产业集群的共同利益为利润来源。当它们用投机能力和政府关系公关能力消极地取代企业的创新力和价值创造能力，构成集群"逆向淘汰"的主要"筛选"标准，整个集群倾向于投机化、同质化及漫无目的低端发展。

这种"散沙化"的企业有自我复制性和自我毁灭性。因为集群投机化更加微妙的效用在于它不仅作用于企业的经营行为，而且也作用于企业家的思想和心智。投机化的企业都希望搭正当竞争者的便车，也就是希望其他企业都正当竞争，自然也就不会怀疑它是在为了短期利润而不择手段。因此，集群企业投机化的过程本身具有囚徒博弈的性质，任何企业个体的"利他"行为都意味着牺牲自己的眼前利益，却未必能够保证将来的回报。它们获得的超预期收益会激励更多的集群企业加入模仿的行列，甚至逼迫"核心圈层"的企业背弃其身为集群"凝结核"的天职，通过产生更多"散沙化"的企业而加快产业集群解体和衰亡的速度。而一旦集群彻底"散沙化"，就再没有这样的便车可搭，因为几乎每个企业都是投机经营的高手，不把群体规范和法治当一回事，都不相信法治和公共规范能对集群企业起到道德教化和帕托斯优化的作用，因此没有企业为了长远谋划，自然也不会有需要长期投入的自主研发、自主品牌等，一旦成为习惯，就会变成企业家自动而不假思考的反应。产业集群的精英企业家一旦"投机化"和"去根植化"，那么集群升级的可能性就不复存在了。

集群的秩序是要靠信任来维持的，而信任是基于对其他个体行为的稳定预期。在一个不能互信的群体里，企业不能对彼此的经营行为作出长期化的稳定预期，导致企业处处只看到竞争的危险，无法在这样一个环境中建立长期的合作关系，并使企业家丧失对交易安全条件的判断，造成企业家的生存危机意识错乱。由此，产业集群社会自发演化向任何高度复杂组织或向价值链高端环节升级的可能性都几近于零，而悲剧的"锁定"命运就等待在前方。

(3) 治理者"输出秩序"制造"低端锁定"陷阱

全球各产业集群存在"秩序生产"和"秩序输出"能力的差异，其中"秩序生产"能力较强的产业集群向较弱的产业集群输出秩序和标准，成为产业标准制定者和产业利益分配主导者。例如对低端产业集群在价值链规则方面的教育和驯化，以及生产设备和设施的指导和投资，都会消耗治理者自身的管理资源和其他资源。而这些资源投入都是需要回报的，这种回报就以附加价值的高比例占有为特征。如果低端产业集群遵循这个体系的治理，就能在价值链治理者的秩序输出和保护下，避免了低端产业集群固有的无序竞争的混沌，管理成本就会低得多，但这种“低成本”也对应于其对附加值的低比例占有，且日益从属于全球价值链治理体系。

因此，只有价值链秩序的输出者才能成为全球价值链治理者。从这个视角来看，整个现代中国乃至于整个亚洲的商业文明秩序，都是全球价值链秩序在近代以来向东不断扩张的结果。全球价值链秩序是在欧洲的原生商业文明刺激下产生的，它向东亚经济结构的延伸和扩张的过程有时间差，尤其体现在中、日、韩之间，对集群的组织资源和商业文化的差序格局影响深刻。全球价值链秩序的形成过程不完全是由地理区位决定的，而是跟本国经济的路径选择有极大的关系。在新中国成立后的计划经济秩序中，产业布局是静态的、机械的；主政者认为资源的损失不可弥补，而国际贸易随时都可经营且机会是无限和无成本的。因此将战后构建亚洲产业链格局的“机会窗口”让给了日本、韩国等。回顾这段历史，可见，全球价值链体系是动态的演化，“机会窗口”是其中最稀缺的资源，而且是无法弥补的资源。低端产业集群有机会在转瞬即逝的“机会窗口”中，选择和改变自己的角色。为此应特别强调“机会窗口”的瞬间性，及“价值再生产”的时代性特征。

改革开放后的中国把握融入全球价值链体系最佳时机，彻底地融入国际价值链秩序，并在之后多次国际市场洗牌中持续放大比较优势。改革开放之初廉价的劳动力、大宗商品资源和其他生产要素的比较优势并非制度设计的结果，而是从计划经济秩序瓦解转向市场化的民营企业群体所必经中间阶段的特征。改革开放促进了旧秩序的瓦解，为新生的产业自组织秩序提供了充足空间，为国内价值链秩序重组释放了宝贵的资源要素。但由于要先解散旧有计划秩序再重建新市场秩序，也导致我国比日本、韩国在建立现代市场秩序方面更加困难。

我国新生的产业集群缔造于“改革开放”，是一种从无到有，从低有序度到高有序度的组织形式，长期扮演价值链秩序输入者的角色。作为

“秩序输入者”的“低有序度”产业集群，我国集群企业的投资模式、风险资本和产业知识（信息）、组织力量都是“输入”的，集群企业成员得到价值链治理者赋予的价值链角色，具有典型的“外嵌性”特点。因此，我国低端产业集群的自主权是受到限制的。那些与我国低端产业集群有代工关系的跨国企业，不断通过这种秩序输出和规则治理的过程，把有能力介入治理的其他跨国企业拉进来，形成共同分享利益和分配权力的制度性安排，合力造成对我国低端产业集群的路径约束条件，以维持我国民营企业群体的长期“散沙化”和“低端锁定”，阻止其“升级”尝试。

4.1.4 秩序重建能力缺失导致低端锁定

在全球价值链背景下，产业集群的升级过程是一个不断打破旧有价值分配均衡体系的过程，即一种“打破旧秩序，建立新秩序”的过程。但是旧秩序的瓦解并不必然导致新秩序的建立，需要经过一段时期的博弈以后，才能够达到新的平衡点。在旧秩序和新秩序交替时期，整个集群处在价值链规则不稳定的状态：集群的旧秩序解体了，同时又没有替代性的价值链组织体系，而在组织真空中重新发育出新的组织秩序需要时间，中间的空位期是最脆弱的，充满着混乱和失控，残酷而漫长。我国很多产业集群升级失败的关键原因，就在于无法有效建构起一种新的价值链秩序，无法坚持渡过这一时期。

（1）集群缺乏自组织核心导致低端锁定

产业集群能够自我决定和自我管理，无须干预产业集群共同体的努力，企业间就自发形成一种秩序，即哈耶克所谓的“自发秩序”。

从社会学意义上来说，产业集群是位于价值链不同地位的各层级共治的价值共同体，其组织结构有多重层次。集群内部的价值链交易促进集群企业构建各种价值链契约，某些缺乏核心竞争力的小企业以家族或资本为纽带相互结成企业联盟，产生特殊的价值链竞争优势，由此形成的家族企业团体与价值链契约团体达成初始平衡，形成小范围的共同体认同，共同奠定了集群组织的自组织秩序基础。

产业集群中，一些根植于“本土商业文化”的集群企业在成长中建立起了无形的信任联系和有形的契约联系，形成产业集群组织结构的“核心圈层”，并形成一个自组织意义上的“催化中心”；其文化和资源离不开所在地域，有固定归属，因此是集群升级的稳定驱动力量。其他集群企业围绕“核心圈层”建立起较强归属感，组成根植性很强的“本土企业共同体”，通过相互的扶持、协同和制约把集群的松散圈层结合在一起，把原先割裂的一系列企业小团体连接成一个紧密联系的大网络，形成新秩序的有机整体，类似于生物化学反应中自组织“催化中心”和晶体生长中的“凝结核”。

关于物理晶体的“凝结核”，日本企业家稻盛和夫曾经描述如下，“与天然宝石完全相同结构的人工宝石，即再结晶宝石，是将与绿宝石成为完全相同的金属氧化物从高温状态慢慢冷却制成的。在冷却过程中，需要加入像种子那样微小的天然结晶再培养使之重新结晶。但是，加入种子的时间很难把握。太早，会因为高温而熔化，太迟又不能很好培养。结果，经过7年的反复实验，终于成功合成了再结晶。在分毫不差的合适时间里放入天然小结晶，看见它们‘成长中’的样子，就像看见生命的成长似的，我认为其中一定有一种神奇的力量使然”。这种力量就是自组织的力量，类似于结晶体的自组织系统，产业集群中的“凝结核”企业也具有奠定集群传统、团结集群企业的作用。一旦低端产业集群要升级到更高有序度的价值阶梯，“凝结核”企业联盟形成的“核心圈层”重要性就日益突出。因此，研究集群的“锁定”和“升级”，就要把对“凝结核”的培育和保护作为关键问题，要围绕“核心圈层”形成根植于集群本土的“价值共同体”，寻求改写集体命运的方式。

首先，从“凝结核”企业的领导地位看，集群升级有利格局的形成强烈依赖于“凝结核”企业家的榜样作用。能够领导集群升级的核心企业并非原来就注定具有核心地位的，而是因在“机会窗口”勇敢选择，“抓住机遇”成为“核心”的，经历了从边缘到核心的过程。当勇于胜利的集群企业家在全球价值链市场的“自然选择”中脱颖而出，以勇气和胆识被集体无意识授予桂冠，其他集群企业就以这些现实市场胜利者为标杆，塑造着自身的组织结构和商业形态，形成了一种费孝通所描述的“差序格局”。由于具有共同价值观的企业间才能够达成有效的权利契约，所以“核心圈层”企业的价值观共性和价值链联系让其结成小共同体，促使企业间的联系更加密切，并与集群中其他企业产生“边界”，形成集群组织的“凝结核”。

其次，从集群的组织功能上，“凝结核”企业主导集群未来新秩序构建并协调集群企业的分配规则。其责任是避免利己主义削弱群体协同的凝聚力，并依靠牺牲企业自身短期利益来稳定集群价值共同体长期收益和分配预期，确保集群企业博弈行为的长期性。由于引领升级的集群企业需要其他的价值链配套企业协同升级，因此要为长期利益彼此妥协，并补贴其他协同企业的融资成本，协助其获得升级所需投资，更多地承担升级行为背后的商业风险；且必然要将升级产生的利益持续分配给这些配套企业，不能独占升级的全部增值收益，以减少企业间的短期价值分配差距，建立稳定的分配预期。这要求驱动集群升级的企业需要首先有更强大的融资能力，尤其是吸引长期资本投资能力，并实现“资本投入越多、升级收益越高”的正反馈循环。这个集群企业的协同行动引发的“正反馈”循环能够促进集群“价值生产力”非线性提升，构成产业集群“升级”成功的内在动力机制。若“凝结核”企业蜕变为利己的理性主义者，傲慢迷信私智而忽视集群协同的力量、轻视集群发展的经验，拒绝带领集群企业升级的责任与荣誉，那就注定了集群依赖“被治理”的先天软弱性。

最后，从集群的社会功能角度，“凝结核”企业家不仅是洞察集群演变与全球价值链关系的领路人，也是不断提升集群价值链地位和承载集群文化传统的中坚群体：它们不仅担负了生产、组织、就业等企业的一般职能，提供了保护价值阶梯和招徕创新型企业家的秩序中心，而且在集群中担负了超越单纯利益博弈的“社会”责任范畴，包括对集群社会的公共教育、救济援助、环保节能等社会功能，支撑起现代产业文明的基础，推演展现集群商业文化的深刻内涵。

“凝结核”企业或天然“企业”领袖必须事先存在，在实际经营活动中树立威望和信用，关键时刻才能发挥作用。缺失“凝结核”企业，就缺失了引导集群企业为“长远愿景”而放弃短期利益投机的核心力量，导致集群利益分配格局“固化”及集群组织结构僵化，致使升级行为无法惠及集群中越来越多的企业，那么升级行为必然失去集群中其他企业的支持甚至遭到阻碍，更谈不上集群企业间协同升级。而若集群升级活动没有带来预期的协同效果，导致企业升级收益远远不如资本方预期，那么风险资本等长期资金将减缓流入集群。而若失去低成本、及时、足量的长期风险资本支持，则会导致升级企业半途夭折，以及更多的配套企业退出升级，进而使得整个集群被继续“锁定”于低端环节。

(2) 集群公平竞合秩序缺失导致低端锁定

集群企业间的竞合秩序（竞争与合作秩序），是为应对市场变化而建立的协同合作关联，以及面向市场供需而建立的价值链纽带。这就是产业集群自发形成的公序良俗。一方面能让协作企业及时了解市场动向，迅速地调整经营计划，保持和增强企业灵活性；另一方面要求集群企业合理分配利益并承担相互扶持的责任，有利于积累集群的自组织资源。

这种公序良俗要求一种良性的利益分配制度和格局，保护领先升级其企业的“高收益”，惩罚破坏集群协同性的“毒草”企业，并对“集群文化”维持正当竞合秩序失败后进行紧急补救。当集群内的竞合“公序良俗”建立起来，企业都视恶性竞争为丑行，则即使无法律强制，竞合良俗也会自然延续。集群企业有序竞合的“制度”需要长时期的积累，才能凝固为集群的价值传统，内化为企业家的心智和本能。如果这一价值传统和契约精神积累的过程遭到干扰和破坏，那么集群的共同体意识就无法形成。若欲短期内消除恶性竞争的陋习，有必要强化“法的精神”和“契约精神”对产业集群的规训作用，法治从严、遏住源头，以地方政府强力引导重构集群的“秩序灵魂”，打破集群系统“散沙化”循环，催化出集群升级的“凝结核”。

地方政府对产业集群的秩序干涉可分为两种类型：一种是消极地对集群合法经营决策和优胜劣汰过程直接干预；因为政府并不比企业更加深入地掌握市场周期和集群演化规律，所以不可能引导企业到达竞争优势地位。另一种是积极地营造具有公平竞合秩序和坚守契约精神的法治环境；因为集群企业需要靠行政监管和法治引导回归到市场竞合的公序良俗中去。

“竞合秩序”的公平权利正是法治保障的结果，而企业竞合自由是公平“竞合秩序”的产物。因此，集群组织“秩序生产力”的核心在于集群“竞合规则”的公平、普适和长期稳定性。它依靠集群企业法治共识和契约精神为基础，保证企业投资稳定预期，即过去投资和未来收益间的有序衔接。所以，竞合秩序最优的产业集群治理成本最低而“秩序生产力”最高，其所在区域也通常成为科技创新和价值链革命的地理中心。

从“理性人”的角色出发，为让企业得到贸易竞合的自由，必须有非常明确的法律框架、信用网络、监管机构和道德规则等存在：一旦放松对不公平竞争行为的监督和审判，企业自发的放纵就会造成集群企业触碰竞争商业道德底线的“竞低”乱局。由于“毒草”企业损害价值共同体的行为时间要早于造成集群灾难后果的时间，因此地方的监管者和独立学者应在集群失序竞争行为发生时就发出清晰的警告和劝诫，并帮助企业厘清恶性竞争的因果，平衡“经济人”从私利出发的“狭隘理性主义”。如果地方政府并不保护知识产权、商标权、合法股权等其他无形资产，则平民出身的集群企业家除了加工制造设备和厂房就一无所有，无奈只能将企业的前途和自己的财富和地位都押在规模扩张的赌注上面，置身于胜算熹微之险境。而集群热衷规模扩张本身又将造成集群思想创造力的衰退，刺激短期利益投机者的盛行并导致长远性创新人才的消乏，致使集群的组织资源和创新能力同步退化。因此，来自第三方的行政监督和司法惩处是构建集群“升级”新秩序的关键力量。

集群企业每天都试图通过政府和司法系统的权威解决竞合秩序问题，这种依赖行政管理和公平裁决的文化意识在企业最显然、最日常的经营活动中存在着，而非只是一个空洞的宏观概念。围绕契约的司法裁决和仲裁在产业集群升级中的地位特别重要。其公共成本相对较低，也是公正司法成为越来越重要的“价值要素”原因之一，尤其是知识产权、商标权在升级过程中扮演核心角色，要求集群有对商业秘密进行保护和对无底线竞争进行制裁的能力，也要求集群内部分化和培育出专业的律师群体及法律服务组织。

因此，对于产业集群而言，契约精神和价值传统具有“神圣性”，不仅事关集群组织连接的紧密程度和权利分配，而且是一种企业间建立和巩固价值链关系的信任纽带和价值选择。如果经济学意义上的“理性人”失去“敬畏法则”的自律和他律约束，那么集群企业必然以自身为中心，过于相信凭其个体才智就能取得成功，对竞合规则和商业道德的漠视终将使其走上败途；如果集群仅用“自利”的思维和逐利的手段去建构价值共同体，那么还未建构形成共识就会迅速走向解构，进而引发集群组织资源和“竞合秩序”的同步退化，变成一盘散沙，然后迅速被全球价值链资本力量所吞噬。

4.1.5 集群文化薄弱和企业家心智不适导致低端锁定

(1) 集群文化薄弱导致低端锁定

集群文化的作用是直接的和决定性的，而非仅通过集群内部制度间接发生的。例如，硅谷创新文化和风险投资文化在区位和制度优势并不显著的加州地区开创出了美国信息技术产业集群。工艺流程升级、产品升级、功能升级、链条升级等只是集群升级的“工具和方法”，其背后隐含的是对价值理念的选择和升级。随着集群人才、技术、制度、文化不断丰满成熟，地理因素对全球产业集群间差异的影响力呈边际递减效应，而文化因素则边际递增。

产业集群作为经济学意义的“种群”，在长期市场行为演化史中，既通过自身的行动创造着集群文化，也在不断被集群文化改造着。相比美国和德国这些国家，我国在现代商业文化上可能稍显年轻。从历史上看，我国的商业文化经历过新中国成立后“格式化”和“数据遗失”的历史，曾经的“企业群体”与旧的商业文明一并瓦解。而观察欧美日等发达经济体的产业集群，总会发现很多一直历时百年的企业群体。这些长期存续的企业作为商业文化的载体，像社会历史中的个人一样，在现代商业文明历史中传承“文化的基因”，并沿着价值阶梯攀升，试图满足“身份认同”的饥渴。例如，企业品牌就是这价值阶梯上的“重要一级”，只有视企业荣誉胜过企业存亡，企业的历史才能比企业家的寿命更为悠久，才能缔造出“百年品牌”。

这些从长期稳定的社会环境中成长起来的“企业社会”，普遍特征是：拥有高度的凝聚力和丰富的自组织资源，行业自治团体众多且坚强有力；企业家具有被广泛认可的“社会地位”和“荣誉感”，企业员工认可“工匠精神”并形成悠久行业传统；各企业对集群本身有高度的认同感，彼此相互认同，关系紧密，对未来有稳定的预期。集群企业“价值共识”的广度和深度决定了产业集群所能触及的全球价值链“天花板”的高度。

这种守护价值阶梯的“正统文化”，是一种集体预期不断自我实现所构成的“正反馈”经验路径，标志着产业集群从稚嫩走向成熟。基于“正统文化”的认同感将构成集群企业间其他认同（如品牌认同、契约认同、创新能力认同等）的基础和背景，在产业经验和法治环境的共同演化作用下构建产生良性循环的价值阶梯。价值阶梯保障的就是信誉、技术、经验和知识的有序积累：企业个体积累信誉、技术和经验，产业集群积累规则和传统。而集群企业对价值阶梯的守护，实际上就是对价值链升级可能性的精心呵护。

价值阶梯不能触及之处，集群企业“认知图景”的内在可能性就会穷尽。如果看不到价值阶梯的存在，集群企业家将缺乏对“未来愿景”的稳定预期，就将被囚禁在个体经验的路径依赖中，失去选择路径的意愿和能力，进而使集群只能延续旧有的价值链低端发展格局和体系。因此，保证存在一个可以攀升的稳定价值阶梯，成为集群的主要问题；而企业个体能否在价值阶梯上攀升，成为次要问题。在价值阶梯稳定存在的情况下，企业个体的成败只是技术性问题；而在价值阶梯摇摇欲坠的情况下，集群文化会向短视的机会主义退化，价值链升级也失去了对集群企业的意义，而“低端锁定”成为其必然的结局。

（2）企业家心智不适导致低端锁定

“秩序再生产”的唯物主义限定，要求集群“远景模拟”的理性能力服从于经验的限度：对企业家个体而言，其决策无法超越其经验，不仅如此，还强烈依赖于被市场应验的经验判断，形成个体路径的“惯性”；对产业集群而言，在全球价值体系链条中的位置决定了其经营价值区间的边界位置和行为模式，进而限制了集群分配格局、治理结构、发展规模等变量的范围。无论企业个体还是集群整体都难以高瞻超越自身发展阶段的问题，也难以远瞩原有路径之外的发展可能性。

因此，全球价值链不同的层级结构以及在此结构上的认知“差序格局”，才真正构成集群企业家心智障碍。在突破低端价值区间前，企业和集群都有依赖既有路径的自发“惯性”。由于对价值链低端环境的适应，集群企业家难以理解其他地位更高的价值链环境，因此会把自己不理解的“利他”的竞争合作方式当作一种“有便宜不占”的“错误”而加以拒斥。其自身所理解的价值链认知局限性很大，带有从底部仰望高端价值链的偏见，且缺乏本土企业升级案例相佐证。所以我国产业集群低端锁定往往并非缺乏升级机会，而是缺乏在经验之外作出长远选择的勇气和能力。

产业集群在不断发展的过程中，总会面对各种长期和短期利益的权衡选择，要求集群企业家作出判断和抉择。从企业家心智的角度来看，实现升级的产业集群和低端锁定的产业集群的区别在于，“低端锁定”的产业集群更轻易屈从于短期利益的诱惑，而执着升级的产业集群则予以克制，并体现出超越经验之外进行探索与尝试的勇气。集群升级的路径即这些抉择结果的集合。由于所有发展路径的选择都有长期效应和短期效应的差别，有些路径选择是在短期内能够最大效力地汲取和发挥集群的力量，但是长期效果会越来越差，体现出边际效应的铁律。例如在升级“机会窗口”敞开时，集群企业家展现出的拒绝短利诱惑的“勇气”成为争取到高端地位和高附加值的关键因素。但短期内扩大低端生产规模的诱惑始终盘桓于企业家的脑海中，能否在适宜升级的“机会窗口”放弃这种诱惑，就需正确而强有力的价值判断来支撑企业家的决策，否则将促使集群企业逐步陷入“低端锁定”的陷阱。

前文分析了各因素对低端锁定的作用过程，但是低端锁定不是单因素作用的成果，而是各因素综合作用的结果。图 4－1 显示了我国产业集群全球价值链低端锁定的综合作用机理。

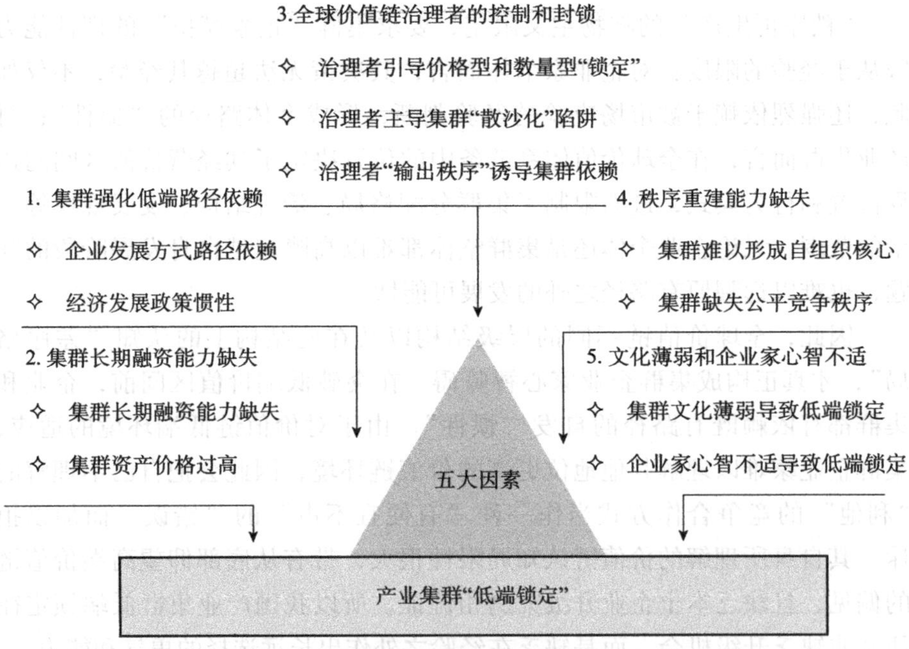

图 4－1　我国产业集群全球价值链低端锁定的综合作用机理

4.2　高新技术产业集群全球价值链低端锁定形成的机理

4.2.1　我国产业集群的要素禀赋所决定

20世纪80年代以来，国际分工出现的一个重要现象就是国际分工由产业间分工、产业内分工转变为产品内分工。所谓产品内分工就是产品生产过程包含的不同工序和区段，被拆散分布到不同国家进行，形成以工序、区段、环节为对象的分工体系。各个国家按照自身要素禀赋及比较优势加入这一分工体系当中。劳动力、土地、自然资源丰富是我国的优势所在，我国产业集群凭借这一类优势参与全球价值链分工只能从事全球价值链中的加工、制造、组装等劳动密集型、资源密集型环节的活动。由于这些环节进入门槛低、技术含量低、替代性强、竞争激烈，因此附加值也就低，由此从事这些环节的我国产业集群在全球价值链利益分配体系中也只能获得较少的利益。而发达国家的跨国公司拥有资金、技术、管理、人才等方面的优势资源，它们凭借这些优势资源参与全球价值链中的技术、研发、设计、营销、品牌运营等环节的活动。这些环节因进入壁垒高、替代性小、竞争程度不高，而具有较高的附加值，跨国公司也因此获得较高的利益。

4.2.2　跨国公司的封锁与控制所迫使

跨国公司作为全球价值链的领导者为了组织和协调分散于全球各地的价值创造活动，同时也是为了协调价值链利益分配，需要对价值链进行治理（Humphrey，J & Schmitz，2000）。目前我国产业集群被处于“俘获型”的价值链治理当中，在这种治理模式下，跨国公司在价值链中掌握权力，是治理者的身份，处于支配地位，而我国产业集群是被治理者的身份，处于被支配地位。跨国公司会利用掌握的权力制定和监督规则、标准的实施，来组织、协调价值链各环节的价值创造活动，并控制价值在不同经济行为主体中的分配（Gereffi，2001；文娉、曾刚，2004）。在此过程中，跨国公司会凭借权力和地位，按照有利于自身的方式进行价值链利益的分配，结果必然是领导企业获得较多的利益，而处于被治理地位的我国产业集群只能获取较小的利益。与此同时，全球价值链的治理者——跨国公司还会利用各种手段来阻碍和控制我国产业集群中代工企业的升级进程，从而迫使我国产业集群“锁定”于低附加值、低创新能力的微利化价值链低端加工、制造环节。这些手段包括：①通过严格的产品进口质量、安全、环保进入壁垒及快速变化的产品升级换代来迫使我国集群内的代工企业持续地进行设备“淘汰”，向发达国家引进更为先进的生产设备，从而使我国产业集群代工企业陷入“代工—微利化—自主创新能力缺失”的循环当中。②要求集群内代工企业进行专用性资产投资，从而形成一种“质押”关系，致使代工企业不敢贸然进行品牌创建和市场网络建设，进而把集群内代工企业锁定于全球价值链的低端环节。③利用知识产权保护、市场隔绝、默会化等策略来防止代工过程中的技术溢出、技术模糊，抑制我国产业集群代工企业自主创新能力形成。

4.2.3 我国产业集群自身能力缺失所引发

我国集群企业现实条件是企业规模小、技术水平差、资金缺乏、人才匮乏，不具备产品研发和设计、市场开拓、品牌运营所需的客观条件，同时也无力承担产品设计、研发、营销渠道、品牌建设所产生的市场风险和财务风险。相反，我国集群中企业只要把自己定位于加工制造环节，利用跨国企业提供设计好的产品图纸、生产工艺进行生产就可以安享其中一定的利润。在这种风险与收益的权衡下，集群中的企业主动放弃向全球价值链高附加值环节攀升的主动权，宁愿为国际跨国公司和国际大买家进行“代工”，并心甘情愿自我锁定在价值链的制造、加工等低端环节。

4.2.4 我国产业集群创新动力集体缺失所造成

产业集群是指在特定领域中一群在地理上邻近、有交互关联性的企业和相关法人机构所组成的集合（波特，1998）。由于地理空间的临近，企业间正式和非正式的交流渠道多，人员在集群企业间频繁流动，促进了集群内知识与信息的快速流动与扩散，即产生知识溢出效应。这种知识溢出效应，在当下我国知识产权保护法规不完善、商业秘密保障制度缺失的情况下，仿冒就会泛滥，“搭便车”的思想就会盛行，“柠檬市场”就会产生，集群陷入无休止的低层次恶性竞争中。这种结果使创新企业的投入得不到应有的回报，甚至连创新成本都无法收回，而模仿企业却坐享其成，获取丰厚利益。其结果是从事创新活动的企业被无情打击，不愿意再投入资金进行创新，所有企业都“等着天上掉馅饼”，集群创新陷入“囚徒困境”的僵局，于是整个集群就在价值链的低端环节中徘徊。

4.2.5　我国企业家的心智模式不适所导致

所谓“心智模式”是指因工作经验、知识素养、价值观念等多种因素共同作用而形成的，主体较为固定的假设、理念、成见和思维方式等（李美娟，2010）。目前，我国企业家心智模式普遍不适，他们不愿意做那些需要花长时间、高成本、高代价，但效益缓慢的“慢工出细活”技术创新、品牌运营、渠道开拓等之类的经营活动，而是认为“隔夜的金不如到手的铜”，热衷于“多快好省”——利用跨国公司现成的技术、品牌、市场，按照委托企业合同进行加工、生产和装配，这样虽然赚取的是微薄的加工费，但省心、省力，无须承担产品研发、设计、销售、渠道开拓、品牌建设的大量投入而引发的投资风险，于是无由制造环节向研发、设计、品牌、营销、服务等价值链高端环节挑战的意愿，也无由 OEM—ODM—OBM 攀升的胆识和勇气。企业家这种心智模式必然使我国产业集群被牢牢地锁定在全球价值链的低端环节，并陷入“趋底式”发展的困境当中。

4.2.6　我国地方政府不理性的政绩观所促使

长期以来，GDP 增长是考核地方政府政绩的一个重要指标，为了追求 GDP 增长，地方政府往往急功近利，热衷于做“短、平、快”的事。由于代工生产方式在增加 GDP 和出口、增加税收、解决劳动力就业方面具有直接的效果，因此政府，特别是各级地方政府通常没有足够动力去推动集群内代工企业进行技术创新、品牌创建、渠道建设等之类的“慢工”“细活”，反而出于区域经济发展和地方政府竞争等方面的考虑，争相出台类似保税区、出口加工区、出口退税等简单而又效果明显的鼓励政策来促进集群内企业从事代工生产，这在一定程度上加强了集群内代工企业在原有路径上的依赖，使这种建立在低级要素禀赋之上的代工生产模式得以进一步强化，致使产业集群长期难于升级，进而被锁定于全球价值链的低端环节。

第5章 我国产业集群全球价值链高端攀升的障碍因素分析

我国产业集群向全球价值链高端环节攀升面临着如体制、机制、资源、能力以及观念等许多因素的制约。本章从企业微观层面、集群区域层面、宏观环境层面，全方位、多视角剖析制约我国产业集群全球价值链高端攀升的障碍因素。

5.1 传统产业集群全球价值链高端攀升的障碍因素分析

5.1.1 企业微观层面的障碍因素

（1）资金困境是制约我国产业集群升级[①]的首要因素

集群中的代工企业无论是技术升级，还是品牌创建和渠道开拓都需要大量的资金，而目前现实的情况是，我国代工企业资金实力和资金来源十分有限，资金不足成为制约我国产业集群转型升级最大的障碍。集群中企业转型升级资金不足的原因主要有：

①微利企业难以累积转型升级所需资金。

代工企业转型升级面临的最重要一个问题就是资金不足，在代工企业

---

① 集群企业全球价值链升级就是集群企业向全球链高端攀升的过程，因此，全球价值链升级与全球价值链高端攀升是属同一个概念，在大多数情况下，为了叙述简洁，我们常使用“升级”这一个词替代“全球价值链高端攀升”这个词。

转型升级初期，需要大量的资金投入，用于革新技术、培养人才、拓展固定的销售渠道，以及研发新产品、打造自有品牌等。然而，代工企业的生产模式难以累积转型升级所需要的资金。

就代工企业生产模式而言，代工企业是处于微笑曲线底端的低附加值产业，其生产模式就是简单的加工组装，不涉及研发环节且没有核心技术，加之品牌商对成本的控制十分严格，对于缺乏技术含量的代工环节极力压低其成本，而且代工企业没有讨价还价的能力，代工企业之间的竞争主要靠成本低、速度快、规模大而取胜，所以这种生产模式使代工企业成为微利产业。而且，目前我国逐步步入老龄化阶段，劳动力人口增速减缓，农民工工资整体不断上涨，导致劳动力成本逐步增长，主要以低成本代工为特色的中国代工企业已经有所动摇，并且在国际竞争的大环境下，我国劳动力的竞争优势已不是那么明显。伴随着劳动力数量的减少，劳动力的成本及工资水平的总体上涨，使我国代工企业面临总成本上升的压力，让本就微利的代工企业利润更加微薄。

代工生产是全球价值链背景下的我国产业集群中企业参与全球价值链分工的主要形式。所谓代工生产就是跨国公司或国际采购商不直接生产产品，而是利用自己掌握核心技术负责研发设计新产品，控制着产品销售渠道，具体的加工任务通过合同订购的方式委托同类产品的其他厂家生产，之后将所订产品低价买断，并直接贴上自己的品牌商标。作为被委托方的代工企业既不掌握技术，也没有自己的品牌，更没有自己的销售渠道，只是按国际采购商提供的技术和工艺进行加工生产，承担了全球链当中的低附加值、低收益的低端生产环节的活动，这种生产方式所带来的盈利偏低。另外，由于代工生产属于低端生产，其技术含量低、进入门槛低，因此导致大量同类竞争者涌入，同类竞争者为了抢夺跨国公司有限的订单，相互之间进行残酷价格厮杀，最终的竞争结果是代工企业利润微薄。特别是近年来，国内劳动力、原材料等生产要素的成本不断上升，我国代工企业的利润空间被进一步压缩，几乎到了无利可图的地步。有数据显示，代工企业的生产方式利润率只有5%左右，而相反，跨国公司的利润率则在35%以上。代工企业如此之低的利润率，只能勉强维持企业的正常运营，根本无法积累代工企业进行技术升级、品牌升级和市场渠道开拓所需的大量资金。

②集群中代工企业融资困难，也使代工企业缺乏外源资金支撑。

由于集群中代工企业转型升级需要大量的资金，仅靠企业自有资金远远不够，还需要求助于外部市场融通相应资金进行企业的转型升级。然而，现实情况是代工企业融资难、融资贵是普遍现象。具体原因是以下两方面：第一，由于企业自身的原因造成银行谨慎贷款。具体因素是：一是大多数代工企业资金少、规模小，技术水平不高、人才匮乏，在产品开发、市场开拓方面没有优势，因此银行综合评估下来，难以对代工企业放贷。二是代工企业管理制度不完善，信息不透明，信用等级低，财务状况不乐观，这使得金融机构无法把握代工企业的发展前景，所以贷款谨慎。三是代工企业缺乏有效抵押物和担保物。无论向银行还是金融公司借款，都需要担保物提供保证，但代工企业能够提供抵押的固定资产少，能提供的抵押物数量有限，且担保物的价值低，制约了代工企业能够取得的贷款数量。第二，集群中代工企业贷款难除企业自身原因外，还有银行方面的原因。银行和金融机构普遍存在“嫌贫爱富”偏好，银行资金偏爱于那些有实力其实并不缺钱的大中企业，即所谓的优质客户，各大银行和金融机构为了争夺这些大客户，相互之间竞相开出各种优惠条件，甚至包括降息①。然而那些具有良好发展潜力，急需资金转型升级的小企业却得不到银行资金的青睐。银行资金这种“锦上添花”，而不是“雪中送炭”的行为，使社会总体资金效率低下，同时也造成了我国产业集群转型升级的一大障碍因素。

（2）人才缺失是阻碍集群企业创新能力提升的最大瓶颈

人才，尤其是高级人才缺乏是阻碍我国产业集群向价值链高端攀升的另一障碍因素。

我国集群中的代工企业的技术含量不高，生产员工素质低，劳动力流动性大，属于高强度的重复劳动，代工企业的这些工作性质导致代工企业所累积的人力资源达不到代工企业要转型升级成立自有品牌的用人标准。中国是制造业大国，但缺少真正高端制造业所需要的各类高级人才。由于人才和技术的缺失，给代工企业转型升级过程造成较大阻力。

① 姬会英：“当前我国中小企业融资难的原因及对策探析”，《特区经济》，2011年第2期。

代工企业缺乏研发和设计的专业型技术人才。创建自有品牌意味着代工企业要研发出自己的核心技术，生产的产品与市场上现有产品具有差异性，才能够为企业创造价值，这就要求代工企业拥有一批高素质的高科技创新型人才，然而就目前代工企业的现状而言，原有的技术人才所掌握的知识不够先进成熟，无法支撑企业转型所需的技术，无法与转型方向相匹配。

产品能创造多大价值，不仅取决于它的品质，还与销售渠道息息相关，即使本企业的产品品质比其他企业的同质产品好，企业如果没有建立自己的营销渠道，产品无法有效地销售到市场，就无法给企业创造价值。升级意味着向价值链的高端环节——营销环节攀升，即从原来的不面向终端市场变为直接面向终端市场，这就要求代工企业要拥有具有渠道开拓能力的人才。然而，由于我国大多数代工企业的业务通常直接面向品牌商做简单的加工组装，几乎不涉及市场销售及运营，因此代工企业在销售方面的人才累积少之又少，加之对销售渠道不了解，代工企业想要转型升级更是难上加难。

如果说产品的质量是企业的硬实力，那么品牌就是企业的软实力。销售同样的一件产品，没有品牌的产品和知名品牌产品相比，人们更愿意花几倍的价钱去购买知名品牌产品，这种心理让品牌概念变得十分重要。升级意味着向价值链的高端环节——品牌环节攀升，即代工企业需创建自主品牌，这就要求代工企业有一定的品牌创建和运营能力。然而，品牌的建立并非一蹴而就，需要一个长期建立与维护的过程，代工企业想要转型升级就必须让自有品牌的概念深入消费者心里。

代工企业还普遍存在一线生产员工素质低导致产品质量不高的问题。有研究表明，在制造行业中，70%的劳动者最高文化程度是初中文化，大部分劳动者文化素质不高，学习能力低，不能充分地使用机械设备，造成生产效率不高，产品质量不高。建立自有品牌需要能与时俱进的学习型生产员工，如继续雇佣素质不高的员工将会成为代工企业转型升级的障碍。

造成代工企业上述人才缺失的原因存在于以下几个方面，第一，长期固定的生产模式使代工企业形成惯性依附于品牌商，形成“低端依赖”，原有的技术人才所掌握的技术、知识以及相应的创新开发能力无法与代工企业的转型方向相匹配。再者，员工甚至企业家都没有创新意识和积极性，自然就不会产生创新型人才。第二，人才引用困难。目前我国的教育属于通才教育，导致专业型人才不多，技术人才数量少。第三，人才留不住。企业转型初期，风险太大、前景模糊、待遇一般，人才出于自身利益考虑不愿意留在这种企业，创新的风险太大，大企业经受得住创新失败，但是转型企业尤其是微利的代工企业难以经受得住创新失败。而且人才本身压力也大，因为转型初期，代工企业无法提供成熟的研发团队和研发环境，导致人才不愿意在这样的企业发展。

（3）企业自主学习能力低是制约集群企业升级的重要因素

我国产业集群中企业嵌入全球价值链分工体系当中，成为跨国公司和国际大买家的委托加工方（即代工）。在代工过程中，跨国公司（或国际大买家）为了让代工企业能够生产出符合其要求的产品，它们会主动对代工企业进行产品制造方面的技术、工艺和生产诀窍方面的培训，也会把与此有关的一些经营管理经验传授给代工企业。同时代工企业在代工过程中会通过"干中学"方式学习到跨国公司的一些先进的管理经验和生产技术（即所谓的知识溢出）。但是从实际情况来看，由于我国代工企业学习能力低，无法完全吸收消化先进的技术，导致代工企业的技术水平依然不高。目前代工企业学习能力低的主要问题存在于以下几个方面：在转型前期，由于代工企业的劳动力素质普遍不高，工作性质又是重复而机械的，因此缺乏有效的学习机制，无法组建一个有效的技术吸收团队使知识充分地为己所用；在中期学习阶段，很多代工企业重在模仿，没能结合自身实际情况运用转化知识；在后期阶段，代工企业尽管学习了技术知识，如果没有对市场进行分析调查并根据实际情况设计开发产品，也无法为企业创造价值。总之，竞争优势是由最根本的创新、改善和改变而来，持续竞争优势需要不停地学习，优势的延续需要不断发展。

（4）企业抗风险能力差也使集群企业升级望而却步

代工企业对代工客户的依赖性强，如果代工企业转型升级，面临的一个巨大问题就是目标客户与原来品牌商相同，销售渠道类似，如果代工企业选择与现有国外代工客户相同的目标市场时，则代工企业与代工客户之间就变成直接的竞争对手，代工企业不仅要面临失去现有代工客户业务的风险，而且还面临着目标市场的不确定性，既会失去原有客户，又不一定能获得目标市场的新客户。再者，如果代工企业打造自有品牌投放至市场，客户对于新的品牌总是要对产品的质量和性能进行多方考量，有些客户还会对老品牌形成消费惯性，如此最终会使代工企业在转型中陷于困境。转型中的代工企业各方面都相对脆弱，实力弱小，无法与成熟的品牌商相对抗。所有这些都说明，代工企业转型升级存在巨大的风险。

代工企业的升级成本相当大，成为阻碍某些中小代工企业升级的重要制约因素。代工企业如果想转型升级，制造自有品牌，在前期就要培养高素质的人才、革新技术、建立销售渠道，在后期还要进行品牌维护、大力宣传等，这些过程都需要巨大的资金成本。同时如前所述，升级能否成功存在很大的不确定性，且集群代工企业规模小、实力弱、利润低，没有足够的资金和实力来应对升级失败所带来的损失。升级的高风险和代工企业的低抗风险能力，导致其不愿意从事创新和升级活动，集群转型升级困难重重。

(5) 企业家精神缺失使集群企业升级失去原动力

企业家创新精神、冒险精神和进取精神的缺失是我国代工企业创新动力不足的主要原因之一。作为企业最高决策者，企业家自身是否具备创新、冒险和进取精神，对于集群企业转型升级至关重要。首先，代工企业的转型意味着要投入大量的资金、人力、物力和技术，有投资就有风险，很多企业家就是在看到了转型的巨大不确定性之后望而却步，相比转型而言，大多数代工企业的经营者更愿意依附于稳定的品牌商，接受固定的模式和一成不变的生产方法，因为对于这些人来说，赚取微薄的利润总好比转型失败后巨大的损失。因此，代工企业要转型升级需要企业家具有冒险精神。其次，升级是一个长期的奋斗过程，这就要求企业家有长期的战略思维和眼光，要有不甘心为人代工的理想抱负。目前很多民营企业扎堆在代工行业，累积的资金也只用于扩大生产而非提高技术水平、主动创新研发新产品，从而陷入“低端依赖”，无法实现全球价值链的升级。要改变这种局面就要从企业家自身做起，不断学习提升自身修养，有眼光有魄力，为代工企业的升级提供精神支柱。企业家精神是一个企业的文化所在。上行下效，若企业家不愿改变，没有勇气和魄力，下层人员又有何创新精神可言。

5.1.2 集群区域层面的障碍因素

(1) 集群内恶性市场竞争削弱了集群升级的基础条件

恶性竞争又称不正当竞争。在市场经济体制中，企业生存优胜劣汰，市场竞争是企业必须面临的。在良性的竞争环境下，各竞争者可通过提升核心技术、提高商品品质或改进服务质量等方式让消费者青睐自己的产品，或当产品无明显差别时可通过提供自身售后服务来增加顾客回头率；同时，在良性竞争下，消费者也可以用更实惠的价格购买到性价比更高的产品。然而当企业间发生恶性竞争时，企业将精力集中于价格战、广告战或公关战，或想方设法抹黑竞争对手或一味地价格压低以牺牲利润为代价来获取营业额的增长。

在我国产业集群中恶性竞争普遍存在。其原因是多方面的：一是我国集群多以传统产业为主，生产工艺简单，技术含量低，进入门槛低。在一个集群中往往集聚了数量庞大的中小企业，这些中小企业生产产品类型相同，而且面对的目标客户都是一样的，为了争夺有限的客户订单，彼此之间进行激烈而残酷的价格竞争。二是我国集群中的企业均以中小企业为主，它们资金有限、人才匮乏，无力进行技术研发和新产品开发，只能走模仿他人的技术和工艺的低成本之路，结果导致集群中企业生产的产品技术一样、工艺一样，同质化程度高。在产品同质化的条件下，企业只能依靠低价格策略来赢得竞争优势，因此价格竞争也就成为必然。三是市场机制不完善，且政府监管不到位。目前我国颁布的相关法律，惩罚力度不够，执法不够严格，相关管理部门多死角，监管空白区域较多。

恶性竞争的结果是集群企业利润越来越薄，仅能维持企业日常经营，根本无法积累企业转型升级所需的资金。同时对集群中在从事新产品开发的大企业而言，由于同类企业模仿和价格竞争，结果导致研发高投入无法实现高回报，甚至连研发投入的成本都无法收回，其结果必然是严重挫伤了创新企业的积极性，整个集群创新活力下降。

（2）集群内技术（知识）过度溢出，导致集群企业创新动力不足

产业集群是指在特定区域中，具有竞争与合作关系，且在地理上集中，有交互关联性的企业、专业化供应商、服务供应商、金融机构、相关产业的厂商及其他相关机构等组成的群体①。集群中企业之间由于地理的邻近，人员接触和流动频繁，使得集群中的知识、技术、信息流动变得更流畅，传播速度更快。这样也使集群内的一个企业的生产技术诀窍、管理经验、市场信息和创新思想等很容易被其他企业学习和模仿，这种现象称为知识外溢效应。知识外溢对集群创新来说，是一把“双刃剑”。一方面，知识外溢会使集群创新氛围更浓郁，创新速度更快，整体创新能力更强；另一方面，也使集群企业在享受知识外溢效应的同时也面临着创新动力不足的问题。由于集群企业距离近，创新扩散快，一个企业创新产生的收益，可能被集群内大多数企业分割，创新企业会因得不到应得的经济激励而不愿意继续创新，其他企业则依赖龙头企业创新等待坐享其成。这种不加控制的过度的知识外溢导致创新企业创新收益分散化，创新企业丧失动力，集群陷入了创新动力不足、技术创新活力匮乏、竞争力下降、集群升级受阻的困境当中。

（3）代工企业缺乏与本地企业的联系，使集群本地企业升级缺乏应有支持

企业在升级过程中，离不开相关产业的支持，上游产业的发展能够改进下游企业技术或装备状况，或者提高下游企业的产品质量、降低生产成本。产业之间还能够形成相互需求，从而可以跨越创新所需要的最低临界的需求规模。而以代工生产模式加入全球价值链的我国集群代工企业，缺少与国内相关产业的联系，也就无法通过相关产业的支持形成对创新的激励。具体表现在：

①代工企业与国内上游设备制造业缺乏必要的联系。代工企业面对跨国公司的订单，需要按照其要求进行生产组装，由于国内上游设备制造业

① ［美］迈克尔·波特著，李明轩译：《国家竞争优势》，中信出版社2007年版，第12页。

无法生产相关设备，所以代工企业的生产设备只能通过进口的方式解决，导致我国代工企业与国内本土企业脱节。代工企业只与跨国公司发生联系，与本地制造企业没有沟通，这不仅加剧了代工企业生产结构单一化的问题，也降低了代工企业与本地企业之间相互学习的可能，从而限制了代工企业研发能力的提高，降低了本地企业的升级空间。

②代工企业与其下游的销售环节也缺乏必要的联系。我国多数代工企业都按照进口原料—国内生产组装—出口销售的模式运行业务，整个生产销售链与国内市场断开。由于代工企业是按照跨国公司的订单生产组装，其产品适合国外市场，并且跨国公司的销售渠道也建立在国外市场。这类产品很难在短期内投入国内市场，即使可以，消费者也无法在短期内接受。因此，代工企业只能进一步关注国外市场而放弃国内市场，也不会花费精力建立国内销售渠道。

（4）落后的生产性服务业掣肘了产业集群向全球价值链的高端升级

生产性服务业是指从企业内部的生产服务部门分离或独立出来，为生产企业提供专业服务的产业。生产性服务业为企业向产业链上游提升提供支撑，实现服务业与工业在更高水平上有机融合。

生产性服务业与制造业相辅相成，相互推动发展，两者之间的关系可分为三个层次：第一层，生产性服务业作为制造业的延伸，依附于制造业而存在，二者之间的交互性程度较低，生产性服务业的规模大小和产业延伸方向由制造业主导。第二层，生产性服务业的自主性得到提升，对制造业的推动作用开始彰显，成为制造业发展的支撑力量，二者互动发展水平得到较大提升，生产性服务业成为制造业发展过程中的一个很大的影响因素。第三层，生产性服务业与制造业紧密联系、高度融合，二者从多方面呈现出高度的交互性。

因此，强大的制造业离不开生产性服务业的支撑，而且随着二者关系从低层次向高层次的转化，生产性服务业对制造业的升级和发展推动作用越来越明显。

生产性服务业对制造业升级的作用体现在以下方面：一是生产性服务业的发展有助于提升制造业的知识、技术和文化含量，克服资源约束；二是生产性服务业的发展有利于深化制造业分工，降低产业链成本；三是生产性服务业为制造业提供转型升级所需的高级生产要素。目前中国生产性服务业总体发展水平落后，落后的生产性服务业难以对集群中代工企业升级形成强有力的支撑。

生产性服务业落后对集群企业升级造成的不利影响表现为：就价值链上游的设计、研发环节而言，落后的科学技术外包以及技术咨询服务行业无法为企业技术升级提供有力的支持，企业遇到技术瓶颈只能自行投资研发，这不仅增加了成本还延长了研发周期。物流、仓储等行业的发展对企业产品的运输也存在影响，没有系统、完整的物流链和高效的运输网络，企业难以将产品运输环节进行外包，企业如果自己承担物流环节则投入大、效果差。代工企业转型升级需要自创品牌，但转型初期的代工企业对于品牌建设没有经验，此时就需要处于价值链下游的广告、品牌管理行业为处在转型初期的企业提供相关帮助，然而落后的生产性服务业无法满足企业这方面需求，进而影响到企业的品牌升级。

5.1.3 宏观环境层面的障碍因素

(1) 扭曲的要素价格和收入分配体系使集群创新动力不足

技术变迁是市场利益驱动的结果，获得利润的大小与产品的供给与需求有着密切的关系，因此企业创新的动力缺失的原因可以通过利润这个根本影响因素追溯到影响利润的产品供给和需求活动上来，只有当企业投入要素的价格合理并且又有足够的需求拉动时，企业才会为创新投入大量要素，进而通过市场获取回报。

①要素市场价格扭曲——供给方面制约的因素。

前文说过，企业作为创新主体，创新决策的实施取决于对于收益与成本的衡量。追求利润最大化，理性主体一定倾向于选择投入廉价要素以获取最大利润。而我国现实状况是，劳动力要素价格偏低，资本要素价格过高[①]。代工企业在面临代工生产和技术创新选择两难的困境时，会比较两

---

① 卓良勇：“关于劳动所得比重下降和资本所得比重上升的研究”，《浙江社会科学》，2007年第3期。

种行为所带来的收益及风险。如果创新，则要投入大量的资本要素和高级劳动力要素，同时面临风险大、资本回收周期长、劳动力素质低的问题；而选择继续为外国公司贴牌生产，可以利用低成本优势进入劳动密集型产业，并且取得一定的收益。要素价格的扭曲使得现阶段的代工企业倾向于使用廉价的生产要素追求短期利润的回报，在缺乏战略眼光和冒险精神的情况下，企业自主创新动力严重受阻。

②收入分配结构不合理——需求方面的制约因素。

所有形式的创新活动都是通过消费者的购买活动实现收益的，因此，消费者的购买意愿以及消费能力即消费者需求和需求能力就决定了代工企业创新活动能否持续展开。创新的消费群体来自于对产品有中高端需求的人，也就是说只有当有足够规模的高消费能力者（高收入者）且这些高收入者对新技术新产品有需求时，创新才有利可图，企业才有动力进行创新。然而我国的现实情况是，收入分配制度向资本所有者一段倾斜，生产活动中资本和劳动的关系决定了普通劳动者在收入分配中处于弱势地位，巨大的收入差距直接导致了我国有效需求严重不足，消费需求的“低端化”和孱弱的消费能力直接影响到创新主体——代工企业的收益，因此企业很难再有动力持续投入到高新技术的研发当中。

（2）出口导向的政策使集群企业缺乏升级的外在压力，进而失去升级的内在动力

从20世纪90年代初至今，对外贸易已经成为中国政府经济工作的题中应有之义。历届政府都不同程度地重视出口对经济增长的推动作用，从而制定了一系列促进加工贸易的政策措施，其中最重要的一条措施就是给予出口企业一定程度的出口退税。所谓出口退税就是对出口货物退还其在国内生产和流通环节实际缴纳的增值税、消费税。这样可以降低出口产品的实际成本，使本国产品以不含税成本进入国际市场，增强出口产品的国际竞争力，从而扩大本国产品出口。

我国从1985年开始实行出口退税制度，并根据国家宏观经济管理要求及改革开放的进程不断调整，目前已成为政府调控贸易规模、调整产业结构的重要政策工具之一。2007年以来，为抵御全球金融危机所带来的经济持续低迷和国内经济增长乏力的压力，我国曾7次提高部分产品的出口退

税率。实施出口退税制度，在一定程度上促进了我国出口贸易的发展，扩大了出口需求，拉动了国内经济发展，在世界经济下行压力继续加大，国内经济增长乏力的背景下，对继续保持中国经济较高速度增长起到了巨大作用。然而，出口退税对我国集群升级的消极作用也是不可小觑。

代工企业转型升级要一定的外在压力，在压力的作用下才会产生升级的内在动力。对低技术含量、低附加值的加工组装和简单制造的加工贸易给予出口退税的消极效果可能在于两个方面：一是低端的代工或 OEM 生产方式没有得到政策的惩罚，反而得到政策激励；二是因为有政府“补贴”的（出口退税也可看作是一种补贴）存在，即使其产品再低端、再低价，其出口也有收益，低端出口还有生存空间。以上两种情形都难以对集群的代工企业形成升级的压力，进而也就缺乏升级的动力。

（3）政府的政绩观使集群代工企业缺乏升级的外在压力

虽然国家层面严格限制“高耗能、高污染、高资源性，低产出”产业发展，逐步淘汰落后产能，改变原来主要依赖资源、能源、劳动力等有形要素投入经济增长方式，以促进产业结构优化和升级。实行限制和淘汰落后产能政策，一定程度上对现有企业形成压力，迫使企业转型升级。然而，我国一些地方政府出于政绩的考量，盲目追求本地 GDP 增长，对低技术含量和低附加值产品淘汰动力不足，行动上淘汰措施不力，致使无法对低端的加工制造企业形成转型升级和生存上的外在压力，因此也就形成不了其转型升级的内在动力。

（4）知识产权保护制度缺失扼杀了集群企业创新意愿

我国知识产权相关制度建设只有三十年左右的时间。目前，我国已经形成了与 Trips 协议要求基本一致的专利法、商标法和著作权法等知识产权法律。但是，我国知识产权保护程度还远远无法匹配经济发展的需求，具体体现在：第一，知识产权意识薄弱。目前我国自有品牌商品出口量占总出口量的比重不足 10%，国内出口企业（外资企业除外）中拥有国内注册商标的不到 20%。第二，知识产权相关法律法规不健全，在一些方面还存在漏洞，关于品牌保护、知识产权保护方面的法律很欠缺。第三，管理部门之间沟通和协调渠道不畅通，政策协调难度大，管理越位和管理缺位的现象同时存在。第四，虽然目前我国知识产权保护达到中高收入国家水平，但执法水平仍待提高，存在有法不依，执法不严现象。

由于对知识产权保护不力，对侵权行为惩治力度不够，使造假仿冒现象普遍，山寨产品众多，企业创新成果被其他企业模仿和剽窃，导致创新企业高昂的创新投入无论在经济上还是精神上都得不到应有的回报，反而那些仿冒的企业却获得更高的利润。创新只不过是为那些投机取巧的人作嫁衣而已，这样大大挫伤了创新企业技术研发的积极性，致使整个集群丧失创新动力。

5.2　高新技术产业全球价值链高端攀升的障碍因素分析

5.2.1　企业家精神缺失，导致集群内企业升级缺乏原动力

企业家精神是企业家个人才能在企业运营管理过程中的体现，它是一种无形的生产要素，对企业的发展至关重要。企业家精神的内涵包括：①创新是企业家精神的灵魂。创新对于企业文化的形成，意义重大。②冒险是企业家精神的天性。企业创新过程中充满了各种风险，企业家选择了创新就同时选择了承担这些风险。敢于突破自我，敢于面对不确定的风险，对于企业文化的形成，同样具有深刻意义。③合作是企业家精神的精华，企业文化也是合作创造的一种范式。④敬业是企业家精神的动力。对事业的坚守和责任感，是企业家不断追求的目标和不断出发的不竭动力，而这种忠诚与信任，可以直接传导到企业文化的构建上。⑤学习是企业家精神的精髓。学习的过程就是不断获取新知识、新理念的过程，无论是企业家个人还是整个企业都应该持续学习、全员学习和终身学习。培育学习型的组织，也正是形成良性企业文化的一部分重要内容。⑥执着是企业家精神的体现。当企业的经营面临困境，资本家可以出于利益考虑退出企业，劳动者也可以退出企业，但是企业家必须是坚持到最后的那个人。正所谓“锲而不舍，金石可镂；锲而舍之，朽木不折”。这种精神，同样可

以成为构筑企业文化的基石。⑦诚信是企业家精神的基础。诚信是企业家的立身之本，企业家可以有自己独特的领导风格，但是诚信是每个企业家都必须具有的品格。市场经济行为的基本要求便是诚信，企业文化正是将诚信内涵进行系统的表达和传输，并进行更高层次上的升华。

集群内企业升级是一种高投入、高失败、高风险的创新活动，它需要企业家具备敢于冒险、勇于创新、不惧失败的精神、勇气和魅力。然而，目前我国集群内企业的老板普遍缺乏企业家精神，尤其缺乏创新和冒险精神，他们害怕失败、畏惧风险，缺乏勇于创新、敢于失败的勇气和魅力，致使我国集群内企业转型升级原动力缺失。

5.2.2 升级收益小于升级成本，致使集群内企业升级缺乏内生意愿

对于集群内企业转型升级的成本和收益，相关文献进行了研究（曾贵，2011）。

一般来说，集群内企业转型升级的成本主要来自四个部分：

第一，人力成本的增加。我国集群内企业组织架构简单，所雇佣的工人主要是生产工人和少量的基层管理人员，只需要保证企业的生产能力即可。但当集群内企业将要进行 OEM 到 OBM 的转变时，就需要完善的组织结构支撑。这体现在企业必须新增研发部门进行新产品的创新与研发；必须新增销售部门负责市场的开拓与维护；必须增加中高级管理人员协调管理企业运作；必须完善人力资源部门负责各岗位人员流转的正常进行。以上的升级都将大大增加企业的人力成本。

第二，营销成本的增加。集群内企业一旦开始转型升级，必定需要创立自己的新品牌，原来的销售渠道不再存在。而作为一个新品牌，想要打入市场，就必须抢占原有企业的市场份额。这就意味着企业必须花费大量的营销成本用来支付大量的广告投入和销售渠道的建设。

第三，机器设备、土地租金成本的增加。为研发新产品，必然需要购置一些用来实验和检测的设备。随着企业组织架构的完善，企业规模也将增大，也就需要增加厂房和工作场所。

第四，购买知识产权的成本。对一家企业来说，并不一定所有的技术

都需要自己研发。通常来说，对于那些非核心但比较成熟的技术购买的成本反而更低，这就需要企业付出知识产权费来获取使用的许可。

集群内企业转型升级的收益主要来自四个方面：

第一，战略收益。一方面，中国集群内企业长期以来在国际大买家的压榨下仅能保持微薄的利润水平，尤其当遇到金融危机时，国际订单减少，集群内企业就处于"无单可做"的境地，连企业生存都成问题。另一方面，随着近些年来中国大陆市场人力成本的上升，许多外国跨国大企业纷纷选择将代工厂迁入劳动力价格更廉价的东南亚地区和印度。面对不断增加的经营难度，集群内企业转型升级所带来的收益对这些企业的吸引力不断增加。

第二，掌握关键技术带来的收益。长期以来，由于缺少核心技术，我国集群内企业需要大量进口外国零件或者支付高昂的专利费来完成生产。当集群内企业转型升级后，通过自主研发能极大地降低对外国企业技术上的依赖，降低生产成本从而增加利润。

第三，建立自主销售渠道带来的收益。外国跨国公司通过扩大产品出厂价和产品销售价差，攫取超额利润而使我国集群内企业只能获得加工费的微薄利润。但当我国集群内企业转型升级成功，就可以建立自己的品牌和销售渠道，原来在销售过程中被上游企业截取的利润就将完全成为企业利润。

第四，自主定价的收益。通过构建自己的品牌，建立自己的销售渠道，传统的集群内企业就能转型成为拥有最终产品市场竞争力的企业，抢占市场份额并拥有自主定价权，赚取更大的利润。

从现状来看，集群内企业转型升级收益小于转型升级所带来的成本和风险，因此，集群内企业从利益方面的考量，它们没有转型升级的意愿和积极性。

5.2.3 外在压力不够，致使集群内企业升级缺乏外在推力

集群内企业转型升级一方面需要有内在的动力，以产生升级的意愿和积极性。但另一方面还需要有外部的压力，集群内企业才能产生内部转型升级的动力。目前，我国集群内企业显然缺乏足够的外部压力。

第一，代工这种生产方式一般都是资源消耗多、环境污染重的落后产能，国家目前也没有对这种出口导向的加工贸易型的企业采取淘汰机制。《国务院关于进一步加强淘汰落后产能工作的通知》指出，近期重点行业淘汰落后产能的具体目标任务是以电力、煤炭、钢铁、水泥、有色金属、焦炭、造纸、制革、印染等行业为重点，逐步淘汰落后产能。各地区的监管部门可根据实际情况，确定更多行业作为淘汰落后产能的目标范围。而集群内企业产品多以机电产品为主，电脑、手机、船舶等机电产品是加工贸易主要出口商品，并不在落后产能淘汰目录中。

第二，我国出口导向政策优惠，从某种意义上鼓励了代工这种落后生产方式。我们的出口导向产业政策，主要包括优惠引进外资政策、低人民币汇率政策和出口退税政策。优惠引进外资，是投巨资建开发区，为外资办厂准备各项条件，让更多的资本到中国办厂。实行"三减一免"，给予税收和贷款等各方面优惠，从而吸引外资到中国办厂，扩大出口生产能力。低人民币汇率政策，是我国央行使用增发人民币高价换汇，压低人民币汇率，使出口产品降价，进口产品价格上升，从而促进外资企业出口。人民币汇率从 1979 年 1 美元兑换 1.5 元人民币，降到 1994 年 8 元以上，保持十余年。出口退税，就是出口企业可以享受退税的税收优惠政策，降低出口产品成本。我国去年出口退税近 1.3 万亿元，相当于 10% 出口额。

5.2.4　企业资源有限，导致集群内企业升级缺乏基础条件

集群内企业转型升级需要大量资源和能力作为支撑。然而目前我国代工企业普遍规模小，资金和资源都十分有限。有限的资金，无力承担起高昂的转型升级费用。在集群内企业自身资金实力无力承担转型升级巨额费用的情况下，依靠外部资金来解决转型升级资金问题是一个有效途径。然而，由于代工升级是一项风险性极大的活动，再加上集群内企业自身规模小、实力弱、抗风险能力差，因此，银行对集群内企业贷款慎之又慎。由此，集群内企业依靠银行来取得转型升级资金是十分困难的。综合上述两种情形，我国集群内企业缺少有效的资金等资源支撑致使转型升级步履维艰。

由上可知，导致集群内企业升级意愿不足，既有企业家精神缺乏的因素，也有升级成本与收益方面的综合考虑，同时也有外在压力不够的原因，以及自身能力有限的现实条件。因此，要提高我国集群内企业升级的内在动力，就应该多方施策，采取全方位的综合措施，方能达到应有的效果。

第6章　我国产业集群全球价值链高端攀升的驱动力及影响因素分析

我国产业集群向全球价值链的高端环节攀升是需要有相应力量来推动的，这种推动力量称为驱动力，而驱动力又是由相关因素构成的，这些因素称为驱动因素。要成功地驱动我国产业集群向全球价值链高端攀升，首先就必须找到驱动力和相应的构成因素，并着力培养它们。本章以全球价值链理论为指导，探索集群向全球价值链高端攀升的驱动力量及其背后的构成因素。①

6.1　我国产业集群全球价值链高端攀升的驱动力

改革开放以来，我国各地（特别是沿海地区）产业集群纷纷以代工方式嵌入全球价值链分工体系中，由此产生了大量的以 OEM 或 ODM 为主要经营模式的代工企业。目前，中国已是世界最大的代工基地，国际代工普遍存在于家电、五金、纺织服装、皮革箱包、玩具、电子计算机、通信设备等各类产业中。在代工生产模式中，代工企业没有自己的品牌，也无自己的销售渠道，只是以订单方式承接跨国公司委托的加工、制造、组装任务。按照全球价值链分工理论，加工、制造、组装等环节是属于“非战略环节”，它技术含量低、附加值低，位于 U 形“微笑曲线”的底部。同时在全球价值链体系中，全球价值链的领先公司（国际大买家和国际品牌

---

① 值得说明的是，正如第 2 章相关理论基础中相关核心概念界定所指出的，产业集群向价值链高端攀升过程实际上是集群内的微观主体——代工企业向价值链高端攀升的过程。因此，本章所研究的我国产业集群向全球价值链高端攀升的驱动力实际上是研究集群内的微观主体——代工企业向价值链高端攀升的驱动力。

商）会利用各种手段对我国产业集群中代工企业进行封锁和控制，从而迫使我国产业集群中代工企业长期被“锁定”于低技术含量、低附加值的价值链低端环节。本书认为，我国集群中代工企业要突破跨国公司的封锁和控制，向价值链的高端攀升就必须要有强大的内生力来驱动。技术力、市场力、品牌力是驱动我国产业集群向价值链高端攀升的基本内生力量，我国产业集群中代工企业需要构建这三种驱动力以推动价值链升级进程的实现。

6.1.1 技术力

技术力（technology power）是企业技术研发、工艺设计和标准制定的能力，是企业对行业技术所具有的支配力量和控制力量。技术力一般包括工艺领先力、设计引领力、标准制定力、技术垄断力等。在当今全球价值链分工的背景下，谁掌握了技术力，谁就拥有了对整个全球价值链的治理权和控制权，谁就在价值链利益分配中拥有话语权。跨国公司因其掌握了核心技术，拥有先进技术和制造工艺，并控制技术标准，往往有着强大的技术力。跨国公司凭借这强大的技术力在全球价值链中行使治理权，在价值链利益分配中掌握话语权。而我国的代工企业由于缺乏核心技术，也无产品研发和工艺设计能力，技术力极其弱小，因此在全球价值链中处于被治理、被支配、被控制的地位，在价值链利益分配中丧失主动权和话语权，只能由跨国公司任意盘剥。我国代工企业要摆脱目前在全球价值链中被治理和被盘剥的现状，就必须努力培养自身的技术力。关于技术力对代工企业升级的作用，国内外学者进行了研究。瞿宛文（2007）认为，技术力的提升可以推动代工企业从 OEM 到 OBM 的逐步升级，企业拥有领先于其他企业的技术力有利于企业的升级。Morrison（2008）研究发现，代工企业应跨国公司委托而进行的生产需要投资专用设备，忽略了企业自身创新能力和技术水平的提升，从而影响了企业升级。目前，对大部分中国代工企业而言，普遍缺乏向价值链高端攀升的技术力。原因是：首先，长期以来，跨国公司采取各种手段对技术进行封锁和控制，以阻止代工过程中的技术外溢，防止代工企业在代工过程中通过“干中学”来学习和掌握跨国公司的技术诀窍，使我国的代工企业始终处于“操作工”的角色。其次，由于代工这种生产模式只是赚取维持生存的微薄加工费，因此我国代工企业根本无相应的资金来进行技术研发。最后，跨国公司的恐吓也使代工企业不敢轻易进行技术研发。一旦发现代工企业有自主研发向价值链高端攀升的企图，跨国公司就会立即取消订单，让代工企业陷入“无米之炊”的境地。我国代工企业因害怕失去跨国公司订单，因而不敢“越雷池一步”。因此，如何打破跨国公司的技术封锁，提高企业技术创新能力，以形成强大的向价值链高端攀升的技术力是我国集群中代工企业当务之急的重要任务。

技术力是企业核心能力的重要组成部分，由于技术能力是沿着某一个技术路径的持续提升，企业技术力具有累积性和路径依赖的特点（赵树宽，2014）。Morrison（2008）研究发现，集群代工企业基于路径依赖，投资专用设备和流程，而忽略企业技术创新，从而影响了企业升级。俞荣健（2011）认为跨国公司通过GVC治理黑箱，带动代工企业通过GVC嵌入，GVC治理“组合拳”复杂、动态与隐蔽，大多数代工企业在嵌入的过程中被套牢在价值链的低端，成为跨国公司长期掠夺的对象。发达国家的跨国公司利用技术路径、控制技术标准、专利保护等技术手段形成技术优势，控制技术的发展方向与发展速度，企业的这种能力就是“技术权力”，即基于科学技术的个人和团体由于拥有较高的生存技术并能加以运用，从而产生的一种影响力、强制力，其旨在保障个人和团体意志得以实现（黄继泽，2010）。技术权力是由企业的核心技术决定的，是别的竞争对手很难模仿的能力。技术权力的社会控制系统本身也是一个复杂的高级社会技术形态，形成了一个层次结构。其中，低层次技术系统总是按照高层次技术系统操控者的意志或指令运行（王伯鲁，2013）。技术权力是一个个体对其他个体的影响力或控制力，通过企业或企业联盟制定的技术标准规范控制行业内其他的技术发展方向（胡大立，2016）。代工企业主动嵌入GVC的时刻，即意味着进入了跨国公司的技术权力控制范围内，代工企业的发展方向、成长路径完全受到跨国公司的制约，这也是造成代工企业升级困难很重要的原因。由于跨国公司与代工企业间技术权力的存在，形成了两者之间的权力势差，跨国公司处于高势差的位置，而代工企业处于低势差的位置，权力势差的距离越大，代工企业受压制越严重，升级阻力就越大。代工企业的突破式创新是缩小两者差距的重要途径。突破式创新具有双刃性，需要对遥远和多样的知识重新组合，形成概念认知的新奇性并在后续实现经济价值，避免陷入由狭义领域知识引起的企业发展近视症（Sarah Kaplan & Keyvan Vakili，2015）。根据以上分析构建代工企业升级的技术权力作用图，如图6－1所示。

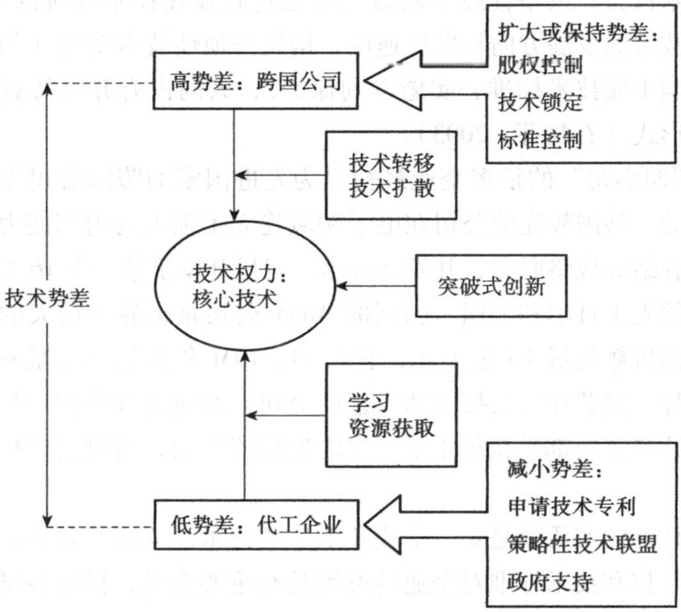

图6－1 集群中代工企业升级过程中的技术权力作用

技术权力在应用过程中会发生一定程度的技术转移和知识扩散，跨国公司会有选择性地向代工企业转移技术、人员、管理经验，监督和协助代工企业进行人力资源培养、技术改进、设备引进，促进代工企业提升生产、制造技能以满足跨国公司的技术要求，以此提高代工企业的技术能力，也进一步提高了跨国公司的技术能力。技术转移被控制在相对“安全”的范围，关键性的技术主要通过内部化转移到独资子公司或合资（合作）企业，关键技术严格保密，技术转移仅局限于经过领导公司严格技术标准控制和审核通过的少数供应商。代工企业在跨国公司的技术权力引导下的技术进步是依附于跨国公司的，并未形成自己独特的技术能力，实际上并未改变与跨国公司之间的技术势差。代工企业要改变这种格局，必须开发属于自身的核心技术，最终形成技术权力，缩小技术势差。这就需要代工企业具备创新精神，承担创新的风险与责任，实现突破式创新，最终摆脱跨国公司事先设计好的发展路径，打破业已形成的技术封锁。黄继泽（2010）认为可以通过技术专利来牵制竞争对手保护自身，是一种基本的技术权力；或者参与企业间策略性技术联盟、政府干预策略等，扩展企业现有的技术权力。策略性技术联盟是指通过企业在技术领域的技术合作，控制关键技术的发展方向与发展速度，构筑排他性技术壁垒（如确定技术路径、控制主流技术标准、实施专利保护），共同占有并维持竞争优势的一种联合形式（石林芬，2003）。

“亚洲四小龙”的很多企业最初是为先进国家的跨国公司作代工生产发展起来的。韩国领先的公司在电子领域建立了强大的内部能力，与海外市场领导者结成战略联盟，开发新技术。三星开发了第一个 16 兆位 DRAM 半导体，领先于日本和美国。韩国的 Anam 公司是世界上最大的芯片封装企业，年销售额超过 10 亿美元，它与 TI、IBM 和其他公司紧密合作，成为拥有世界一流芯片封装技术和工艺的公司，并成为许多客户指定的唯一供应商。这些公司都是在积累了一定的发展资金后，通过突破性创新成功进行反超①。

技术标准的实质就是对一个或几个生产技术设立所必须符合要求的条件。知识产权和技术标准对企业的发展具有重要意义，世界各国对自主知识产权的保护越来越强化，发达国家将专利技术纳入技术标准，把技术标准与专利权结合起来。近年来世界各国企业申请的专利数量高速增长，再与技术标准捆绑，来推动技术标准的发展，在许多领域内已具备完善的标准体系和众多的知识产权。这样“专利联营”手段将专利写入标准，形成了一条完整的“技术专利化—专利标准—标准许可化”的战略技术链条，实现技术和产品上的竞争优势。强的知识产权保护制度有利于全球价值链链主将订单和技术向发展中国家转移，在表面上看发展中国家的代工企业获得了发展的机会，从长远来看，多数的代工企业在强大的技术势力控制下，失去了自己的发展方向和目标，只能屈从于无形的知识产权的控制。

专利的拥有情况反映了一个企业的创新活动。专利是异质性的资源，

---

① Mike Hobday. East Asian Latecomer Firms: Learning the Technology of Electronics [J]. World Development, 1995 (23): 1171 - 1193.

是企业内生的竞争优势，具有稀缺性和难以模仿的特点，专利在企业中的作用属性已经从防御性手段升级为战略性竞争工具，为企业带来持续竞争优势。20世纪90年代以来，专利池（patent pool）在发达国家得到快速发展。专利池是指两个或两个以上的专利权人达成协议，相互间交叉许可专利或向第三方许可专利的联营性组织，发达国家利用专利池制定新技术标准，遏制竞争对手的技术发展，目前多为发达国家企业或组织控制。

技术标准包含了专有技术，它与专利结合起来，形成知识产权的垄断，技术标准的竞争是对行业内未来的产品、市场、国家利益的竞争，技术标准是专利技术追求的最高形式。专利影响的是部分企业，标准影响的是一个行业或国家的技术竞争力。例如，美国高通公司在CDMA领域拥有1400多项专利，并顺利使相关的标准成为移动通信的国际标准，从而控制了世界范围内CDMA技术的发展。代工企业在强大的行业技术标准面前是无力的，企业的标准之争实际上就是企业间的技术路径之争，代工企业只有通过创新，开辟新的竞争领域，才能脱离路径依赖，这需要较长时间和承担比较大的风险。因此，技术力是本地代工企业升级的关键能力维度。

6.1.2　市场力

市场力（market power）是企业直接影响、控制市场变量的能力。市场力通常由企业的价格控制力、经营控制力、市场渠道控制力等组成。市场势力最早来源于“SCP”分析范式，研究企业的市场行为“C”，其联结市场结构（S）和市场绩效（P）。Brandow（1969）将市场势力定义为厂商直接影响其他市场参与者或者诸如价格和促销实践的市场变量的能力。张小蒂（2011）定义市场势力是指企业通过对产品价格的影响与控制所体现出的某种市场支配力量，包括企业的经营控制、知识产权获取、市场渠道控制等①。池仁勇（2012）认为市场势力是市场控制力，是企业通过产品差异化的竞争方式，获得对产品价格、产量的自由决策权或扩张市场份额的能力。

---

① 张小蒂、贾钰哲：“全球化中基于企业家创新的市场势力构建研究——以中国汽车产业为例”，《中国工业经济》，2011年第12期。

按照厂商影响市场或竞争对手的时间长短，市场势力分为长期市场势力和短期市场势力；按照厂商行为的主动性，市场势力分为防御性市场势力和进攻性市场势力①。

此外，市场势力有狭义和广义之分。狭义的市场势力是指企业（产业）将产品定价高于竞争对手的能力，通过价格控制市场的能力；广义的市场势力是指企业（产业）综合能力，是指除了价格要素之外，对市场上其他要素如产品质量、数量、消费者偏好、竞争对手竞争策略、规模、市场走向等的整体控制能力。市场势力可以表现为产业（行业）市场势力，也可以表现为企业的市场势力，不同行业企业的整体市场势力水平代表了产业（行业）市场势力的高低，产业（行业）市场势力又受到领导企业的市场势力的影响，全球领先企业市场权力的来源见表6－1。

表6－1　　不同类型全球领先企业市场权力的来源

领先企业的类型	市场权力的来源	举例
技术领先	掌握全球产业的技术标准并使之成为主导技术范式	Intel、AMD公司开发的计算机芯片处理器；微软公司开发的计算机Windows操作系统
产品设计领先	在产品开发领域具有全球市场领先地位，引领消费市场的主流方向	苹果公司开发的iPod、iPhone等核心产品；意大利奢侈品牌商Gucci设计和研发的高端时装、皮具、手表、香水等
品牌营销领先	长期投入产品研发、设计和市场营销积累的品牌营销能力，使消费者信赖其产品品质	Nokia、Nike、GAP等国际领先的品牌设计商、品牌制造商和市场运营商
快速时尚领先	以快速变换的时尚产品和高效率的物流供货体系保证市场反应的敏捷总是先人一步	Zara、H&M、GAP等跨国领先的快速时尚品牌服饰企业

① Brandow, G. E., 1969. Market Power and its Sources in the Food Industry. American Journal of Agricultural Economics, Vol. 51, pp. 1－12.

续表

领先企业的类型	市场权力的来源	举例
市场渠道领先	在全球采购、市场渠道和商业网络的全球布局方面具有全球领先优势，是全球供应商和消费者的联结枢纽	沃尔玛、家乐福等跨国零售业巨头，都具有全球采购和终端网络的优势；香港利丰集团旗下签约的纺织服装和玩具生产厂家，因而能在全球外贸采购和供应链管理领域独树一帜
成本领先	相同功能的产品，其价格远低于竞争对手，使消费者更青睐于低廉物美的成本领先型企业	沃尔玛公司的全球采购和低价战略、丰田汽车公司的低价策略
供应能力领先	在产品供应链的上游具有无法替代的资源优势或技术优势，因而成为全球范围内供应能力领先的企业	全球铁矿石三大供应商：巴西淡水河谷公司、澳大利亚必和必托以及力拓公司占全球铁矿石供应总量的75%，牢牢掌控全球铁矿石定价权；又如全球领先的农业化工和种子供应商Monsanto公司开发的高效抗病毒棉花和玉米种子，分别占世界市场份额的30%和60%，享有种子领域的全球定价权
网络优先	提供分布全球的服务网络和优质高效的专业化服务，获得大多数消费者的认可和信赖	UPS的全球快递服务；全球四大会计师事务所的会计与审计服务

资料来源：梅丽霞、王缉慈，“权力集中化、生产片断化与全球价值链下本土产业的升级”，《人文地理》，2009年第4期，第32~37页。

在当今全球价值链分工体系中，市场力是决定价值链分工利益分配的决定因素。在代工关系契约中的主客体双方，市场力呈现严重的失衡现象。发达国家的跨国公司凭借其经营控制力、知识产权垄断力、终端渠道控制力，往往拥有强大市场力；而我国代工企业既没有自主知识产权，也没有经营控制力，更没有国际营销网络，因此市场力十分弱小。在这种一强一弱不对称的市场力下，我国的代工企业在产品定价中丧失了话语权，只能被动地接受跨国公司规定的低价格，任凭它们榨取其血汗。同时，面对咄咄逼人的跨国公司强大的市场势力，我国代工企业也往往主动放弃国际市场渠道开拓和市场势力构建的主动权，依附于国际代工的成长模式。因此，我国代工企业要摆脱受制于人、任人宰割的命运，就必须建立起强大的市场力来平衡跨国公司，以增强自身在市场竞争中的地位，并在与跨国公司交易过程中获得话语权，赢得更大的生存和发展空间。

6.1.3 品牌力

品牌力（brand power）是由品牌商品、品牌文化、品牌传播和品牌延伸四个要素在消费者心智中协同作用而形成的一种市场力量，同时也是品牌的知名度、美誉度、忠诚度有机耦合而产生的市场表现力。品牌力包括品牌领导力、品牌影响力和品牌吸引力。

品牌力作为衡量企业发展状态的一个重要指标，学术界并没有统一的定义。Barwise（1993）认为品牌力是基于顾客的品牌力量和“品牌资产”。也有学者认为品牌力大小可以用品牌价值（brand value）来衡量，Mudambi et al.（1997）认为品牌价值是期望价格和预期绩效的函数，由产品、分销、公司和支持服务四个部分组成。Frederick E. Webster Jr.（2004）认为，强大的品牌对每一位客户和消费者群体来说都有一致的品牌形象，品牌力量则反映了公司营销努力的质量和一致性，以及随着时间的推移企业管理品牌的能力。何云（2016）认为一种工业品要素品牌的品牌力取决于产品本身对下游用户或最终用户产生的功能性价值和所有者的品牌意识与品牌化能力。绝大部分学者都是从消费者角度来定义品牌，如果品牌对于消费者而言没有任何意义（价值），那么它对于投资者、生产商或零售商也就没有任何意义了（卢泰宏，2000）。国内外有关品牌力的定义如表6－2所示。

表6－2 学术界对品牌力的定义

品牌力构成要素	代表人物	定义
品牌标识	Light；Kin	品牌定义、品牌命名、品牌标识、商标
品牌形象	Ogilvy（1963）	消费者对品牌的评价与认知
品牌定位	Ries and Trout（1971）	建立一个与目标市场有关的品牌形象的过程和结果

续表

品牌力构成要素	代表人物	定义
品牌资产	卢泰宏等（2000）	财务会计概念模型；基于市场的品牌力概念模型；基于品牌——消费者关系的概念模型
品牌战略管理	Aaker（1991），Keller（1993）	为保证品牌资产的长期发展，品牌必须设有专门的组织和规范的指南进行管理
品牌关系	Blackston（1992，1995），Fournier（1994，1998）	品牌和消费者的互动关系
品牌联盟	Rao and Ruekert（1994）	指两个或两个以上现有品牌合并为一个联合品牌，以某种方式共同销售，而联盟合作的方式多种多样
品牌个性	J. Aaker（1997）	指赋予品牌一系列人格化特征

根据以上研究内容，本书定义品牌力是企业所具有的基于消费者认知的独立的品牌形象（brand image）、品牌关系（brand relations）管理的能力。品牌力以品牌形象为依托，品牌关系的管理能力是企业品牌力的重要来源。品牌力对代工企业的长远发展起到了至关重要的作用。随着国外“归核化”战略的实施，来自跨国公司的订单逐渐减少或撤单，很多国内的代工企业面临着发展困境。产生这种情况是因为代工企业对跨国公司的依赖，但更重要的原因是代工企业品牌力的缺乏。代工企业是一种特殊类型的中间型企业，属于 B2B 企业类型的一种。田凤权（2012）定义 B2B 企业专指那些其产品或服务面向其他企业或下游产业链而非直接消费者的企业，位于跨国公司的上游，其产品一般不与终端消费者产生直接关系。也就是说，代工企业在经营过程中不会接触终端消费者，反过来终端消费者也缺乏对这类企业的了解与信任。多数代工企业缺乏品牌意识和品牌管理经验，而品牌价值增值最重要的部分往往来自终端消费者的品牌溢价能力，因此代工企业只是获取了整条产品价值链上的一小部分利润。所以代工企业不发展品牌，不能利用品牌力提升企业的利润，就会注定其未来发展前途是渺茫的。代工企业品牌与跨国公司品牌力差异比较如表 6－3 所示。

表 6-3　代工企业品牌与跨国公司品牌力差异比较

项目	代工企业品牌力	跨国公司品牌力
形成路径	B→B……C	B→C
品牌类别	要素品牌、中间品牌（B2B 品牌）	消费者品牌
管理内容	按时保质完成订单等	品牌形象、品牌关系管理等
需求来源	派生需求	引致需求
涉及主体	要素生产商、成品生产商和终端消费者	要素生产商和终端消费者
形成效应	竞争效应	网络效应
价值增值	提前完成任务；订单的延续与数量增加	品牌溢价

资料来源：田凤权，"创建和提升 B2B 企业品牌价值的思路"，《经济研究导刊》，2012 年第 17 期，第 154～156 页。

在全球价值链分工和治理体系中，品牌位于微笑曲线的较高端位置，拥有较高的附加值。然而，在跨国公司所主导的全球价值链治理体系当中，我国代工企业被锁定于全球价值链的低端环节，它们没有自主品牌，也没有自己的销售渠道，只是以 OEM 的方式承接跨国公司的来料加工、来样制造、来件装配的生产任务，从事着价值链中低技术含量、低附加值环节的活动，赚取的是微薄加工费。我国代工企业由于品牌力缺失使它们在与跨国公司的代工契约关系中处于被动和依附地位，在讨价还价中失去话语权，处于被"俘虏"和压榨困境中。相反，跨国公司拥有国际大品牌，它们依靠世界知名品牌所建立的强大品牌力大肆压榨和掠夺处于供应链上游的我国代工企业，致使它们赚得盆满钵满。

代工企业通过规模效应、范围效应发展所形成的效应是竞争效应，行业（产业）进入的低门槛、低壁垒导致更多企业加入竞争行列，使本来生存艰难的企业更加步履维艰，跨国公司像一座不透风的墙堵截在代工企业与终端消费者之间，代工企业无法感知生产的产品或成分在消费者中的反应、评价与接受情况。拥有自主品牌的跨国公司则可以利用品牌力在终端消费者中间形成较强的网络效应，在消费者心目中树立独特的品牌形象，消费者使用品牌的产品，并对其进行评价和传播，形成了较强的品牌力，弱化了其他品牌在消费者意识思维里的地位。品牌力可以通过品牌商与终端消费者的沟通、体验等信息与活动得到不断增强，品牌忠诚度提高，形成了长期的品牌力。我国代工企业要摆脱目前为国外品牌商"打工仔"的角色，在价值链分工体系中分享更多分工利益，就必须努力构建自主品牌并形成有一定强度的品牌力，只有在一定强度的品牌力推动下我国代工企业才能成功地由价值链的低端走向价值链的高端。

6.2　技术力、市场力、品牌力的影响因素

通过前面的分析我们得出，技术力、市场力、品牌力是推动我国产业集群向全球价值链高端攀升的驱动力。然而影响这些驱动力背后的因素又是什么呢？以下对技术力、市场力、品牌力的影响因素进行分析，目的是为我国产业集群打造和培养向全球价值链高端攀升的驱动力提供依据。

6.2.1　影响技术力的因素

（1）组织学习能力

代工企业升级需要不断掌握先进的技术、管理方面的经验、诀窍、知识等。组织的学习过程是由搜寻、获取有用的知识并进行消化吸收、创新，转变为企业能力呈螺旋上升的循环过程，充实和提升代工企业知识资产的过程。代工企业的学习能力如同组织的血液系统，构成了企业系统的动态微循环，是代工企业赖以生存的命脉。代工企业曾经把跨国公司的技术水平作为自己学习的标杆，学习方式以外部学习为主，全球价值链中代工企业向跨国公司学习是一种干中学、用中学和互动学习。经过多年的发展实践证明，代工企业因路径依赖成了跨国公司的附属品，代工企业在与跨国公司的合作中获得了推动双方合作发展的相关知识，维持代工企业处于工艺升级、产品升级低端阶段。

前面已分析过，代工企业要向价值链的高端升级，需具备一定的技术力，这些力量需要代工企业通过自主学习获得。这就要求代工企业进行组织学习的拓展，开辟多种学习途径，如从供应商、竞争者、顾客、市场等外部进行学习（王生辉，2009），同时企业内部要在团队、个体间进行知识转移、知识分享，最后进行知识创造。组织持续的学习，会源源不断为

企业输送最新的信息和知识，专注于知识的整合与吸收，为组织提供动态的发展力量，有利于企业核心能力的形成与强化。另外，代工企业的学习意图、学习环境、合作能力会对代工企业的学习能力产生影响，会改善代工企业的竞争力。

(2) 创新能力

魏江（1996）将企业的创新决策能力、研发能力、生产能力、市场营销能力定义为企业技术创新能力，即企业不断提供新的产品、工艺、技术、设备及现代化的管理方式，这是广义的企业创新能力，包含技术创新能力和管理创新能力两个层次。创新能力直接影响企业的生存发展。

Lall（2000）将企业的技术能力分为四个水平层次。最简单的层次，即“操作能力”，是有效地运行技术的必要条件，包括基本的制造技能、质量控制以及维护和采购能力。在中间水平，企业增加了“复制能力”，包括为扩张产能投资的能力和购买和整合外部技术的能力；在第三个层面上，企业产生了“适应能力”，外部技术得到了调整和改进，还学习了更复杂的工程设计技能；在最高层次上，公司需开发基于正式研发的“创新能力”，以产生新产品和新工艺，并与技术前沿保持同步。代工企业被俘获于跨国公司期间的技术能力为前三类，由于企业基本能满足跨国公司的交货、技术要求，对技术创新的要求不高，代工企业要突破技术依赖、路径依赖的锁定局面，必须利用技术和管理的全面创新提供发展的方向和推动力。代工企业启动自主创新机制，通过改进现有的产品和服务或是自主研发，利用标准，进行新产品及管理活动的创新，整合全球最前沿的技术要素，有效配置资源，使企业取得对产品价格的控制力和优势地位，提升企业的技术水平。华为公司就是凭借着高强度的研发投入、创新文化及自主创新技术，从两万元的小公司成为电信业的参天大树，最终成为国内外通信设备巨头。

代工企业的管理水平相对比较弱，管理机制、管理能力欠缺，由于代工企业网络关系的复杂性，代工企业的管理创新主要是企业对内外部环境变化的响应。代工企业的管理创新可分为内部管理创新和外部管理创新。外部管理创新主要是改善外部网络关系的创新，更多的是与企业外部企业的关系改变，如渠道联盟创新、技术联盟创新、服务联盟创新、供应链管理创新、集群合作等网络合作的创新，以弥补企业自身的发展不足。内部管理创新主要指企业文化创新、管理方法和方式创新、组织结构创新、研发创新、管理制度创新、营销模式创新等，内部创新的目的以改变企业绩效为主。无论是技术创新能力还是管理创新能力的改变都会催生代工企业发展状态的变化，灵活采取内部创新与外部创新相结合的方式整合企业的资源与能力，推动企业的升级。

(3) 知识产权控制

知识产权具有专有性、创新性和经济性特征，知识产权保护也是发达国家用来保护企业及国家竞争力，在世界范围内形成技术势力的重要途径。发展中国家的企业处于产品和工艺升级阶段，企业积累技术经验阶段注重自身对新技术的消化和吸收，此时大量模仿和反向工程等适应性创新是主要的创新模式（冯晓青，2000），国家的知识产权保护制度并不严格，以利于国内中小企业的成长。随着国内企业整体研发水平的不断提高，基于创新主导的企业创新成果需要得到保护，甚至一些企业开始走国际化的路线，国家加强对自主创新能力的保护，实施强有力的知识产权保护制度保护企业的创新成果。这也逼迫发展中国家的代工企业提高自身知识产权控制的能力与意识，实施市场战略、防御战略、合作战略等不同专利管理机制，实行知识产权保护战略（徐雨森，2003）。

知识产权由专利与技术标准两部分组成。专利是企业的无形财产权，与企业的核心能力的培育有着密不可分的关系，尤其是发明专利是影响代工技术力的一个非常重要的因素。代工企业通过自主研发掌握相关领域的专利技术，可以推动代工企业在国内外市场培育技术力。技术标准是发起人对某项新技术拥有完全的知识产权，并且投资促进这项技术成为标准的组织或联盟，成为技术标准的企业，在市场上具有强势的话语权，也只有那些有市场前景的技术才有可能成为标准。可以说技术标准是代工企业未来与跨国公司在国内外市场竞争的有力武器。

(4) 创新环境

创新环境是指在创新过程中，影响创新主体进行创新的各种外部因素的总和。其主要包括国家对创新的发展战略与规划、国家对创新行为的经费投入力度以及社会对创新行为的态度，等等。代工企业处于不同层级的创新网络中，创新环境中的政治、经济和制度等因素会激发代工企业的创新欲望，推动社会上的创新要素向代工企业集聚，代工企业要加强与创新网络中成员的合作，充分有效地利用创新环境中的信息资源和发展机遇，调整企业的管理机制，调动企业内部员工创新的积极性与主动性，将创新资源内化为企业的创新能力，进而提升企业的技术力，推动代工企业的升级。

代工企业要在企业内部打造全员创新的文化环境，动员每个员工打破陈旧的工作方式、思维方式，全力打造新的流程和工作方式。企业一方面要鼓励员工创新的信心和行为，另一方面为员工创新活动提供相应的平台和工具，以标杆性企业为发展目标，在企业内推动创新文化的发展。自主创新是已有的工作方式的改进和否定，会在企业内部遭到比较大的阻力和执行压力，对于一些守旧、怕承担风险的员工来说，会有意阻挠创新的步伐。大部分代工企业的升级行为是势在必行，从企业长远发展考虑，主动创新改变发展机遇是企业最好的选择。企业与员工共享企业的发展愿景和使命，让员工看到创新的希望和动力，从员工的主观意愿上改变对创新的认识与看法，让更多人愿意创新、主动创新，在企业内创建创新的氛围，承认失败与风险，实行创新和冒险的管理举措，推动员工创新的步伐。总之，代工企业的功能升级是全员努力的结果，而不是企业领导人的个人行为，代工企业通过融入外部的创新网络，并在企业内部建立良好的创新秩序，实现全员创新，才能顺利实现升级的愿望。

(5) 网络能力

根据网络理论，代工企业处于相互联系的独特的网络中间，网络组织包括跨国公司、供应商、客户、竞争企业、政府、中介机构、企业集群、企业联盟等，而像企业集群、企业联盟又以局部网络的形式嵌入整个网络，网络组织具有动态性、无边界、开放性等特征，是网络成员合作、创新、共享的发展平台。网络中的这些网络利益相关者组成一个价值网络，在组织成员的交互影响下进行价值的生成、分配、转移和使用。代工企业可以利用网络进行信息、技术、知识等资源的交流与共享，实现企业间的分工协作。代工企业通过嵌入社会网络中可以相互交换、学习技术、知识、资源，还可以促进企业内部知识的处理与运用，企业能力得以增强，继而可以改变在网络中的位置，形成和提高代工企业的技术力。

代工企业网络能力的水平决定了其在网络中所获得的价值大小，判断企业网络水平的指标有网络位置、社会资本、网络关系等（王俊，2010），网络位置的主要变量有中心度和结构洞。中心度是用企业外部连接单位数来描述网络中企业中心程度的变量，主要考察企业在网络中获取和控制资源的程度以及充当中心枢纽的程度，更广泛的网络联结增加了代工企业的能力提升；结构洞更关注与自我联系的企业之间的关系模式，指网络某一节点与其他节点有直接联系，而其他节点间不存在直接联系，企业结构洞的丰富程度体现了企业彼此不相连的合作伙伴的位置数量；网络关系是指网络组织成员之间合作与联系的紧密程度，基于信任的网络关系可以加快网络间的信息交流；社会资本为代工企业同协作伙伴间的社会相互作用、关系质量和网络联结水平。代工企业在网络中心度高、与其他成员联系紧密、较高网络位置、较多结构洞，就意味着代工企业可以在网络中形成一定的势力和权力，获得更多的资源和信息，代工企业会随着社会网络的变化寻求新的发展机会和优势。

6.2.2 影响市场力的因素

（1）组织规模

企业的组织规模可以用企业拥有的人员、产能（固定资产）、影响力和年销售收入（业绩）来评价（胡辛欣，2010），从以上要素来判断，代工企业的组织规模多数属于中小企业，企业在社会中影响力小，销售收入少、利润低。这些因素也是企业形成市场力的重要影响因素。Gibrat（1931）提出了著名的 Gibrat 法则，企业成长与企业规模没有相关性，这个法则只适用于公司规模大到足以克服某一行业的最低有效生产规模，并不适用于代工企业的情形。熊彼特（1942）假说专注于企业的创新能力与企业规模的关系，创新能力是从事生产制造的代工企业市场力的来源，企业从事研发活动需要负担较大的研发费用，大企业比小企业有更强的创新能力，也证明了代工企业的组织规模影响了企业市场力的形成与发展。

代工企业多数情况下规模较小，企业可支配资源较少，人力和资本资源有限，只能将有限的资源集中于企业迫切需要的某一环节的自身能力的提高，比如在技术研发投入较多，在市场和品牌的拓展空间就显得捉襟见肘，实际上约束了企业的发展进度。代工企业有限的资源，也决定了市场能力和品牌能力要远远逊于大型企业，大规模的企业组织对企业提升自身的竞争力、企业升级、参与全球竞争还是很有必要的，企业升级在一定阶段是需要大量的资源和规模经济做支撑。随着代工企业规模的扩大，企业的品牌影响、市场影响和组织效率都会有所改变。本书认为代工企业的规模对代工企业的市场力、品牌力的提升有影响，会影响代工企业的升级进程。

(2) 高级人力资本

代工企业实现功能升级主要以营销功能和创建自主品牌活动为主，其中任何一个环节都离不开高级人力资源的支持。功能升级与代工企业工艺升级和产品升级不同，前期两个阶段升级以模仿和学习为主要创新活动，对高级人力资本需求不大，依赖程度低，从而忽视了对高级人力资本的需求。

在自主创新型的升级活动中，代工企业对高级人力资本的需求以创新人才为主，高级人力资本在创新中的作用、地位因个体行为特征的不同而不同，对高级人力资本的需求类型包括企业家人力资本、研发型人力资本、技能型人力资本、管理型人力资本和营销型人力资本（孔宪香，2009）。这些不同类型的高级人力资本合力完成企业的技术创新、市场创新和品牌活动，高级人力资本投入到研发部门，以原有的知识资本为基础，通过自主创新活动进行新产品、新技术的设计开发，吸取国内外相关领域的成功经验和失败教训，推进代工企业自主创新的进程与探查自主创新的方向（张望，2014）；代工企业需要与同行进行激烈的市场竞争，这些自主创新的产品与技术因其独特的功能和差异性，树立基于顾客资产的品牌形象，提升市场力、品牌力。代工企业原有的人力资本结构不能满足升级的需求，高级营销型人力资本和高级管理型人力资本对推动代工企业的功能升级是必不可少的因素，是代工企业能力发展最重要的稀缺资源之一。

(3) 并购、联盟能力

大部分代工企业的规模较小，人才与资金实力不强，代工企业在升级过程中，迫切需要与竞争同行、科研院所、渠道商、品牌客户等进行合作，会广泛利用研发联盟、品牌联盟、专利联盟、海外并购、渠道联盟等形式的合作，弥补自身的不足，代工企业通过并购、联盟可以提升企业的技术力和市场力。

研发联盟是企业与其他组织或个人建立的契约关系，代工企业与协作单位从事技术或产品项目的研究开发，并通过知识的共享、转化与创新，以提升自身的产品研发能力，促进企业的升级。代工企业选择联盟伙伴进行合作研发，降低了研发成本和风险，缩短研发周期，联盟间形成良好的学习与信任机制，代工企业可以在合作的基础上形成自己的核心技术，对促进代工企业升级收益很大。专利联盟是技术联盟的更高级形式，指两个或两个以上的专利持有人相互达成协议，联盟的企业相互间可以交叉许可专利或向第三方许可专利的合作性组织，也被称作专利池。随着专利池的快速发展，标准联盟以专利池为背景应运而生，专利池发起人将专利技术与技术标准联合发展，形成了该项技术领域的屏蔽墙，成为遏制竞争对手发展的重要工具。代工企业在取得核心专利技术的同时，可以通过专利池或技术标准的方式，建立企业的技术权力和市场权力。

代工企业通过与品牌企业合作形成品牌联盟或渠道联盟，可以借助品牌企业的品牌优势和渠道优势，迅速提高代工企业的知名度，将产品通过联盟企业流通到消费者手中。渠道联盟是代工企业职能功能的延伸，代工企业在合作中可以学习到渠道、客户管理的经验，也可以降低自身开辟市场的风险，借助于品牌合作方的市场地位，可以建立代工企业的市场力。

中国 OEM 企业升级到 IBM 阶段或 ODM 进化的趋势，可以海外并购方式获取海外先进企业的技术知识、高端研发人才、研发能力等创新资源，从而加强自己的核心研发能力，有核心技术积累的代工企业，则可以走 IBM 的国际自主品牌路线，在国外市场寻求发展空间。海外并购可以获取海外先进技术，快速提升企业的技术能力，通过并购渠道网络，提升产品的海外市场力。

6.2.3 影响品牌力的因素

(1) 营销能力

代工企业无论是创建B2B中间商品牌还是自主品牌，都要形成形象突出、个性独特的品牌力，在消费者心目中形成强大的影响力。在早期的研究中，品牌管理被划定为跨职能的营销管理工作，随着品牌战略重要性的迅速提升，品牌管理得到企业和学者的特殊重视，品牌力提升也是代工企业升级的重要推动力之一。

Douglas & Morgan（2005）提出对企业绩效有价值的营销能力有八个，分别是定价、产品开发的过程、渠道管理、营销传播、销售、市场信息管理、营销策划策略、营销实施。这是企业最基本的营销活动内容，也是形成企业品牌力的基础工作。企业较强的营销能力会快速感知、应对市场变化，准确、及时与消费者沟通营销信息，推动品牌关系的发展与改善，创造顾客价值。企业实施品牌化战略，要随时搜集环境信息和消费者的信息，将相关信息反馈到企业并进行比较分析，调整先期的不适合市场环境的与品牌发展相关的营销策略，相应改变品牌活动，以便更好地实施品牌化战略，如此循环往复地进行，直至达到预期效果。

品牌力是改变消费者认知、态度的影响力量，在品牌力的影响下，消费者固化品牌形象，并形成品牌消费者偏好。代工企业的营销能力结合顾客的变化，探索出创造顾客价值的全新的品牌体验，增加与消费者的互动与沟通，维护与改善品牌与顾客及相关利益群体的关系。当企业调整品牌战略时，营销能力重新帮助企业进行品牌定位的推广与品牌形象的形成。代工企业的营销能力是品牌力形成和提升的有力工具和武器，两者的关系是相辅相成、相互渗透，代工企业要通过提升自身的营销能力来促进品牌力的快速发展。

(2) 企业资源

资源是可以被用来创造社会财富的客观存在，企业是各种资源的集合体。潘罗斯（1959）的资源基础观认为，当企业握有资源时就会四处寻找适合的发展机会，企业的成长与发展来自于企业是否拥有和开发独特的资源。企业的资源对保持企业竞争优势具有重要作用，这些资源是企业积累形成的，具有稀缺性、不能完全模仿和无法替代的特征（Barney，1991）。能力是某个社会主体（组织或个人）对客观世界可发挥的作用力。资源和能力互相依赖和转化，决定组织持续发展的不是资源，而是能力，企业竞争力是由能力与资源结合情况决定的。而企业所拥有的基础设施、知识产权、营销网络、品牌声誉等竞争对手难以模仿、竞争优势持久、难以替代的竞争力构成了企业的核心竞争力，是创造企业竞争优势的关键资源。

代工企业的财产资源为自主品牌建设提供了物质保障，代工企业有别于其他类型的企业，代工企业的财产资源来源于代工企业的生产能力。人力资源是特殊的资源，是资源和能力的共生体，决定企业竞争力的关键因素。代工企业升级的原动力来自于人力资本的升级，尤其是塑造市场力、品牌力的阶段，代工厂商若要自创品牌，其所面对的人力资源缺口比较大，拥有和培养一批懂市场、懂管理的高素质人才是企业成功的关键。代工企业需要社会资源，利用网络的多样性及开放性，培养异质性的网络资源，与网络中其他成员攫取、共享或提供资源。代工企业要充分实现自身资源的效用极大化，迅速完成低成本生产资源累积。寻求资源能力互补的战略性资源，代工企业要利用社会资本包括凭借企业家的社会关系和社会网络改变企业的权力地位，形成企业的市场力、技术力和品牌力。

(3) 企业家精神

马歇尔（Marshall）认为企业家是凭借创新力、洞察力和统帅力发现和消除市场非均衡性，创造交易机会和效用，给生产指明方向，使生产要素组织化的人（李维安，2003），企业家具有超常的意志力、智慧和应变力。企业家精神是企业家在领导企业生产经营过程中表现出来的一系列心理外在化表现和精神特征，对企业的管理是“创造性的破坏过程”，有创新性、冒险性、开创性三个主要特点。创新性是企业家精神的本质特征，企业家通过创新活动来获得“熊彼特租金”；冒险性是指因内外部环境的动态性、复杂性、不确定性和局限性，致使企业家进行企业决策时是有风险的；开创性是指企业家敏锐的洞察力可以识别现在和未来市场发展机会的能力，并采取适当的进取策略，是创新精神和冒险精神产生的前提（李维安，2003）。

代工企业在发展中存在着持续发展与改革并存、机遇与风险并存、开拓与创新并存的境况，体现在企业经营的技术、产品、管理、市场等多个方面，无论缺少哪种要素，代工企业都会停滞不前。代工企业从 OEM 上升到 OBM 的过程是企业突破路径、技术依赖和发展惯性，不断进行资源整合、寻找机会、组织变革的过程，这些都需要企业家精神。企业家精神会带领代工企业“有意识地偏离”原来的路径与发展轨迹，企业家精神的意志力会带领企业坚持下去。代工企业在创建自主品牌阶段，要在提升技术力的基础上，构建市场力或品牌力，企业涉足全新的管理领域，企业领导者要洞察未来无知的情况并作出大胆的判断与决策，企业家的执着与果断是推动升级必不可少的力量。代工企业的企业家精神体现在三个方面：第一，代工企业的升级是某个节点上的能力的突变，能力以资源为支撑转化而来，企业要根据环境的变化建立一种动态能力。企业家精神提供了与动态能力相结合的机会，企业家精神的创新性驱使企业内外部资源不断整合，创新地使用资源、开发资源，开发新产品，寻求“熊彼特创新租金”，满足企业升级的需要。第二，冒险性体现在代工企业从跨国公司的合作关系中抽离自创品牌，企业本身没有经验与能力的实践，承担着失败的风险，同时，企业自创品牌会遭到跨国公司的不满与封杀，订单量迅速减少，能否在市场上与跨国公司和同类企业并存，企业要进行内部组织变革。这些都需要承担风险，企业家精神乐观地在风险中前行。第三，开创性体现企业家精神驱使企业不断地尝试与改变，挑战全新的领域，全新的商业模式，全新的发展路径，开发全新的市场，来提升企业的竞争力与绩效，开辟新的竞争战略、合作战略，改变竞争格局。企业家精神体现在把风险变成机遇，无时无刻都在为代工企业的发展寻求新的发展机遇。并不是所有代工企业的升级都能成功，管理者主观意向扮演着关键角色，台湾自创品牌如巨大、宏碁等成功的案例都是企业管理者的强烈企图心所致。

（4）社会资本

代工企业在与人、组织之间由于交流和接触会建立起社会联系，来获取外部信息和资源，代工企业由此嵌入社会关系网络中。这种关系被视为社会资本，对代工企业来说是一种社会资源，由实际资源和虚拟资源组成。代工企业只有广泛参与社会关系，通过社会关系获取相关资源并作为持久竞争优势的来源，才能获得并利用社会资本。这种关系网络是持久的，网络中的成员在维护关系过程中可以相互受益。网络成员在网络关系中获取信息的能力越强，速度越快，其社会资本越高。

社会资本一般分为结构、认知和关系三个维度，或是义务、期待与信任，信息渠道，规范与有效的惩罚维度。社会资本以信任为核心，个体之间的信任越高，信息流通越流畅，彼此获得的社会资本也越高。

国内外环境多变而且复杂，经济发展的趋势对代工企业不是很有利，代工企业对关系进行投资以获取知识、技术、管理经验显得尤为必要。代工企业加强同社会网络中合作伙伴的相互作用，建立了密切的、可信任的伙伴关系，彼此分享、交换知识和信息，以促进代工企业内部知识的处理与运用。逐步改善、增进伙伴关系，提高双方关系质量，促进双方相互理解与支持，好的社会资本可以此拓展更宽领域的社会化合作。强有力的社会关系不仅增加了代工企业的社会资本，随着关系网络的延展，企业的知名度和影响力也会得到提高，对消费者的认知和态度产生间接的影响，提高了代工企业的品牌力。

第7章 我国产业集群全球价值链高端攀升作用机理的实证研究①

第6章对驱动我国产业集群向价值链高端攀升的驱动力进行了研究，通过研究我们认为，技术力、市场力、品牌力（以下简称“三力”）是驱动我国产业集群向价值链高端攀升的内在力量，同时对这三个内在驱动力量的构建因素进行了分析。前面关于技术力、市场力和品牌力对产业集群价值链高端攀升的作用只是一种理论推理和逻辑推导，但是现实是不是真的如此，还得经过实证检验。为此，本章在第6章理论分析的基础上归纳提炼出“三力”推动下的产业集群价值链高端攀升的理论模型，然后基于此模型提出相关理论假设，然后进行实证检验。

通过这一实证研究，明确导致产业集群价值链高端攀升的主要因素是什么，它们是通过什么中介变量发生作用的，在这一作用过程中受什么因素的调节，从而真正弄清我国产业集群全球价值链高端攀升的作用机理。

7.1 理论分析与研究假设

7.1.1 解释变量与被解释变量关系的研究假设

卡普林斯基（Kaplinsky，2001）认为价值链上不同位置的企业具有相

① 产业集群向全球价值链高端攀升是通过集群中微观主体的代工企业向全球价值链攀升来实现的，而如前面的“核心概念界定”中所述，向全球价值链攀升与全球价值链升级是完全相同的含义。所以，为了简便起见，本章用代工企业全球价值链升级替代产业集群全球价值链高端攀升。

应的权力，权力组织协调价值链上企业的价值创造活动，进行着价值分配。景秀艳（2006）认为企业关系网络中资源不平均，导致企业位置的不同、权力不对称，网络中核心企业与中间层企业的权力会发生变化。技术能力和品牌能力是全球领先企业市场权力集中的主要根源，也是决定全球价值链上价值分配的决定性因素，嵌入全球价值链的发展中国家集群代工企业升级的关键在于本土企业的吸收能力和学习速度，改变在全球价值链的时机、位置、规模和成长机会（梅丽霞，2009）。集群代工企业通过参与不同地域、不同价值环节等途径提升自身在价值链上的相对权力，获得更多获利机会，实现对传统的价值链的分解与重构，提升企业在全球价值链分工中的地位。

以上的观点强调集群代工企业升级是企业通过改变权力获取势力与地位，最终体现在代工企业的动态推动力的构建减小与领导企业的差距。根据前文相关的模型理论依据的解释和分析，结合代工企业的发展特征，本书将技术力、技术力和品牌力三种势力作为集群代工企业构建能力的主要内容，进而研究这三种势力如何影响集群代工企业的升级。

（1）技术力与集群代工企业升级的假设关系

技术力是集群代工企业升级的重要推动力，本书认为集群代工企业升级的技术力包括技术权力和技术能力两个方面。在全球价值链中，拥有更多的先进技术经验、专业知识、创新能力的代工企业，会受到更多的技术上的依赖，并具有相对较强的技术权力，技术权力随着技术机会的识别与应用而得以增长（康凯，2016）。集群代工企业处于由跨国公司控制的企业技术系统中，系统具有鲜明的层次结构，企业在技术体系中所处的地位越高、占有的资源越多，它所拥有的技术权力也就越大，高级技术支配或控制低级技术，相反，低层次技术系统按照高层次系统的意志或指令运行（王伯鲁，2013）。技术权力与企业生存发展的辩证关系体现在拥有技术权力可以促进企业发展，企业的发展又可以巩固企业拥有的技术权力。代工企业多数情况处于低层次系统位置，代工企业要摆脱锁定的命运，需研发新技术，改进落后技术，具备一些特殊的能力，不仅能够使企业吸引客户，而且其他竞争对手难以模仿，可以帮助集群代工企业获得更多的技术权力，掌握核心技术演变的技术权力可以促进集群代工企业升级。

跨国公司实施技术锁定战略保持某项或多项垄断优势，在全球价值链的关键环节制造陷阱，获取长期的技术权力，在技术转让动态平衡理论指导下，大力加强研发并生产创新产品以维持技术差距，把失去技术优势的产品转让给发展中国家（刘世俊，2006）。集群代工企业获得的技术，在充分竞争的情况下，可以获得短期的市场力量，但很快会消失（Gabriel Asaftei，2010）。有技术权力的企业，一定拥有专利保护的核心技术，拥有技术优势的单个企业或者企业联盟，可以形成在某个领域的技术优势，通过大量占有市场或者制定技术标准或规范，形成更广泛的技术权力（黄继泽，2010）。专利在行业里创造了大量的垄断势力（Kamal Saggi，2012），专利赋予了跨国公司在价值链中的权力，并且通过专利池为纽带与价值链上的合作商的达成密切合作关系，形成集群代工企业进入价值链高端的壁垒和赶超陷阱，在集群代工企业的升级阶段，跨国企业通过知识产权保护持续获取高额垄断利润，集群代工企业可以采取技术互补的形式与先进企业展开合作，提升技术权力（张建忠，2011）。技术标准不仅影响企业的运行效率，还是国家和企业发展的重要战略工具，技术标准成为创新的动因和归宿，可以提高企业的创新能力（高俊光，2012），技术标准制定者对受控制者的强制干预影响了企业的产品和过程升级（林兰，2010）。

较强的技术能力能够提高集群代工企业生产、服务流程的效率，帮助企业以更低的成本优势为顾客提供多元化、定制化的产品和服务，企业能够及时追踪并获取市场信息和知识，技术能力是带来集群代工企业竞争优势的资源，进而推动集群代工企业升级。

根据以上分析，本书提出假设：

H1：集群中代工企业的技术力强度与代工企业功能升级正相关。

（2）市场力与集群代工企业升级假设

集群中代工企业市场力的研究区别于传统的垄断企业的定价行为，代工企业在全球价值链上的市场力的形成与提升可以理解为企业在市场上对竞争对手、消费者或其他利益相关团体的影响力，即企业通过自身的努力在市场竞争中改变事件本来进程的能力，集群代工企业也可以在市场中形成某方面的市场势力，从而获得更多的利润。在全球价值链的视角下，跨国公司凭借自建的营销网络和销售渠道的控制，具备很强的市场势力，市场势力体现在对价值链高端研发设计、品牌营销环节的控制力，随着市场势力的不断扩张，跨国公司从中获得的利润不断增加，一个行业的寡头集团具有较高平均利润。集群代工企业嵌入跨国公司生产环节，生产的产品在市场营销环节就基本上在消费者面前消失了，所以集群代工企业在价值链的后续功能如市场营销和品牌管理是缺乏和不完整的。集群代工企业要实现完整的升级路径，必须在市场力和品牌力环节有所突破。

代工企业要在研发及品牌营销环节实现功能升级，会因人才、资金等高级要素缺乏而影响市场势力的提升，品牌营销人才的缺失导致企业品牌和渠道建设受到制约，研发人员缺失导致无法形成核心技术，同时由于企业长期利润微薄，也无法承担巨大的前期资金投入。所以集群代工企业在提升企业市场力来实现企业升级的战略，要直接进入市场营销领域，在要素禀赋及资金方面予以配合，以解决企业的发展障碍与困难。在集群代工企业参与的市场实践中，一个有市场力量的公司，可以通过改变价格或促销活动，改变其竞争对手的销售量（Brandow，1969）。

池仁勇（2012）认为随着消费者个性化需求逐步显现，企业可以通过增加营销布点、利用互联网的优势，扩大渠道覆盖面，满足顾客需求，增加接近顾客的机会，创造基于顾客的竞争优势，加快市场渗透速度并提升企业产品的议价能力和市场能力。刘志彪（2007）、李仕越（2009）认为集群代工企业升级过程中会遭遇发达国家的跨国公司所具有的技术势力和国际大购买商所具有的市场力的双重阻击，集群代工企业可以选择基于国内巨大的市场空间形成国内价值链，建立“区域性的”价值链，培育国内市场势力。朱勤（2009）在研究电信业的国际市场势力发现，产品同质性程度高和竞争供给国替代性强是造成我国电子信息业国际市场缺失的重要原因，跨国公司依托先发优势在技术、渠道等方面垄断形成较强的国际市场势力，国内集群代工企业可以利用组织创新，掌握研发要素、专利资源、品牌资源、渠道权利等关键性战略资源，实现攀升过程中的价值创新，提高在国际市场中对合作者及竞争对手的影响力，逐步提升市场势力，实现企业升级。李磊（2012）认为中国企业可以通过逆向OFDI促进市场势力的构建，陷入“微笑曲线”谷底的中国集群代工企业可以借助逆向OFDI，利用技术创新驱动研发、品牌渠道实现创新价值，向价值链两端的营销、品牌、研发等高利润环节攀升，最终成为关键环节的支配者而拥有市场势力，顺利实现升级。

根据以上分析，本书提出假设：

H2：集群中代工企业的市场力强度与代工企业功能升级正相关。

(3) 品牌力与集群中代工企业升级的假设关系

由前面分析可知，集群中代工企业因嵌入全球价值链的生产环节，市场力和品牌力缺失，而且集群中代工企业严重缺乏塑造市场力和品牌力的资源和人才，现有研究集群代工企业升级时，将品牌力归入到市场力中作为一个整体来处理，没有意识到品牌力的独特作用，尤其不够重视企业自主品牌升级（宋耘、王婕，2017）。品牌战略是创造和培育可持续竞争优势的政策，品牌建设活动强调和说服企业客户的品牌力量，并抓住最终用户的想象力和注意力。基于顾客的品牌力反映了价值观、权力结构和卓越技术长期市场支配地位，一个品牌的财务价值取决于它的“品牌实力”，即其客户特许经营的实力（Patrick Barwise，1992）。因为小企业必须经常依靠网络和口碑来建立强有力的、有利的和独特的联想（Temi Abimbola，2001）。树立工业品牌，考虑工业品牌的独特性和复杂性，要了解品牌在组织购买过程中的作用，要利用企业品牌化的方法，围绕品牌的无形资产建立企业品牌，避免混淆企业传播策略和品牌战略（Fredericke Webster，Jr，2004）。

集群中代工企业发展自主品牌的困难可想而知，很多企业止步于构建市场力，而忽视了品牌力的发展。通过品牌化，集群代工企业能够创造、培育和创新其市场资产，培育品牌感知价值和消费者的品牌资产，如声誉。增强和控制顾客的信任，为集群代工企业创造利润。一个强大的品牌对竞争对手而言是非常难复制的，是公司来源不变的资产，是公司强大知识产权的来源，也是公司可持续增长的源泉。

企业的永续增长必须依靠品牌拉力，影响消费者选择和购买的因素就是品牌，品牌拉力影响了消费者的选择行为，企业建立起以品牌建设为核心的品牌型组织结构，为此必须进行组织结构和制度的变革以适应新的需要和新的情况（刘华军，2006）。品牌的核心是品牌信用度，是指通过排他性的符号向目标顾客做出并做到某种品类承诺的程度，我国企业可以通过新品类级品牌摆脱价格竞争，进入良性循环（孙曰瑶，2006）。

根据以上分析，本书提出假设：

H3：集群中代工企业的品牌力强度与代工企业功能升级正相关。

7.1.2 调节变量的研究假设

(1) 信任关系的调节作用

社会嵌入理论认为，经济活动是嵌入在社会网络关系中的，信任是代工企业与其他企业与成员合作的基础，相互信任可以减少合作双方的约束，也是集群中代工企业成长的关键因素。麦卡利斯特（McAllister，1995）将信任分为情感型信任和认知型信任。努特博姆（Nooteboom，1996）将信任分为动机型信任和非自利型信任，无论是哪种信任类型，都是合作双方在长期的合作中建立起来的联系和依赖。代工企业应积极建立与网络中成员的信任关系，信任关系的深度不同，对代工企业的影响不同。

较强的信任关系可以降低共享所带来的利益、认可、权力等方面的风险或成本，满足合作双方的心理或交换预期（王智宁，2012），提升共享行为发生的概率，及时得到企业升级所必需的信息和资源，提高自身的信息和资源总量并提高质量，获得企业升级所需的技术、知识、经验、资金等；彼此间良好的信任关系，可以树立双方积极的合作态度，转移保护和防备意识就会减弱，促进资源快速扩散，为高水平的协作提供更为开放、宽松和自由的氛围，促进高质量的资源的传递和转移，组织间互动频繁，涉及的信息和资源种类丰富，包括提升技术力、市场力、品牌力方面的知识信息、政策信息、消费者信息、相关利益团体的信息、竞争者的信息等，这些信息和资源在企业里成功转化为升级的推动力；在相互信任的关系网络中，信息和资源的质量、数量、规模、范围、速度都会优于普通关系网络，随着双方了解的深入，也会逐步建立代工企业相关的权力范围，推动集群中代工企业的升级。

基于以上分析，本书提出如下假设：

H4：集群中代工企业的技术力对代工企业功能升级的作用受到信任关系的调节，信任关系越好，技术力水平越高，越有利于促进代工企业功能升级。

H5：集群中代工企业的市场力对代工企业功能升级的作用受到信任关系的调节，信任关系越好，市场力水平越高，越有利于促进代工企业功能升级。

H6：集群中代工企业的品牌力对代工企业功能升级的作用受到信任关系的调节，信任关系越好，品牌力水平越高，越有利于促进集群中代工企业功能升级。

（2）制度环境的调节作用

集群中代工企业所处的制度环境是影响代工企业战略决策的重要因素，制度因素对产业链高端的技术研发环节和品牌营销环节的交易成本和交易效率的影响较大。企业所处的制度环境对企业的成长机遇、融资环境、资源调配及投资行为等方面产生直接影响，制度环境决定了企业的市场行为，进而影响企业发展绩效，在制度环境的影响下，代工企业会选择相宜的发展路径。

集群中代工企业在国家诱致性政策的影响下，以代工方式加入全球价值链，由于制度惰性的决定性因素致使很多企业陷入低端锁定的局面，加之制度缺失与制度倾斜，造成本土代工企业创新的人才和创新要素不足，缺少创新的动力，代工企业要顺利升级，必须打破制度惰性。国家要建立社会制度结构容纳且有利于企业边界灵活柔性变动的制度环境，企业间的交易费用降低，推动代工企业建立以品牌为核心的大规模营销网络，实现产品销售的规模经济或范围经济，追求深层次、高研发投入的创新体系（康志勇、张杰，2009）。

国家（地区）创新系统、创新政策、科技制度、知识产权保护制度、契约制度、行业规范等相关制度形成的制度环境，有利于促进代工企业更多的研发投入，激发企业家的创新精神，引导企业的创新活动获取核心竞争力，实现代工企业的技术升级。

市场环境要素是形成有利于集群中代工企业市场、品牌升级制度环境的重要因素，包括人民币升值、激励政策、税收优势、贸易壁垒、产权制度、补贴制度、出口退税下调、融资制度、市场准入制度、反垄断制度等正式制度环境，以及权利、契约、伦理和道德意识等非正式制度环境（李诗田，2012）。代工企业所处的市场化发育程度越高，竞争环境越公平，社会经济主体间的相互信任程度越高，代工企业对社会整体预期越稳定，会减少代工企业升级的风险，促进集群中代工企业实现市场和品牌升级。

基于以上分析，本书提出如下假设：

H7：集群中代工企业的技术力对代工企业功能升级的作用受到制度环境的调节，制度环境越好，技术力水平越高，越有利于促进代工企业功能升级。

H8：集群中代工企业的市场力对代工企业功能升级的作用受到制度环境的调节，制度环境越好，市场力水平越高，越有利于促进代工企业功能升级。

H9：集群中代工企业的品牌力对代工企业功能升级的作用受到制度环境的调节，制度环境越好，品牌力水平越高，越有利于促进代工企业功能升级。

7.1.3 核心能力的中介作用研究假设

（1）技术力、市场力、品牌力对核心能力的作用假设

集群中代工企业的技术力、市场力、品牌力是代工企业通过要素转化和能力积累形成的技术、市场领域的影响力，是代工企业拥有的能力集合，集中了制造、技术研发、市场营销、品牌管理等方面的所有能力，企业擅长且突出于关键领域的能力，不易被他人模仿或转移，形成了代工企业的核心能力。核心能力是由不同的能力要素有机联系而形成的企业整体竞争实力。梅耶尔和厄特巴克（Meyer & Utterback，1993）认为企业的核心能力是由产品技术能力、对用户需求理解能力、分销渠道能力以及制造能力构成，核心能力是企业根据未来的发展方向和目标的战略决策。

集群中代工企业通过知识创新和研发创新，在全球价值链中识别技术机会，并通过技术规则形成某一方面的技术力，技术力得到增长，促进企业拥有更多的先进技术经验、专业知识和创新能力，具备一定的势力范围和依赖群体，从而形成了代工企业发展的竞争优势和核心能力。

集群中代工企业利用技术优势形成的技术力，在合作领域内扩大企业

的影响力，加强与终端客户的宣传与沟通，尝试建立中间的B2B品牌，在领域内技术领先的天生国际化公司则可直接将技术力转化为企业的核心能力；代工企业自身营销能力薄弱，很难形成购买者驱动的市场势力，代工企业可以借助渠道合作、联盟、渠道共建等市场渗透形式，逐步形成市场力，代工企业必须努力培养基于终端消费者的品牌力，品牌力的提升离不开企业不懈的品牌沟通和品牌关系的建立与巩固，得到消费者的认可，才能最终将市场力和品牌力转化为集群中代工企业成长的核心能力。

基于以上分析，本书提出如下假设：

H10：集群中代工企业技术力对企业核心能力有正向影响。

H11：集群中代工企业市场力对企业核心能力有正向影响。

H12：集群中代工企业品牌力对企业核心能力有正向影响。

（2）核心能力对代工企业功能升级的作用假设

集群中代工企业的功能升级本质上是指代工企业价值创造功能的升级，在价值链上创造价值增值的过程，从满足消费者对产品功能价值的需求上升到为消费者带来便利、情感、自豪感、自我追求层面的价值需求，也就是说持续为消费者带来独特的价值感受。

企业的核心能力是指基于价值创造并能够保持竞争优势的独特技术、技能和知识的有机集合①，核心能力的基本特征是为企业创造价值，终极目标是企业价值的最大化，在价值创造方面具有核心地位。企业的核心能力可以不断拓展企业的成长空间，它甚至能够从某一领域跨入另一领域，或由此交叉产生一些新领域，并在新的领域内为企业带来竞争优势，持续创造价值，如图7－1所示。

集群中代工企业的核心能力持续地开发新产品和新市场，促进产业的专业化和产品的差异化，不断进行市场渗透，获得规模经济优势。同时独具特色的核心能力，避免低层次的价格竞争，拓宽利润空间。代工企业的核心能力为客户创造价值，提升市场的反应速度，满足顾客需求，超越了具体的产品和服务的产品功能价值，通过改变企业的战略业务单元，上升

① 罗宏、陈燕：“核心能力、财务核心能力与企业价值创造”，《商业研究》，2005年第2期，第1～3页。

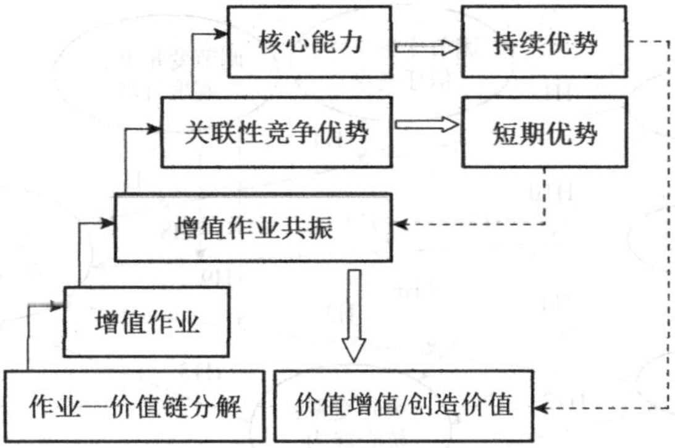

图7-1 作业—价值链优化的核心能力形成机理①

到企业之间在产品市场上的竞争地位和优势的竞争，体现了企业间的整体价值的博弈。

企业的核心能力是依靠经验和知识的积累的一个渐进过程，核心能力在价值链的不同环节发生转移或消亡，以生产制造为起点，向研发或市场、品牌高级阶段或高层次的商业模式延伸。代工企业在企业内部通过价值链分解、重构，防止核心能力刚性，建立动态核心能力，深化、优化或者改变核心能力，才能持续赢得竞争优势，推动代工企业升级。

基于以上分析，本书提出如下假设：

H13：集群中代工企业的核心能力对代工企业功能升级有正向影响。

7.1.4 研究假设关系路径图

根据以上有关假设关系的分析，得出本书假设关系图，如图7-2所示。在模型中，技术力、市场力、品牌力对集群中代工企业升级的直接效应，基于匹配的视角，引入信任关系、制度环境为调节变量，核心能力为中介变量，深入地阐述了技术力、市场力、品牌力对集群中代工企业升级的影响机制。

本书共提出13个研究假设：

① 傅博娜："基于价值链优化的企业核心能力提升"，《西安科技大学学报》，2013年第4期，第480~484页。

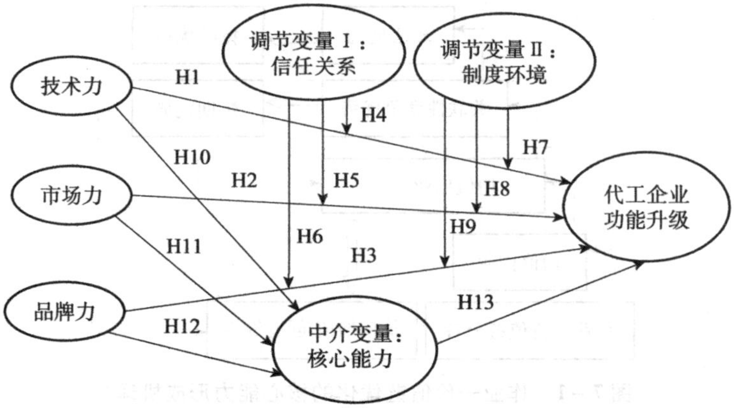

图7-2 “三力一链”集群中代工企业升级假设关系

H1：集群中代工企业的技术力强度与代工企业功能升级正相关。

H2：集群中代工企业的市场力强度与代工企业功能升级正相关。

H3：集群中代工企业的品牌力强度与代工企业功能升级正相关。

H4：集群中代工企业的技术力对代工企业功能升级的作用受到信任关系的调节，信任关系越好，技术力水平越高，越有利于促进代工企业功能升级。

H5：集群中代工企业的市场力对代工企业功能升级的作用受到信任关系的调节，信任关系越好，市场力水平越高，越有利于促进代工企业功能升级。

H6：集群中代工企业的品牌力对代工企业功能升级的作用受到信任关系的调节，信任关系越好，品牌力水平越高，越有利于促进代工企业功能升级。

H7：集群中代工企业的技术力对代工企业功能升级的作用受到制度环境的调节，制度环境越好，技术力水平越高，越有利于促进代工企业功能升级。

H8：集群中代工企业的市场力对代工企业功能升级的作用受到制度环境的调节，制度环境越好，市场力水平越高，越有利于促进代工企业功能升级。

H9：集群中代工企业的品牌力对代工企业功能升级的作用受到制度环境的调节，制度环境越好，品牌力水平越高，越有利于促进代工企业功能升级。

H10：集群中代工企业技术力对企业核心能力有正向影响。

H11：集群中代工企业市场力对企业核心能力有正向影响。

H12：代工企业品牌力对企业核心能力有正向影响。

H13：集群中代工企业的核心能力对代工企业功能升级有正向影响。

7.2 实证分析

以上关于各因素对我国产业集群价值链的高端攀升的影响过程和机理还只是理论上的猜想和逻辑上的推理。是否真是如此，还要经过实证检验。为此，本章拟对“三力”对代工企业升级的作用机理进行实证分析。

7.2.1 问卷设计与调查

(1) 调查问卷设计过程

调查问卷的设计是关键环节，调查数据的信度和效度会直接影响调查结果的准确性和可靠性。问卷中的题目设计要能解决研究问题，研究方法必须与研究对象和研究问题相吻合，对于某些研究问题，可以运用现成的量表：一是参考相关文献，这些文献后面均附有衡量其研究变量的量表；二是向编汇量表的机构购买（荣泰生，2010）。

本书有关调查问卷中的量表的结构和问题的确定主要通过以下四个阶段：

第一阶段：通过文献研究选择问卷题项。阅读了大量有关代工企业升级的技术力、市场力、品牌力、代工企业升级类型等方面的国内外相关文献，寻找与本书相关的成熟测量量表，结合我国代工企业发展阶段的现状形成测量变量的初步测度题项，形成了调查问卷的初稿。

第二阶段：结合专家和学术团队的意见。与笔者所在学术团队的2位教授、3位副教授、2位博士及其他小组成员讨论交流，对问卷测度题项设置的合理性、逻辑关系进行深入探讨，由此形成问卷的第二稿。

第三阶段：征询代工企业界的专家意见及建议。与一位多年从事代工企业的负责人，2位拥有丰富企业管理经验的高层管理人员进行深入访谈，针对量表变量的设置、各变量间的逻辑关系是否符合代工企业运行的实际情况征询意见，同时对问卷的相关专业性词汇、措辞等是否易于理解进行了解，在综合企业专家的意见的基础上对问卷进行了进一步的修正，形成了问卷的第三稿。

第四阶段：问卷的预测试。选定20家代工企业进行预调研，将问卷发放给代工企业的中高层管理人员进行答题，询问他们在答卷过程中存在的问题，并根据面对面交谈所取得的建议，对问卷做最后的调整，形成调查问卷的终稿。

(2) 调查问卷的基本内容

本书的调查问卷设计，主要围绕代工企业技术力、市场力、品牌力组成的“三力”，对代工企业升级的推动作用而展开，运用因子分析及结构方程对获得数据进行统计分析，探寻“三力”对代工企业升级的影响机制。遵从于研究目的和研究内容，该调查问卷主要包括以下四个方面的内容（详见本书附录）：

①企业的基本信息；

②代工企业的技术力、市场力、品牌力的发展状况；

③代工企业的信任关系、制度环境、核心能力的状况；

④代工企业功能升级状况的判断。

7.2.2 变量的测量

根据第6章技术力、市场力、品牌力与代工企业升级之间的关系，建立了基于“三力—企业升级”模型框架，在此将对这些变量进行测量。一是对代工企业的“三力”的测量；二是对中间变量的测量；三是对代工企业功能升级变量的测量。本书变量的测量方式采用李克特主观感知七级量表法进行设计，即评估者对人、现象或事件的态度或看法从同意到不同意的陈述方式，参与者可以指出他们同意或不同意的程度，选择七点量表法，是为了防止测量数据过度偏态的问题，7级打分法，1分表示非常不符合，即与企业不存在此种情况或实际发生的情况完全不一样，2分、3分、4分、5分、6分的符合程度依次递增，7分则表示与企业情况完全符合。本章变量测量依据及指标设计内容表述如下。

(1) 代工企业全球价值链高端攀升的驱动力变量的测量

①技术力。代工企业的技术力是在价值链上的一种权力和地位。技术

权力来自于知识权力，党兴华（2011）等从稀缺性、控制性、等级性、依赖性和动态性五个方面度量技术权力。康凯（2016）在全球价值链中，由于核心企业与外围企业存在“对核心技术的控制”“设立研发中心”“存在技术级差”“技术依赖”“与大学和科研机构合作”被纳入到“技术权力”的主范畴。张云逸（2009）认为技术权力具有一般网络权力的控制作用能力，主要体现在技术领导公司的股权控制、技术锁定、标准控制、专利控制等方面。朱利安尼（Giuliani et al.，2005）从技术创新的角度出发，研究了掌握关键技术的核心企业对企业网络等级结构的影响。黄继泽（2010）认为企业的技术权力必须拥有一定的专利保护的核心技术，企业通过技术专利保护、与政治权利结合、技术权力扩张和技术标准和规范运用技术权力。曹勇（2013）专利管理可分为专利获取、专利保护和专利商业化三个环节。

本书基于以上学者的观点，结合代工企业实地调研及专家的建议，从核心技术、专利、知识产权、专利联盟、技术标准等方面对代工企业的技术力变量进行测量，并以10个题构建Likerts 7级量表，具体的题项如表7－1所示。

表7－1 变量测度——技术力（technical capabilities）

测度题项		来源或依据
TC01	贵企业非常重视知识产权对企业技术能力的提升	Artz et al.（2001）；Ziedonis（2004）；Lichtenthaler（2010）；Czarnitzki & Toole（2008）；Lin et al.（2010）
TC02	贵企业已经申请相关专业领域的专利	
TC03	贵企业通过技术标准的竞争来获取企业的竞争优势	
TC04	相关产业的知识产权制度推动了贵企业的自主创新发展	
TC05	贵公司组建或加入了相关专利联盟组织	
TC06	贵公司积极主持或参与国际和国内行业标准的制定	
TC07	贵公司常常在行业内领先推出新产品、服务	单红梅（2002）；Guan et al.（2009）
TC08	贵企业的核心技术在行业中有竞争力、影响力	
TC09	贵公司拥有生产或提供主导产品或服务的互补性资源	
TC10	贵企业根据客户需要改善产品生产、工艺流程	

②市场力。阿德纳（Ronadner et al.，2003）认为在非完全竞争市场中，市场势力形成与变化是指市场势力的程度由低到高不断地发生变化。市场势力行为分为价格行为判定标准和非价格行为的判定标准（企业制度创新行为、广告行为、技术创新行为、并购行为）。池仁勇和胡淑静

(2012) 构建市场权力的指标体系包括：a. 技术先进性是指企业产品的先进性和技术标准的先进性两个方面测量；b. 品牌是指企业是否拥有自主品牌、品牌在消费者心目中的地位及客户的忠诚度等方面；c. 网络化水平是指企业营销网点数量及互联网销售的情况。道格拉斯（Douglas et al.，2005）认为基于市场的组织学习是企业可持续竞争优势的一个重要来源，有八个营销能力说明潜在的有价值的决定企业绩效因素是：a. 定价；b. 产品开发的过程；c. 渠道管理；d. 营销传播，企业的能力管理客户的感知价值；e. 销售；f. 市场信息管理；g. 营销策划公司的受孕能力的营销策略；h. 营销实施的过程。占明珍（2011）认为市场势力形成与变化的内在作用机制包括市场集中、进入壁垒、规模经济、产品差异化等因素为市场结构因素；而投资、并购、工艺研发、管理制度创新、营销与广告、产品研发、合作与合谋等因素为市场行为因素。布兰多（Brandow，1969）提出市场势力是企业能够直接地影响其他市场竞争者、价格、推广促销等市场变量的一种能力，市场势力的来源有市场份额、巨大的金融资源、产品多样化、本地市场的地理拓展、垂直整合、寡头垄断的核心成员、产品差异化包括新产品、到达客户、购买者的结构尤其是尺寸和数量、行业产品的需求弹性。

本书基于以上学者的观点，结合代工企业实地调研及专家的建议，从定价、渠道控制、合作、竞争者、市场份额等方面对代工企业的市场力变量进行测量，并以8个题项构建Likerts 7级量表，具体的题项如表7－2所示。

表7－2　变量测度——市场力（marketing capabilities）

测度题项		依据和来源
MC01	贵企业具有领先于竞争对手的市场研究能力	Day（1994）；Menon & Varadarajan（1992）
MC02	贵企业新产品开发与客户匹配的程度较高	Sullivan（1986）；Helfat（1988）；Dutta，Zbaracki & Bergen（2003）
MC03	贵企业在行业中具有单独或联合定价权	
MC04	贵企业通过合作、联盟等形式构建营销核心能力	Ronadner et al.（2003）；Brandow（1969）；Weitz & Jap（1995）；占明珍（2011）；Douglas et al.（2005）；池仁勇等（2012）
MC05	贵企业通过市场管理创新的水平高于竞争者	
MC06	贵企业居于渠道领导的地位	
MC07	贵企业的产品在同类产品中占有市场份额较大	
MC08	贵企业会影响到竞争者营销策略的制定	

③品牌力。陆力斌等（2009）认为品牌领导力指品牌的内在品质和外在表现的变化对市场及同行业的影响程度，它反映了品牌在同行业中所处的综合竞争地位，可以通过市场性质、品牌忠诚度、品牌领导力、品牌支持、品牌个性、品牌管理、品牌发展潜力等几个指标来评估。庞小伟认为品牌力是指消费者对某个品牌形成的概念对其购买决策的影响程度，品牌力基本上是由品牌商品、品牌文化、品牌传播和品牌延伸这四个要素在消费者心智中协同作用而成的。王海忠等（2009）认为品牌领导力分别是品牌魅力和品牌影响力。品牌魅力是指品牌能够提出鲜明的价值主张、树立良好的形象、超越产品本身而与顾客建立情感关系，品牌所属企业拥有独特的管理及领导方式、管理方法有口皆碑、CEO个性鲜明、公众形象好等，都可以为品牌增添魅力。品牌影响力是指品牌在技术和创新方面的领先地位能够大大增强品牌的影响力。扬罗必凯公司品牌资产评估系统中，除了一些品牌自身特征外，每个被评估的品牌还要接受一个包含32个条目的问卷调查，这些条目实际上从品牌差异度、相关度、尊重度和认知度四个维度衡量。品牌差异度（difference）：消费者认为品牌行特色；相关度（relevance）：消费者认为品牌对自己的生活有重要意义；尊重度（esteem）：消费者对此品牌的评价高；认知度（faliliarity）：消费者认知、理解并且感觉熟悉此品牌。张曙临（2000）认为品牌价值的每一构成部分都有两个来源，即企业来源与消费者来源，实质是品牌权力，品牌权力，是指企业品牌的法律权力与市场权力的有机统一。一个品牌成为名牌，其法律权力并没有什么变化，而其知名度、美誉度、消费者的信任度则大大提高。花建锋等（2014）从消费者的角度可以确定品牌强度的三个维度，即知名度、美誉度、信任度。“Interbrand公司建立的品牌强度的评估体系”采用的是七因子加权综合法进行品牌强度的测量，包括：市场性质、稳定性、市场定位、品牌趋势、品牌支持、行销范围和品牌保护。但是基于消费者的角度，这些指标很难进行量化评估。大卫·阿克（David A. Aaker，2005）的品牌资产评价法是对传统会计学方法的挑战，它试图克服使用财务指导的不足。根据大卫·阿克的理论，品牌资产有五个维度：a. 品牌忠诚度（价差效应、满意度/忠诚度）；b. 品牌知名度；c. 品质认知（品质认知、领导性/受欢迎程度）；d. 品牌联想（价值认知、品牌个性、企业联想）；e. 专有资产（市场份额、市场价格、分销渠道覆盖）。借助市场研究方法可以测量上述维度。

本书基于以上学者的观点，结合代工企业实地调研及专家的建议，从品牌定位、品牌形象、品牌领导力、品牌价值等方面对代工企业的品牌力变量进行测量，并以8个题项构建 Likerts 7 级量表，具体的题项如表7－3所示。

表7－3　　变量测度——品牌力（brand capabilities）

测度题项		依据或来源
BC01	贵企业品牌声誉高，受消费者推崇	Hui & Zhou（2003）；Lewellyn（2002）
BC02	贵企业具有统一品牌定位	Aaker（1982）；Ries & Trout（1981）
BC03	贵企业品牌消费者的溢价支付意愿	Aaker（1996）；何佳讯（2006）
BC04	贵企业具有独特的品牌形象	李东进（2013）；Yoo（2000）
BC05	贵企业品牌越来越受欢迎	Stahl（2012）；Hamilton & Lai（1989）、Tse（1996）；Eckhardt & Housto n（2001）；王海忠（2009）；杨德清（2012）；蒋廉雄和卢泰宏（2006）
BC06	贵企业为某产品大类中的领导者	
BC07	贵企业因为创新而受到欢迎	
BC08	贵企业品牌提供的产品物有所值	Gassmann & Keupp（2007）

（2）中间变量的测量

①信任关系。代工企业与合作者的信任关系的建立使企业与外部的知识和信息的转移更加顺畅，与供应商、专家、同行竞争者、企业联盟、中介、专家等高水平的信任水平，为企业提供发展机会。李振华（2017）在测量孵化网络中企业的信任关系时，以信任和承诺两个维度测量了企业与中介机构、合作大学、科研院所、同行企业及产业链上下游企业的信任关系和信任水平。一些学者使用关系强度（连接强度）测量信任关系，李文博等（2008）用“与下游企业联系的密切程度”“与上游企业的密切程度气”“与同业企业的密切程度”“与其他企业的密切程度”等题项来测度联结强度；任宗强（2012）使用信任、信息共享、共同解决问题等关系嵌入机制作为联结强度的重要观察指标；麦卡利斯特（McAllister，1995）将个体间的信任关系分为情感型信任和认知型信任；肖志雄（2015）在研究信任关系对组织吸收能力的影响时，信任关系包含人际沟通与组织承诺2个变量，人际沟通设置了3个题项，如“本企业负责人和客户负责人之间不仅是业务伙伴，还是朋友”“本企业员工和客户的员工毫不隐瞒地分享

业务知识”“本企业和客户在重要节日或公司庆典会互致问候”；组织承诺也设置了3个题项，如“本企业一直严格履行合同职责”“本企业对口头协定都向来言出必行”“本企业能根据客户要求及时提供服务”；汪斌（2007）认为可以从订货程序、契约性关系、审查、依赖程度、技术支持、沟通、价格决定、信用展期、外包支付条款等几个对全球价值链上的信任关系进行评估。

本书基于以上学者的观点，结合代工企业实地调研及专家的建议，从信任和承诺方面对信任关系变量进行测量，并以7个题项构建Likerts 7级量表，具体的题项如表7-4所示。

表7-4 变量测度——信任关系（trust relations）

测度题项		依据或来源
TR01	贵企业与合作者保持良好的信任关系和合作机制	Lavado（2010）；Huber et al.（2001）；Chiu（2006）；Uzzi（1996）；Uzzi（1997）；Rmdfleisch & Moorman（2001）；李振华（2017）
TR02	贵企业与合作者之间经常交流信息和资源	
TR03	贵企业与合作者之间经常开展合作项目，解决关键问题	
TR04	贵企业愿意与合作者共享信息和资源	
TR05	贵企业一直严格履行合同职责	McAllister（1995）；任宗强（2012）；肖志雄（2015）；Nahapiet（1998）；Kaasa（2009）
TR06	贵企业对口头协定都向来言出必行	
TR07	贵企业能根据客户要求及时提供服务	

②制度环境。制度环境是企业经营环境的重要构成要素之一，制度环境的维度分为正式制度和非正式制度，正式制度环境包含政治、经济、金融和法律，非正式制度环境主要指各地区的文化环境（宋渊洋，2015），目前对制度环境的测量主要以市场化指数的二手数据为主，因数据收集的难度大，采用问卷调查的研究较少。毛蕴诗（2009）认为影响代工企业升级的制度环境因素诱致性创新、强制性制度变迁、国家（地区）创新系统和相应地方政府政策、创新平台和配套服务体系；基础设施；税收优惠；知识产权保护；专业人才培育；风险资金与金融扶持等。秦玥（2014）认为影响民营企业的制度环境包括政府干预程度，经济结构，金融业发展水平以及法律环境四个变量，对企业创新行为有影响的制度环境包括政府补贴、税收优惠、风险投资、知识产权以及政府采购等。李凡（2015）等在

研究中印两国企业的创新环境时，提出中印两国常用的政策工具包括信息支持、对中小企业的支持、财政支持、金融支持、税收优惠、人力资源培养、技术标准制定、行政支持、知识产权保护、政府采购、国际合作。梁正（2017）在研究我国科技政策向创新政策转化过程中，在环境面消除“制度障碍”，营销环境转变的影响因素包括财政投入、税收优惠等优惠性政策，相关激励政策特别是财税政策的公平性与普惠性，营造创新的良好生态“软环境”。陈怀超（2014）在研究国家的制度距离时构建了政府政策、法治环境的差异，共计10个题项的测量变量。

本书基于以上学者的观点，结合代工企业实地调研及专家的建议，从政治、经济、法律、金融和文化方面对制度环境变量进行测量，并以14个题项构建Likerts 7级量表，具体的题项如表7－5所示。

表7－5　变量测度——制度环境（institutional environment）

测度题项		依据或来源
IE01	政府减轻企业税外负担	樊纲，王小鲁（2011）；张克让（2000）；李凡等（2015）；Gao（2010）；丁烈云等（2008）；Scott（1995）；North（1991）；陈怀超等（2014）；秦玥（2014）；宋渊洋等（2015）；梁正（2017）；毛蕴诗（2009）；Kostova（1996）；Xu（2001，2004）；Gaur（2007）；Arslan et al.（2010）；Joshua et al.（2003）；Philip et al.（2006）
IE02	放宽审批、配额、许可证等限制，简化程序	
IE03	市场中介组织的发展对企业的帮助较大	
IE04	产品市场的发育程度较好	
IE05	要素市场的发育程度较好	
IE06	拓宽融资渠道、提供贷款优惠、保险以及风险控制	
IE07	给予免税、减税、贴息等优惠	
IE08	建立和完善人才教育培训体系	
IE09	制定符合本国创新标准并与国际接轨的技术标准	
IE10	培育创新文化，形成支持创新创业的社会氛围	
IE11	法律系统能有效保证商业合同的履行	
IE12	政府在制定政策时，比较透明	
IE13	所制定的政策能有效地保护知识产权	
IE14	规章制度明显影响到企业的商业活动	

③核心能力。核心能力是代工企业持续竞争优势的源泉。徐中等（2010）在研究创业企业核心能力与绩效的关系时，构建企业核心能力的调研问卷包含创业企业架构能力、元件能力；王毅（2002）将核心能力要

素分为元素能力和构架能力两种，包括战略核心能力、组织核心能力、技术核心能力三个层次；魏江（2001）在确认核心能力评价系统时按核心能力影响的层次性和影响力范围大小，从战略管理、组织管理和职能管理三个方面的绩效指标来评价企业核心能力；王云杰（2006）将知识系统按核心能力重新分层为环境能力、技术能力和管理能力。郭斌等（2001）认为核心能力评价指标体系包括企业战略管理能力、企业核心制造能力、企业核心技术能力、企业组织与界面管理能力、企业核心营销能力五个评价维度。杨桂菊（2009）认为从能力可替换的角度，将代工企业的核心能力分为组装和制造能力、研发设计能力、品牌营销能力和国际化运营能力。梅耶尔等（Meyer et al.）认为企业的核心能力由产品技术能力、对客户需求的理解能力、渠道能力及生产制造能力四部分组成。哈默尔（Hamel，1994）将核心能力分解为市场进入能力、集成相关能力、能力相关能力。

本书基于以上学者的观点，结合代工企业实地调研及专家的建议，从核心能力的存在、架构、发展方面对核心能力变量进行测量，并以 7 个题项构建 Likerts 7 级量表，具体的题项如表 7－6 所示。

表 7－6　　变量测度——核心能力（core capabilities）

测度题项		依据或来源
CC01	贵企业形成了成熟的核心能力	王毅（2000）；魏江（2000）
CC02	贵企业的核心能力逐渐增强	Elfring et al.（1996）；Winter Scheid（1994）
CC03	贵企业员工了解企业的核心能力，并愿意保护与强化	Dorothy（1992）；Kesler et al.（1993）；Prahalad & Gary Hamel（1990）
CC04	贵企业核心能力在专业领域内处于领先地位	Patel et al.（1997）；管益忻（2000）
CC05	贵企业的核心能力是多种能力的组合	Prahalad & Hamel（1990）；Kesler，Klostad & Clark（1993）；Coombs（1996）；王秉安（2000）；文革（2007）；胡宜挺，李万明（2005）；谢洪明，王成等（2006）；Klein et al.（1998）；Klein et al.（1998）；Henderson & Cockburn（1994）；王毅（2000）；徐中（2010）
CC06	贵企业具有提升核心能力的架构能力（整合能力）	
CC07	贵企业具有提升核心能力的元件能力（职能能力）	

（3）代工企业全球价值链高端攀升的升级变量的测量

有关企业的升级多是围绕汉弗莱和施密茨（Humphrey & Schmitz，2002）提出的四种升级类型，即产品升级、工艺升级、功能升级、链条升级①。代工企业的功能升级是指企业获得新的功能或放弃现有的功能，向生产更高价值资本或技术密集型产品的角色，以期获得更高利润，功能升级为企业带来持久的竞争力。

毛蕴诗（2016）运用扎根理论开发代工企业功能升级的衡量指标包括四个方面：公司扩大了研发和市场部门；产品研发所应用的技术不断增多；通过专门的职能部门，推出和加强了新产品的开发；与供应商或者客户协同开发新产品。姜劲（2012）在研究代工企业利用外部社会资本对代工企业升级影响时使用的功能升级的量表包括全新产品的设计和生产、品牌的建立和推广、拥有自身的核心技术三个题项。戴勇等（2011）研究代工企业的功能升级时，分别研究 ODM、ODM 向 OBM 过渡及 OBM 阶段的升级指标。ODM，高级产品销售、市场营销部门建立、市场化自己设计的产品；ODM 向 OBM 过渡：完善产品系列、直接销售给海外的零售商、开始自有品牌销售；OBM：自有品牌促销、市场销售直接面向顾客、不依赖于海外分销商、内部的营销研究能力。吴波等（2010）在研究绍兴纺织产业集群升级时，以新产品开发能力与新产品销售能力来刻度制造企业的功能升级。李丽华（2010）在研究浙江纺织服装企业的功能升级时，从技术能力升级和市场扩张能力两个构建技术势力和市场势力。杰（Jay，2003）从的组织创新、优化企业的创新活动的角度获取企业的竞争优势。钟帅（2015）测量关系互动的品牌资产量表包含品牌个性、品牌互惠、品牌礼遇、关系地位和关系能量 5 个维度 27 个测量题项。

本书基于以上学者的观点，结合代工企业实地调研及专家的建议，从技术、市场、品牌三个方面对功能升级变量进行测量，并以 10 个题项构建 Likerts 7 级量表，具体的题项如表 7－7 所示。

---

① J. Humphrey & H. Schmitz. Developing Country Firms in the World Economy：Governance and Upgrading in Global Value Chains. INEF Report，No，61，University of Duisburg，Duisburg，2002：19.

表7-7 变量测度——功能升级（function upgrading）

测度题项		依据或来源
FU01	公司扩大了研发和市场部门	Kaplinsky & Morris (2001)；毛蕴诗（2016）；Humphrey & Schmitz (2002)；杨桂菊（2006）；Prahalad & Hamel (1990)；Meyer & Utterback (1994)；Vorhies (2000)；Paul (1994)
FU02	产品研发所应用的技术不断增多	
FU03	拥有自身的核心技术	
FU04	通过专门的职能部门，推出和加强了新产品的开发	
FU05	产品开发和设计能力得到了提高	
FU06	与供应商或者客户协同开发新产品	Forbes (2005)；Bair & Gereffi (2001)；Kaplinsky et al. (2002)；Schmitz & Knorringa (2000)；Ponte & Ewert (2009)；Giuliani et al. (2005)
FU07	公司具有专门进行品牌推广的部门或职能	
FU08	成功向市场推出新产品的速度提高了	
FU09	贵公司在终端客户市场有一定的影响力	
FU10	贵公司具备完整的营销能力改善顾客满意度	

7.2.3 数据整理与样本描述

(1) 问卷对象选择及回收情况

本问卷的研究对象为具有升级意愿的企业，前期积累了一定的资源和能力，准备进行功能升级的代工企业。主要是从事过或正在进行代工制造的企业，企业类型包括国有企业、中外合资企业、中小企业。问卷的收集途径主要有以下三种：一是通过政府机关对辖区的代工企业发问调查问卷共200份，回收183份；二是通过企业培训机会进行现场发放问卷60份，回收57份；三是通过朋友关系通过问卷星的方式收回电子问卷82份，最终回收问卷总数为322份。接下来对收回的问卷进行内容形式检验，删除问卷中信息填写不规范、不完整，删除企业类型不符合需求的问卷，比如单纯贸易类的企业，共有30份问卷不符合要求，最终有效问卷数292份，回收问卷合格率为90.68%。

(2) 样本的描述性统计分析

以292份有效问卷为调查对象，对样本进行描述统计分析，具体分布情况如下：苏州样本数64份，惠州132份，东莞96份，如表7-8所示。

表7-8　调查样本企业所在地区分布情况统计（N=292）

所在地区	样本数（家）	所占百分比（%）
苏州	64	21.9
惠州	132	45.2
东莞	96	32.9
合计	292	100

292份问卷中，劳动密集型企业占81.8%，资本密集型企业占10.3%，技术密集型企业占6.2%，其他占1.7%，如表7-9所示。

表7-9　样本企业基本特征的分布情况统计（N=292）

企业分类	样本数（家）	所占百分比（%）
劳动密集型企业	239	81.8
资本密集型企业	30	10.3
技术密集型企业	18	6.2
其他	5	1.7
合计	292	100

从调查企业的所有权状况来看，国有企业21家，中外合资或外商投资企业18家，民营企业246家，占了大部分，其他企业7家，如表7-10所示。

表7-10　样本企业所有权分布情况统计（N=292）

企业分类	样本数（家）	所占百分比（%）
国有企业	21	7.2
中外合资或外商投资	18	6.2
民营企业	246	84.2
其他	7	2.4
合计	292	100

从调查企业的现有员工人数情况来看，50人以内企业有5家，51～

500人企业有109家，501～1000人企业有45家，5000人以上企业有69家，详见表7－11。

表7－11 样本企业现有员工人数分布情况统计（N＝292）

企业分类	样本数（家）	所占百分比（%）
50人以内	5	1.7
51～500人	109	37.3
501～1000人	45	15.3
1001～5000人	64	22.0
5000人以上	69	23.7
合计	292	100

从调查企业的成立年限来看，5年以内有18家，5～10年有169家，10～20年有103家，20～50年有2家，详见表7－12。

表7－12 样本企业成立年限分布情况统计（N＝292）

企业分类	样本数（家）	所占百分比（%）
5年以内	18	6.2
5～10年	169	58.8
10～20年	103	35.2
20～50年	2	0.7
50年	0	0
合计	292	100

从调查企业的研发费用占当年销售总额的比例情况来看，1%以下无，1%～3%有79家企业，3%～5%有148家企业，5%～10%有59家企业，10%以上有5家企业，详见表7－13。

表7－13 样本企业研发费占当年销售总额的比例情况统计（N＝292）

企业分类	样本数（家）	所占百分比（%）
1%以下	0	0
1%～3%	79	27.1

续表

企业分类	样本数（家）	所占百分比（%）
3% ~5%	148	50.8
5% ~10%	59	20.3
10%以上	5	1.7
合计	292	100

从调查企业所拥有产品品牌的数量情况来看，有1个产品品牌的有10家企业，有1~3个产品品牌的有15家企业，有3个以上产品品牌的有267家企业，详见表7-14。

表7-14　样本企业拥有产品品牌的数量情况统计（N=292）

企业分类	样本数（家）	所占百分比（%）
无	0	0
1个	10	3.4
1~3个	15	5.1
3个以上	267	91.5
合计	292	100

7.2.4　变量的信度和效度检验

调查问卷的结果会受到被调研对象的认知、理解、知识水平及问卷内容自身设计等因素的影响，在样本数据统计分析前，首先对调查问卷获得的一手资料进行可靠性和准确性的检测，本书运用SPSS20.0对问卷进行信度检验和效度检验。

（1）变量的信度检验

信度又称可靠性，表示对于同样的调查对象，运用同样的调查方法得出同样调查数据的可能性，表示度量结果的重复性或稳定性。常用的信度指标有稳定性（stability）、等值性（equivalence）和内部一致性（internal consistency），当前学术研究习惯于使用内部一致性来测量信度，本书选取

Cronbach's α 系数作为衡量量表内部一致性的指标，α 系数取值一般大于 0.7 是可接受的，CR 大于 0.6 即表示该测量具有可接受的信度。

信度检验结果如表 7－15 所示，可以看到自变量、中介变量、调节变量和因变量之间具有较高的内部结构一致性，量表内容设计符合信度要求。除了 IE03 题项—总体相关系数略小于 0.5 外，题项—总体相关系数均大于 0.5，其他变量的 Cronbach's α 系数均大于 0.9，均通过了信度检验。考虑在下一步分析中拟删去 IE03。

表 7－15　　测量工具的信度分析结果（N＝292）

变量类型	题项（简写）	题项—总体相关系数	删除该题项后的 Cronbach's a 系数	Cronbach's a 系数
自变量——技术力	TC01 重视知识产权	0.665	0.908	0.914
	TC02 申请专业领域的专利	0.587	0.912	
	TC03 技术标准的竞争	0.798	0.900	
	TC04 产业的知识产权制度	0.818	0.898	
	TC05 相关专利联盟组织	0.771	0.902	
	TC06 行业标准的制定	0.580	0.913	
	TC07 领先推出新产品	0.663	0.908	
	TC08 核心技术有竞争力	0.789	0.900	
	TC09 互补性资源	0.679	0.907	
	TC10 改善生产、工艺流程	0.505	0.916	
自变量——市场力	MC01 市场研究能力	0.818	0.929	0.942
	MC02 新产品匹配的程度	0.776	0.932	
	MC03 定价权	0.677	0.940	
	MC04 合作、联盟	0.865	0.926	
	MC05 市场管理创新的水平	0.836	0.930	
	MC06 渠道领导的地位	0.838	0.928	
	MC07 市场份额较大	0.844	0.928	
	MC08 影响竞争者营销策略	0.677	0.938	
自变量——品牌力	BC01 品牌声誉高	0.851	0.896	0.918
	BC02 统一品牌定位	0.599	0.914	

续表

变量类型	题项（简写）	题项—总体相关系数	删除该题项后的 Cronbach's a 系数	Cronbach's a 系数
自变量——品牌力	BC03 溢价支付意愿	0.787	0.898	0.918
	BC04 独特的品牌形象	0.500	0.920	
	BC05 品牌越来越受欢迎	0.749	0.903	
	BC06 产品大类中的领导者	0.765	0.901	
	BC07 因为创新而受到欢迎	0.734	0.905	
	BC08 产品物有所值	0.851	0.892	
调节变量——信任关系	TR01 信任关系和合作机制	0.816	0.895	0.916
	TR02 交流信息和资源	0.871	0.888	
	TR03 开展合作项目	0.816	0.895	
	TR04 共享信息和资源	0.887	0.886	
	TR05 严格履行合同职责	0.690	0.911	
	TR06 口头协定言出必行	0.543	0.921	
	TR07 及时提供服务	0.614	0.916	
调节变量——制度环境	IE01 减轻企业税外负担	0.823	0.921	0.942
	IE02 简化程序	0.791	0.921	
	IE03 中介组织的发展	0.494	0.942	
	IE04 产品市场的发育程度	0.793	0.922	
	IE05 要素市场的发育程度	0.758	0.921	
	IE06 拓宽融资渠道等	0.732	0.924	
	IE07 免税、减税、贴息	0.863	0.916	
	IE08 人才教育培训体系	0.714	0.924	
	IE09 技术标准	0.782	0.920	
	IE10 培育创新文化	0.721	0.923	
	IE11 法律系统的履行	0.703	0.925	
中介变量——核心能力	CC01 成熟的核心能力	0.885	0.946	0.958
	CC02 核心能力逐渐增强	0.948	0.942	
	CC03 员工了解核心能力	0.839	0.950	

续表

变量类型	题项（简写）	题项—总体相关系数	删除该题项后的 Cronbach's a 系数	Cronbach's a 系数
中介变量——核心能力	CC04 核心能力处于领先	0.882	0.947	0.958
	CC05 多种能力的组合	0.734	0.960	
	CC06 架构能力	0.832	0.951	
	CC07 元件能力	0.855	0.949	
功能升级	FU01 研发和市场部门	0.771	0.941	0.948
	FU02 产品研发的技术	0.661	0.946	
	FU03 拥有自身的核心技术	0.830	0.939	
	FU04 新产品的开发	0.851	0.937	
	FU05 产品开发和设计能力	0.804	0.940	
	FU06 协同开发新产品	0.783	0.941	
	FU07 推广的部门或职能	0.790	0.940	
	FU08 推出新产品的速度	0.821	0.939	
	FU09 终端市场有的影响力	0.765	0.941	
	FU10 改善顾客满意度	0.717	0.943	

（2）变量的效度检验

效度是指所获得一手测量数据的正确程度，一般分为内容效度、效标效度和建构效度。

内容效度又称表面效度或逻辑效度，是指该测量工具是否涵盖了它所要测量的某一构念的所有项目。内容效度一般认为属于非统计分析层面，依赖于调查问卷的逻辑处理能力，是一种定性的判定。效标效度是指同一观念的多重测量。本调查问卷的设计在综合前人研究成果基础上，再结合实践基础构建概念模型，潜变量的定义及变量的测量题项来源于公开的文献，且征询专业领域的专家、学者进行初步审核，在进行预测试基础上发放正式调查问卷进行调研，综上所述，本书的测量工具符合内容效度、效标效度的要求。

建构效度包括收敛效度和区别效度，是指测量工具能够测量理论的概念或特质的程度，测量建构效度必须要有理论观点或概念架构为基础，然后再进行测量与分析。本书采用探索性因子分析（EFA）测量区别效度以确保不同测量变量之间的差异性和排他性（Costello & Osbome，2005；荣泰生，2005），验证性因素分析法（CFA）对各个变量测量量表的收敛效度进行检验。

本书用KMO（Kaiser-Meyer-Olkin）样本充分性测度值和巴特莱特球体检验（Bartett test of sphericity）来判断是否可以进行因子分析。KMO是用于比较变量间简单相关系数和偏相关系数的指标。凯撒（Kaiser）给出了常用的KMO度量标准：0.9以上表示非常适合，0.8表示适合，0.7表示一般，0.6表示不太适合，0.5以下表示极不适合。一般认为，Bartlett球体检验统计值的显著性概率小于等于α，KMO值大于0.7，并且各题项的负荷系数大于0.5时，可以通过因子分析将同一变量的各测量题项合并为一个因子（马庆国，2002）。

①代工企业升级推动力的维度结构探索性因子分析。本书将代工企业升级推动力分为技术力、市场力和品牌力三个维度，先进行每个维度的探索性因子分析，然后再对整体模型进行探索性因子分析。

第一，技术力探索性因子分析。本书对292个样本的技术力维度的10个相关题项进行了探索性因子分析。KMO值为0.765，累积解释方差72.711%，且Bartlett统计值显著异于0（<0.001），适合进一步作因子分析。根据因子载荷的分布来判断，提取了“知识产权”和“生产技术、标准”两个因子。具体分析结果如表7-16所示。

表7-16　自变量——技术力探索因子分析的旋转成分矩阵（N=292）

题项	因子载荷	
	因子1	因子2
TC01 重视知识产权	0.904	0.097
TC02 申请专业领域的专利	0.865	0.031
TC03 技术标准的竞争	0.766	0.422
TC04 产业的知识产权制度	0.773	0.440
TC05 相关专利联盟组织	0.394	0.793
TC06 行业标准的制定	0.646	0.262

续表

题项	因子载荷	
	因子1	因子2
TC07 领先推出新产品	0.190	0.878
TC08 核心技术有竞争力	0.665	0.518
TC09 互补性资源	0.280	0.806
TC10 改善生产、工艺流程	0.067	0.787

注：提取方法为主成分分析法。旋转法为具有 Kaise 标准化的正交旋转法。在 3 次迭代后收敛。

第二，市场力探索性因子分析。本书对 292 个样本的市场力维度的 8 个相关题项进行了探索性因子分析。根据特征根大于 1，最大因子载荷大于 0.5 的要求，并根据因子载荷的分布，将市场力水平和市场力影响力两个变量的题项均归入了一个因子，通过了探索性因子分析的效度检验。该因子的累积解释方差为 71.411%，KMO 值为 0.846，且 Bartlett 统计值显著异于 0（<0.001），说明市场力维度效度较好。具体分析结果如表 7－17 所示。

表 7－17 自变量——市场力探索因子分析的旋转成分矩阵（N＝292）

题项	因子载荷
	因子 1
MC01 市场研究能力	0.862
MC02 新产品匹配的程度	0.836
MC03 定价权	0.748
MC04 合作、联盟	0.900
MC05 市场管理创新的水平	0.877
MC06 渠道领导的地位	0.886
MC07 市场份额较大	0.886
MC08 影响竞争者营销策略	0.749

第三，品牌力探索性因子分析。本书对 292 个样本的品牌力维度的 8 个相关题项进行了探索性因子分析。根据特征根大于 1，最大因子载荷大于 0.5 的要求，并根据因子载荷的分布，将品牌影响力和品牌价值两个变

量的题项均归入了一个因子，通过了探索性因子分析的效度检验。该因子的累积解释方差为64.311%，KMO值为0.848，且Bartlett统计值显著异于0（<0.001），说明市场力维度效度较好。具体分析结果如表7-18所示。

表7-18　自变量——品牌力探索因子分析的旋转成分矩阵（N=292）

题项	成分
	1
BC01 品牌声誉高	0.895
BC02 统一品牌定位	0.689
BC03 溢价支付意愿	0.852
BC04 独特的品牌形象	0.594
BC05 品牌越来越受欢迎	0.810
BC06 产品大类中的领导者	0.820
BC07 因为创新而受到欢迎	0.806
BC08 产品物有所值	0.900

第四，推动力维度结构的整体探索性因子分析。本书对292个样本中构建推动力的三个维度——技术力、市场力和品牌力进行了KMO值Bartlert检验。KMO为0.777，Bartlett统计值显著异于0（<0.001），说明效度较好，适合作探索性因子分析，累积解释方差为80.091%。

由于组成推动力共有26个题项，题项数量过多会影响验证性因子分析模型的结果，侯杰泰、温忠麟和程子鹃（2004）认为每个因子用3~5个题项表征的模型是最稳定的，因此，本书选择每个维度根据因子载荷系数及文献研究较重要的因子。其中，技术力维度中，选取载荷大于0.787的“重视知识产权”“相关专利联盟组织”“领先推出新产品”“互补性资源”“改善生产、工艺流程”五个题项；市场力维度中，选取载荷大于0.862的“市场研究能力”“合作、联盟”“市场管理创新的水平”“渠道领导的地位”“市场份额较大”五个题项；品牌力维度中选取载荷大于0.810的“品牌声誉高”“溢价支付意愿”“品牌越来越受欢迎”“产品大类中的领导者”“产品物有所值”五个题项。

调整题项数量后，将15个题项做探索性因子分析。根据特征根大于

1，最大因子载荷大于0.5的要求，提取出了技术力、市场力、品牌力三个因子。累积解释方差为77.812%，KMO为0.882，Bartlett统计值显著异于0（<0.001），说明代工企业推动力结构的效度较好。分析结果如表7-19所示。

表7-19 代工企业推动力维度结构的探索因子分析的旋转成分矩阵（N=292）

题项	因了载荷		
	因子1	因子2	因子3
TC01 重视知识产权	0.021	0.124	0.803
TC05 相关专利联盟组织	0.156	0.789	0.439
TC07 领先推出新产品	0.201	0.834	0.300
TC09 互补性资源	0.658	0.512	0.296
TC10 改善生产、工艺流程	0.282	0.755	0.100
MC01 市场研究能力	0.656	0.516	0.186
MC03 定价权	0.846	0.237	0.324
MC04 合作、联盟	0.582	0.676	0.051
MC06 渠道领导的地位	0.754	0.513	0.023
MC07 市场份额较大	0.815	0.394	0.047
BC01 品牌声誉高	0.584	0.371	0.530
BC03 溢价支付意愿	0.417	0.322	0.757
BC05 品牌越来越受欢迎	0.761	-0.041	0.426
BC06 产品大类中的领导者	0.493	0.409	0.447
BC08 产品物有所值	0.630	0.251	0.635

注：提取方法为主成分分析法。旋转法为具有Kaise标准化的正交旋转法。在10次迭代后收敛。

②信任关系的探索性因子分析。本书对292个样本的信任关系维度的7个相关题项进行了探索性因子分析。根据特征根大于1，最大因子载荷大于0.5的要求，提取出了一个因子，其累积解释方差为67.370%，KMO的值为0.868，Bartlett统计值显著性差异小于0（<0.001），说明信任关系维度效度较好，分析结果见表7-20。

表 7－20　代工企业信任关系的探索因子分析的旋转成分矩阵（N＝292）

题项	因子载荷
	因子 1
TR01 信任关系和合作机制	0.876
TR02 交流信息和资源	0.909
TR03 开展合作项目	0.867
TR04 共享信息和资源	0.931
TR05 严格履行合同职责	0.772
TR06 口头协定言出必行	0.645
TR07 及时提供服务	0.701

③制度环境的探索性因子分析。本书对 292 个样本的制度环境维度的 7 个相关题项进行了探索性因子分析，提取出了要素供给与制度环境培育两个因子，其累积解释方差为 74.055%，KMO 的值为 0.807，Bartlett 统计值显著性差异小于 0（<0.001），说明信任关系维度效度较好，分析结果见表 7－21。

表 7－21　代工企业制度环境的探索因子分析的旋转成分矩阵（N＝292）

题项	成分	
	1	2
IE01 减轻企业税外负担	0.635	0.550
IE02 简化程序	0.746	0.447
IE03 中介组织的发展	0.045	0.636
IE04 产品市场的发育程度	0.856	0.255
IE05 要素市场的发育程度	0.698	0.419
IE06 拓宽融资渠道等	0.465	0.700
IE07 免税、减税、贴息	0.596	0.684
IE08 人才教育培训体系	0.742	0.274
IE09 技术标准	0.819	0.283
IE10 培育创新文化	0.844	0.176
IE11 法律系统的履行	0.818	0.159

注：提取方法为主成分分析法。旋转法为具有 Kaise 标准化的正交旋转法。在 3 次迭代后收敛。

④核心能力的探索性因子分析。本书对 292 个样本的核心能力维度的 7 个相关题项进行了探索性因子分析。根据特征根大于1，最大因子载荷大于0.5 的要求，提取出了一个因子，其累积解释方差为80.263%，KMO 的值为0.875，Bartlett 统计值显著性差异小于0（<0.001），说明信任关系维度效度较好，分析结果见表 7-22。

表 7-22　代工企业核心能力的探索因子分析的旋转成分矩阵（N=292）

题项	因子载荷
	因子 1
CC01 成熟的核心能力	0.918
CC02 核心能力逐渐增强	0.965
CC03 员工了解核心能力	0.887
CC04 核心能力处于领先	0.920
CC05 多种能力的组合	0.796
CC06 架构能力	0.878
CC07 元件能力	0.897

⑤代工企业功能升级的探索性因子分析。本书对 292 个样本的功能升级维度的 10 个相关题项进行了探索性因子分析，提取出了技术功能和品牌营销功能两个因子，其累积解释方差为 78.865%，KMO 的值为 0.895，Bartlett 统计值显著性差异小于 0（<0.001），说明信任关系维度效度较好，分析结果见表 7-23。

表 7-23　代工企业功能升级的探索因子分析的旋转成分矩阵（N=292）

题项	成分	
	1	2
FU01 研发和市场部门	0.360	0.796
FU02 产品研发的技术	0.113	0.916
FU03 拥有自身的核心技术	0.532	0.693
FU04 新产品的开发	0.853	0.394
FU05 产品开发和设计能力	0.841	0.352
FU06 协同开发新产品	0.509	0.661
FU07 推广的部门或职能	0.797	0.378

续表

题项	成分	
	1	2
FU08 推出新产品的速度	0.438	0.782
FU09 终端市场有影响力	0.924	0.223
FU10 改善顾客满意度	0.467	0.629

注：提取方法为主成分分析法。旋转法为具有 Kaise 标准化的正交旋转法。在 3 次迭代后收敛。

（3）验证性因子分析

本章将对 292 份问卷中的所有变量进行验证性因子分析，检验变量的因子结构与论文构思的符合程度。

验证性因子分析法可以对测量模型的适配性进行检验（Raykov，1998）。适配度是评价假设的路径分析模型图与统计数据是否相互适配，可以同时对个别条款的信度、变量整体的结构信度以及一个变量若干维度之间的区分效度进行验证。

用以表征模型拟合特性的指标包括：

①χ^2/df。χ^2 是一种差性适配指标。当显著性水平大于 0.05 时，可认为假设模型和观测数据拟合较好。因此，很多学者建议采用χ^2/df 指标，即卡方和自由度的比值，来降低样本规模对检验结果的影响。对于χ^2/df 的临界判定值，学者们判定标准不统一：梅兹克，威廉姆斯和霍拉汉（Medsker，Williams & Holahan，1994）认为可以小于 3，也有人认为只有不超过 5 即可（侯杰泰，温忠麟和成子娟，2004）。

②拟合集成度指数（goodness-of-fit index，GFI）和调整拟合优度指数（adjuested goodness-of-fit index AGFI）。GFI 是一种非统计变量，可用于反映模型整体的适配程度（Bagozzi & Yi，1988；吴明隆，2009）；其取值范围介于 0 和 1 之间，0 代表最差适配，1 代表完美适配。GFI 同样受样本规模的影响，可利用自由度、观察变量的个数和待估计参数的个数对其进行调整，得到的即为 AGFI（Anderson & Gerbing，1984，1988；吴明隆，2009）。GFI 和 AGFI 的值超过 0.9 说明模型拟合良好（Bagozzi & Yi，1988），但在一些开拓性研究中或是模型较为复杂的情况下，拟合指数大

于0.85也是可以接受的（Bollen，1989）。作为一种非统计变量及其衍生产物，GFI和AGFI对总体渐进值的估计实际上是有偏的。

③规范拟合指数（normed fit index，NFI）、修正拟合指数（incremental fit index，IFI）和比较拟合指数（comparative fit index，CFI）。NFI是由本特勒和博尼特（Bentler & Bonett，1980）提出的一种相对拟合指数，考察的是相对于基准模型理论模型的卡方减少的比例。由于NFI没有控制自由度且容易受样本规模的影响，学者们又提出了它的修正指数IFI（Bentler & Bonett，1980）；而CFI则进一步克服了NFI在嵌套模型上的缺失，对模型适配性的估计表现相当好（Bentler & Bonett，1980；吴明隆，2009）。NFI、IFI和CFI的取值都在0和1之间，一般超过0.9就意味着拟合良好，可以接受（Bagozzi & Yi，1988；Bollen，1989）。

④近似误差均方根（root mean square error of approximation，BMSEA）。它是一个不需要基准模型的绝对性指标，主要依赖于母体的近似误差进行估计。RMSEA小于等于0.05，表示良好的适配；0.05～0.08表示不错的适配；0.08～0.10属于中度适配；大于0.10则属于不良适配（Raykov，1998；侯杰泰，温忠麟和成子娟，2004）。

巴顾兹和易（Bagozzi & Yi，1988）提出要综合参考三个方面指标：基本适配度指标、整体模型适配度指标、模型内在结构适配度指标。常用的绝对指标如χ^2（卡方值）、χ^2/df（卡方对自由度df的比值）、RMR（均方根残差）、GFI（良适性适配指标值）、AGFI（调整良适性适配指标值）；相对指标如TLI、NFI、IFI、RNI、CFI值等；调整指标如PGFI值、PNFI值、PNFIZ值等。综上所述，将整体模型适配度的评价指标和评价标准整理如表7－24所示。

表7－24　　本书整体模型适配度的评价指标及评价标准

统计检验量	指标内涵	适配的标准或临界值
χ^2	值愈小，表明整体模型的因果路径图与实际资料愈适配，愈一致	显著性概率值 $P>0.05$（未达到显著水平）
χ^2/df	考虑到参数及样本数量，反映模型适配度是不契合的指标。表示假设模型的协方差矩阵与观察数据是否适配	$\chi^2/df<5$ 通过验收 $1<\chi^2/df<3$ 适配最佳 $\chi^2/df<1$ 过度适配

续表

统计检验量	指标内涵	适配的标准或临界值
RMSEA	近似误差均方根。意义是每个自由度的平均Σ与Σ（θ）间的差异值。通常被视为最重要的适配指标信息	≤0.1（通过验收） ≤0.08（适配合理） ≤0.05（适配良好）
TLI	非规准适配指数。比较模型对虚无模型之间的适配程度	≥0.90 愈接近，表示适配愈佳
CFI	测量从最限制模型到最饱和模型时，非集中参数的改善情况，以非集中参数的卡方分布及其非集中参数定义	≥0.90 愈接近，表示适配愈佳
NFI	规范拟合指数	≥0.9
IFI	增值拟合优度指数	≥0.9
GFI	拟合优度指数	≥0.9
AGFI	调整拟合优度指数	≥0.8
PGFI	简约拟合优度指数	≥0.5

借鉴温忠麟、侯杰泰等（2004）的研究，本书将综合运用绝对指标与相对指数来进行模型评价，主要选取χ^2/df、RMSEA、TLI 和 CFI 等十个广泛认可及运用的指标作为模型评价的适配指数，具体判别标准如表 7－24 所示。本书拟采用的适配度检验指标体系及相关建议判定值如表 7－25 所示。

表 7－25　本书拟采用的适配度检验指标体系及相关建议判定值

指标	取值范围	建议值
χ^2/df	>0	<5，<3 更佳
GFI	0～1，可能<0	>0.9，>0.85 亦可接受
AGFI	0～1，可能<0	>0.9，>0.85 亦可接受
NFI	0～1	>0.9
IFI	>0，多在 0～1 之间	>0.9
CFI	0～1	>0.9
RMSEA	>0	<0.10，<0.05 更佳

第一，代工企业推动力的维度结构验证性因子分析。本书对 292 个样本的技术力、市场力和品牌力三个维度的题项进行信度分析，分析结果如表 7－26 所示。

表 7－26　代工企业推动力维度结构的信度分析结果（N＝292）

变量类型	题项（简写）	题项—总体相关系数	删除该题项后的 Cronbach's a 系数	Cronbach's a 系数
自变量——技术力	TC05 相关专利联盟组织	0.827	0.760	0.877
	TC07 领先推出新产品	0.771	0.820	
	TC09 互补性资源	0.695	0.881	
自变量——市场力	MC01 市场研究能力	0.732	0.899	0.894
	MC06 渠道领导的地位	0.780	0.846	
	MC07 市场份额较大	0.854	0.784	
自变量——品牌力	BC01 品牌声誉高	0.803	0.770	0.872
	BC03 溢价支付意愿	0.754	0.811	
	BC06 产品大类中的领导者	0.699	0.845	

表 7－26 的信度分析结果表明，所有题项—总体相关系数均大于 0.60，技术力整体 Cronbach's 的 a 系数为 0.877，市场力整体的 Cronbach's 的 a 系数为 0.894，品牌力的整体的 Cronbach's 的 a 系数为 0.872，均大于 0.80 说明代工企业推动力的技术力、市场力、品牌力维度各变量题项之间具有良好的一致性。

接下来用 AMOS21.0 软件进一步对代工企业推动力的维度结构进行验证性因子分析，分析结果见表 7－27。

表 7－27　代工企业推动力维度结构的验证性因子分析结果（N＝292）

路径			Estimate	S. E.	C. R.	P	Label
TC09 互补性资源	←—	市场力	1.000				
TC07 领先推出新产品	←—	市场力	0.730	0.107	6.839	***	par_ 4
TC05 相关专利联盟组织	←—	市场力	0.874	0.124	7.055	***	par_ 5
MC01 市场研究能力	←—	品牌力	1.000				
MC06 渠道领导的地位	←—	品牌力	0.924	0.122	7.582	***	par_ 6

续表

路径			Estimate	S. E.	C. R.	P	Label
MC07 市场份额较大	⟵	品牌力	0.816	0.103	7.933	***	par_ 7
BC06 产品大类中的领导者	⟵	技术力	1.000				
BC03 溢价支付意愿	⟵	技术力	1.234	0.182	6.787	***	par_ 8
BC01 品牌声誉高	⟵	技术力	1.014	0.136	7.460	***	par_ 9

指标	χ^2	df	χ^2/df	P	GFI	NFI	TLI	CFI	RMSEA
Model1	57.032	24	2.376	0.000	0.831	0.874	0.881	0.920	0.154
Model2	26.361	22	1.198	0.000	0.910	0.942	0.983	0.989	0.058

注：***表示显著性水平 $P<0.001$。

对代工企业技术力、市场力和品牌力的验证性因子分析结果显示：初始模型 Model1 的拟合指标不是很理想。χ^2/df 为 2.376，为小于可接受值 5；GFI 为 0.831、NFI 为 0.874、TLI 为 0.881，均都小于可接受水平 0.9，CFI 为 0.920，大于可接受水平 0.9；RMSEA 为 0.154，大于可接受水平 0.08。

根据 MI 修正指数，发现 e1 和 e2 之间相关，它们对应的题项内容分别是“TC05 贵公司组建或加入了相关专利联盟组织”和“TC07 贵公司常常在行业内领先推出新产品、服务”，二者内容虽然从表述上不相近，但都属于知识创新范畴，因而具有相关性；发现 e4 和 e5 之间相关，它们对应的题项内容分别是“MC01 贵企业具有领先于竞争对手的市场研究能力”和“MC06 贵企业居于渠道领导的地位”，二者内容虽然从表述上不相近，但都属于领导力范畴，因而具有相关性。然后对模型再次进行验证，Model2 结果显示，χ^2/df 为 1.198，为小于可接受值 5；GFI 为 0.910、NFI 为 0.942、TLI 为 0.983、CFI 为 0.989，均都接近于可接受水平 0.9；RMSEA 为 0.058，大于可接受水平 0.08。表 7－27 代工企业推动力的拟合结果表明，各项指标均通过了相关验证，可见模型拟合效果很好。

据此，代工企业推动力因子结构得到验证，其具体结构如图 7－3 所示。其中，各题项的因素载荷均在 0.60 上。

第二，代工企业信任关系的验证性因子分析。本书对 292 个样本的信

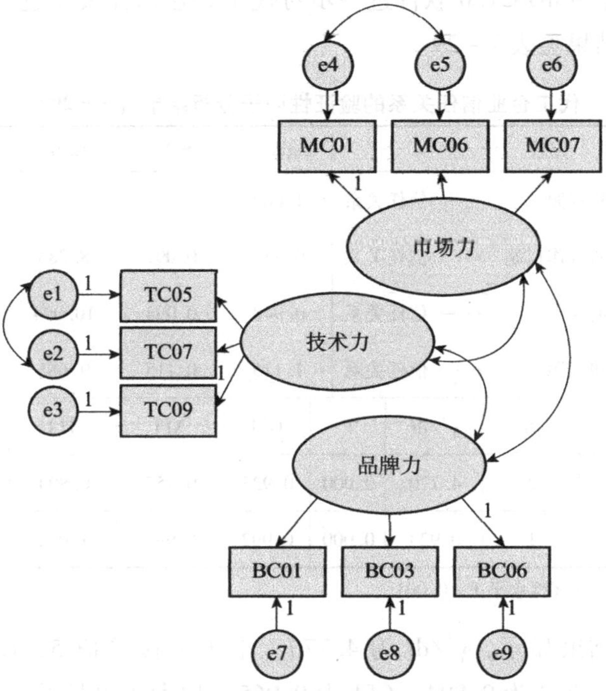

图 7－3　代工企业推动力验证性因子结构

任关系的题项进行信度分析，分析结果如表 7－28 所示，分析结果表明，各题项间具有良好的一致性。

表 7－28　　代工企业信任关系的信度分析结果（N＝292）

变量类型	题项（简写）	题项—总体相关系数	删除该题项后的 Cronbach's a 系数	Cronbach's a 系数
信任关系	TR01 信任关系和合作机制	0.836	0.926	0.939
	TR02 交流信息和资源	0.842	0.922	
	TR03 开展合作项目	0.848	0.918	
	TR04 共享信息和资源	0.895	0.903	

表 7－28 的信度分析结果表明，所有题项—总体相关系数均大于 0.5，信任关系的整体 Cronbach's 的 a 系数为 0.939，均大于 0.80 说明代工企业信任关系题项之间具有良好的一致性。

接下来用 AMOS21.0 软件进一步对代工企业信任关系进行验证性因子分析，分析结果见表 7－29。

表 7－29　代工企业信任关系的验证性因子分析结果（N＝292）

路径			Estimate	S. E.	C. R.	P	Label
TR02 交流信息和资源	←	信任关系	1.000				
TR01 信任关系和合作机制	←	信任关系	0.855	0.097	8.783	***	
TR03 开展合作项目	←	信任关系	0.948	0.094	10.094	***	
TR04 共享信息和资源	←	信任关系	1.115	0.115	9.661	***	

指标	χ^2	df	χ^2/df	P	GFI	NFI	TLI	CFI	RMSEA
Model3	9.541	2	4.770	0.000	0.923	0.957	0.894	0.965	0.255
Model4	0.924	1	0.924	0.000	0.992	0.996	1.002	1.000	0.000

注：***表示显著性水平 P＜0.001。

Model3 结果显示，χ^2/df 为 4.770，小于可接受值 5；GFI 为 0.923、NFI 为 0.957、TLI 为 0.894、CFI 为 0.965，均大于可接受水平 0.9；RMSEA 为 0.255，小于可接受水平 0.08。

根据 MI 修正指数，发现 e1 和 e4 之间相关，它们对应的题项内容分别是“TR02 企业与合作者之间经常交流信息和资源”和“TR03 与合作者之间经常开展合作项目，解决关键问题”，二者内容从表述上相近，因而具有相关性。然后对模型再次进行验证，Model4 结果显示，χ^2/df 为 0.924，小于可接受值 5；GFI 为 0.992、NFI 为 0.996、TLI 为 1.002、CFI 为 1.000，均接近于可接受水平 0.9；RMSEA 为 0.000，小于可接受水平 0.08。表 7－28 代工企业信任关系的拟合结果表明，各项指标均通过了相关验证，可见模型拟合效果很好。

据此，代工企业信任关系因子结构得到验证，其具体结构图如 7－4 所示。其中，各题项的因素载荷均在 0.60 上。

第三，代工企业制度环境的验证性因子分析。本书对 292 个样本的制度环境的题项进行信度分析，分析结果如表 7－30 所示，分析结果表明，各题项间具有良好的一致性。

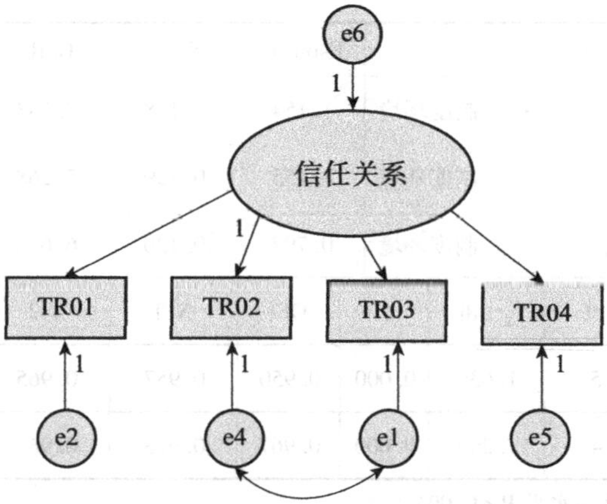

图 7-4　代工企业信任关系验证性因子结构

表 7-30　代工企业制度环境的信度分析结果（N=292）

变量类型	题项（简写）	题项—总体相关系数	删除该题项后的 Cronbach's a 系数	Cronbach's a 系数
制度环境	IE02 简化程序	0.724	0.890	0.906
	IE04 产品市场的发育程度	0.815	0.873	
	IE09 技术标准	0.815	0.871	
	IE10 培育创新文化	0.799	0.876	
	IE11 法律系统的履行	0.679	0.899	

表 7-30 的信度分析结果表明，所有题项—总体相关其他值均大于 0.6，制度环境的整体 Cronbach's 的 a 系数为 0.906，均大于 0.80 说明代工企业制度环境题项之间具有良好的一致性。

接下来用 AMOS21.0 软件进一步对代工企业制度环境进行验证性因子分析，分析结果见表 7-31。

表 7-31　代工企业制度环境的验证性因子分析结果（N=292）

路径	Estimate	S. E.	C. R.	P	Label
IE04 产品市场的发育程度 ←—制度环境	1.000				
IE02 简化程序 ←—制度环境	0.893	0.125	7.120	***	

续表

路径		Estimate	S. E.	C. R.	P	Label
IE09 技术标准	←—制度环境	1.154	0.148	7.783	***	
IE10 培育创新文化	←—制度环境	1.155	0.159	7.268	***	
IE11 法律系统的履行	←—制度环境	0.797	0.120	6.628	***	

指标	χ^2	df	χ^2/df	P	GFI	NFI	TLI	CFI	RMSEA
Model5	8.152	5	1.630	0.000	0.950	0.957	0.965	0.983	0.104
Model6	5.197	4	1.299	0.000	0.967	0.973	0.983	0.993	0.072

注：***表示显著性水平 P < 0.001。

Model5 结果显示，χ^2/df 为 1.630，小于可接受值 5；GFI 为 0.950、NFI 为 0.957、TLI 为 0.965、CFI 为 0.983，均都接近于可接受水平 0.9；RMSEA 为 0.104，大于可接受水平 0.08。

根据 MI 修正指数，发现 e1 和 e5 之间相关，它们对应的题项内容分别是“IE09 制定符合本国创新标准并与国际接轨的技术标准”和“IE10 培育创新文化，形成支持创新创业的社会氛围”，二者内容虽然从表述上不相近，但都属于技术创新范畴，因而具有相关性。然后对模型再次进行验证，Model6 结果显示，χ^2/df 为 1.299，小于可接受值 5；GFI 为 0.967、NFI 为 0.973、TLI 为 0.983、CFI 为 0.993，均接近于可接受水平 0.9；RMSEA 为 0.072，小于可接受水平 0.08。

表 7 - 31 代工企业制度环境的拟合结果表明，各项指标均通过了相关验证，可见模型拟合效果很好。据此，代工企业制度环境因子结构得到验证，其具体结构图如 7 - 5 所示。其中，各题项的因素载荷均在 0.60 上。

第四，代工企业核心能力的验证性因子分析。本书对 292 个样本的核心能力的题项进行信度分析，分析结果如表 7 - 32 所示，分析结果表明，各题项间具有良好的一致性。

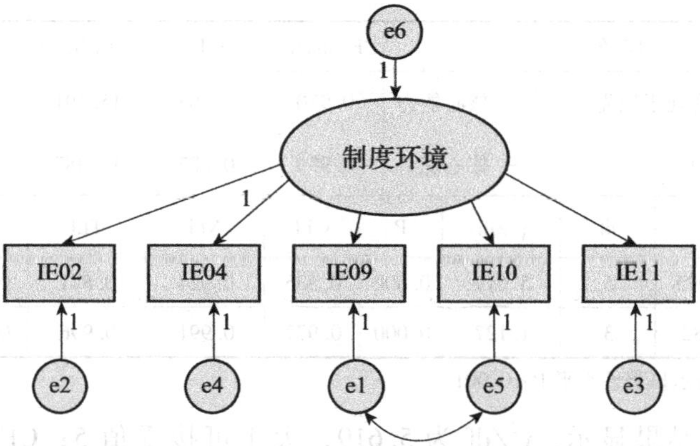

图7-5 代工企业制度环境验证性因子结构

表7-32 代工企业核心能力的信度分析结果（N=292）

变量类型	题项（简写）	题项—总体相关系数	删除该题项后的 Cronbach's a 系数	Cronbach's a 系数
核心能力	CC01 成熟的核心能力	0.896	0.942	0.958
	CC02 核心能力逐渐增强	0.952	0.934	
	CC03 员工了解核心能力	0.859	0.949	
	CC04 核心能力处于领先	0.898	0.942	
	CC07 元件能力	0.795	0.960	

表7-32的信度分析结果表明，所有题项—总体相关系数均大于0.5，核心能力的整体Cronbach's的a系数为0.958，均大于0.80说明代工企业核心能力题项之间具有良好的一致性。

接下来用AMOS21.0软件进一步对代工企业核心能力进行验证性因子分析，分析结果见表7-33。

表7-33 代工企业核心能力的验证性因子分析结果（N=292）

路径			Estimate	S.E.	C.R.	P	Label
CC02 核心能力逐渐增强	←—	核心能力	1.000				
CC01 成熟的核心能力	←—	核心能力	0.988	0.072	13.642	***	
CC03 员工了解核心能力	←—	核心能力	1.034	0.079	13.162	***	

续表

路径			Estimate	S. E.	C. R.	P	Label
CC04 核心能力处于领先	←	核心能力	0.970	0.063	15.391	***	
CC07 元件能力	←	核心能力	0.999	0.087	11.487	***	

指标	χ^2	df	χ^2/df	P	GFI	NFI	TLI	CFI	RMSEA
Model7	28.095	5	5.619	0.000	0.835	0.924	0.871	0.936	0.282
Model8	3.382	3	1.127	0.000	0.977	0.991	0.996	0.999	0.047

注：***表示显著性水平 $P<0.001$。

Model7 结果显示，χ^2/df 为 5.619，大于可接受值 5；GFI 为 0.835、TLI 为 0.871，均小于可接受值 0.90，NFI 为 0.924、CFI 为 0.936，均大于可接受水平 0.9；RMSEA 为 0.282，接近可接受水平 0.08。

根据 MI 修正指数，发现 e1 和 e3 之间相关，它们对应的题项内容分别是“CC01 贵企业形成了成熟的核心能力”和“CC03 贵企业员工了解企业的核心能力，并愿意保护与强化”，二者内容从表述上有些相近，因而具有相关性；发现 e3 和 e7 之间相关，它们对应的题项内容分别是“CC03 贵企业员工了解企业的核心能力，并愿意保护与强化”和“CC07 贵企业具有提升核心能力的元件能力（职能能力）”，二者内容从表述上有些相似性，因而具有相关性。然后对模型再次进行验证，Model8 结果显示，模型修正的结果显示，χ^2/df 为 1.127，小于可接受值 5；GFI 为 0.977、NFI 为 0.991、TLI 为 0.996、CFI 为 0.999，均都大于可接受水平 0.9；RMSEA 为 0.047，接近可接受水平 0.08。表 7－33 代工企业推动力的拟合结果表明，各项指标均通过了相关验证，可见模型拟合效果很好。

据此，代工企业核心能力因子结构得到验证，其具体结构如图 7－6 所示。其中，各题项的因素载荷均在 0.60 上。

第五，代工企业功能升级的验证性因子分析。本书对 292 个样本的功能升级的题项进行信度分析，分析结果如表 7－34 所示，分析结果表明，各题项间具有良好的一致性。

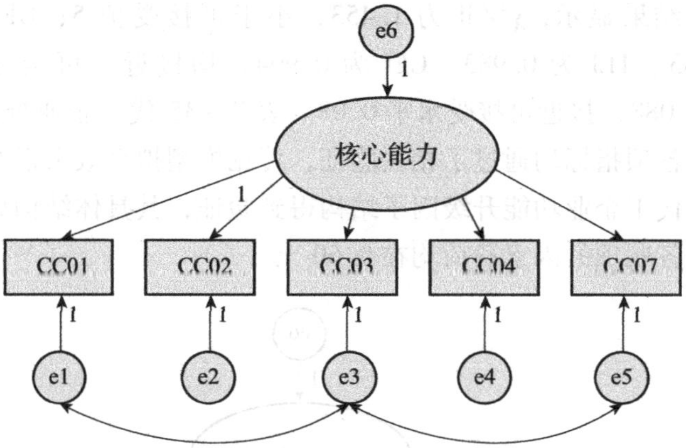

图 7－6　代工企业核心能力验证性因子结构

表 7－34　代工企业功能升级的信度分析结果（N＝292）

变量类型	题项（简写）	题项—总体相关系数	删除该题项后的 Cronbach's a 系数	Cronbach's a 系数
功能升级	FU02 产品研发的技术	0.441	0.935	0.869
	FU04 新产品的开发	0.881	0.770	
	FU05 产品开发和设计能力	0.811	0.799	
	FU09 终端市场有的影响力	0.798	0.803	

表 7－34 的信度分析结果表明，所有题项—总体相关系数均大于 0.4，功能升级的整体 Cronbach's 的 a 系数为 0.869，均大于 0.80，说明代工企业功能升级的题项之间具有良好的一致性。

接下来用 AMOS21.0 软件进一步对代工企业功能升级进行验证性因子分析，分析结果见表 7－35。

表 7－35　代工企业功能升级的验证性因子分析结果（N＝292）

路径			Estimate	S. E.	C. R.	P	Label
FU09 终端市场有的影响力	←	功能升级	1.000				
FU04 新产品的开发	←	功能升级	0.970	0.081	12.012	***	
FU05 产品开发和设计能力	←	功能升级	0.886	0.090	9.868	***	
FU02 产品研发的技术	←	功能升级	0.465	0.122	3.825	***	

指标	χ^2	df	χ^2/df	P	GFI	NFI	TLI	CFI	RMSEA
Model9	2.906	2	1.453	0.000	0.977	0.983	0.983	0.994	0.088

注：***表示显著性水平 P＜0.001。

Model9 结果显示，χ^2/df 为 1.453，小于可接受值 5；GFI 为 0.977、NFI 为 0.983、TLI 为 0.983、CFI 为 0.994，均接近于可接受水平 0.9；RMSEA为0.088，接近可接受水平 0.08。表 7－35 代工企业推动力的拟合结果表明，各项指标均通过了相关验证，可见模型拟合效果很好。

据此，代工企业功能升级因子结构得到验证，其具体结构如图 7－7 所示。其中，各题项的因素载荷均在 0.60 上。

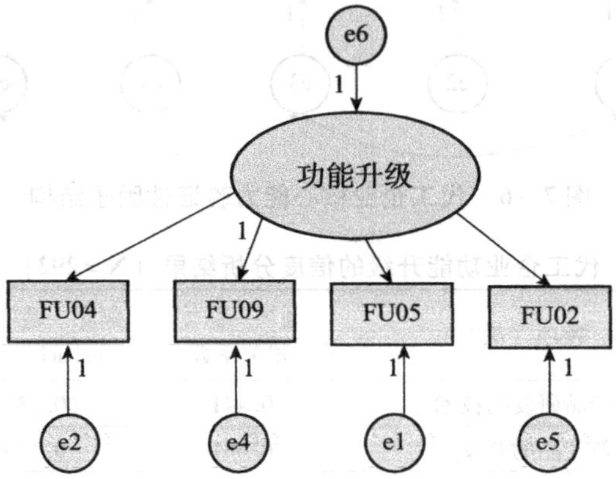

图 7－7　代工企业功能升级验证性因子结构

7.2.5　模型检验

(1) 代工企业信任关系和制度环境对推动力与功能升级的调节作用检验

本书借鉴温忠麟等（2005）调节变量的分析方法，研究信任关系和制度环境对代工企业推动力与功能升级的调节作用。自变量推动力分为技术力、市场力和品牌力三种，是连续变量；因变量为代工企业功能升级，是连续变量，调节变量是信任关系和制度环境，也是连续变量。当自变量和调节变量都是连续变量时，用带有乘积项的回归模型，作层次回归分析。

作调节效应分析时，最常采用的调节模型为：

$$Y = aX + bM + cXM + e$$

其中，Y 为因变量，X 为自变量，M 为调节变量，c 衡量了调节效应的大小。调节效应的检验分为两个步骤：第一步，作因变量和预测变量的回归分析，自变量的回归系数显著；第二步，作因变量对自变量、调节变量及自变量与调节变量的交互项的回归分析，若 *c* 系数显著，且大于第一次回归分析的系数，则调节变量 *M* 的调节效应显著。在作调节效应前需对自变量技术力、市场力和品牌力及调节变量信任关系和制度环境作中心化处理，做好自变量与调节变量的交互项。根据已有研究，代工企业的特征也会影响到代工企业功能升级的重要性，因而本书分别选定代工企业类型作为分析代工企业信任关系和制度环境在推动力与功能升级关系之间调节作用的控制变量。

信毅学术文库

本书自变量、因变量、控制变量与调节变量的描述性统计分析与变量间相关系数见表7－36。结果显示，所有变量间具有相关关系，并且全部都在 P＜0.05 以上的水平上显著相关，验证了前期假设的合理性。

表7－36　代工企业推动力等各变量相关系数表（N＝292）

项目	N	均值	标准差	1	2	3	4	5	6	7
行业类型	292	1.37	0.869	1						
所有权性质	292	2.42	0.563	－0.047	1					
功能升级	292	60.3559	8.78824	－0.286*	－0.512*	1				
技术力	292	0.0000	9.46429	－0.383**	－0.548*	0.829**	1			
市场力	292	0.0000	7.97157	－0.341**	－0.591*	0.804**	0.747**	1		
品牌力	292	－0.0301	6.68080	－0.316*	－0.648*	0.865**	0.776**	0.824**	1	
信任关系	292	0.0000	5.97790	－0.269*	－0.579*	0.843**	0.732**	0.880**	0.839*	1

注：*表示显著性水平 P＜0.05（双尾检验）；**表示显著性水平 P＜0.01（双尾检验）。

根据前面的研究假设，相应地建立了九个检验模型，模型的检验结果如表7－37所示，再根据检验结果的 sig 值、R^2 值的变化趋势，判断调节效应的显著性。根据表7－37，控制变量企业类型对因变量功能升级的影响不显著。

模型1：预测变量为代工企业技术力，因变量为功能升级。根据表7－37可知，技术力的系数0.783为正，且在0.001水平上显著，说明代工企业技术力与功能升级具有显著的正向影响。假设 H1 成立。

模型2：预测变量为代工企业市场力，因变量为功能升级。根据表

7－37 可知，技术力的系数 1.006 为正，且在 0.001 水平上显著，说明代工企业市场力与功能升级具有显著的正向影响。假设 H2 成立。

模型 3：预测变量为代工企业品牌力，因变量为功能升级。根据表 7－37 可知，品牌力的系数 1.141 为正，且在 0.001 水平上显著，说明代工企业品牌力与功能升级具有显著的正向影响。假设 H3 成立。

模型 4：预测变量为代工企业技术力、技术力与信任关系的乘积，因变量为功能升级。根据表 7－31 可知，代工企业技术力、技术力与信任关系的乘积系数不显著，说明信任关系对代工企业技术力与功能升级的调节作用不显著。假设 4 不成立。

模型 5：预测变量为代工企业市场力、市场力与信任关系的乘积，因变量为功能升级。根据表 7－37 可知，代工企业市场力、市场力与信任关系的乘积系数为 0.21，在 0.001 水平上显著，说明信任关系对代工企业市场力与功能升级的调节作用显著。假设 5 成立。

模型 6：预测变量为代工企业品牌力、品牌力与信任关系的乘积，因变量为功能升级。根据表 7－37 可知，代工企业品牌力、品牌力与信任关系的乘积系数为 0.15，在 0.001 水平上显著，说明信任关系对代工企业市场力与功能升级的调节作用显著。假设 6 成立。

模型 7：预测变量为代工企业技术力、技术力与制度环境的乘积，因变量为功能升级。根据表 7－37 可知，代工企业技术力、技术力与制度环境的乘积系数不显著，说明信任关系对代工企业技术力与功能升级的调节作用不显著。假设 7 不成立。

模型 8：预测变量为代工企业市场力、市场力与制度环境的乘积，因变量为功能升级。根据表 7－37 可知，代工企业市场力、市场力与信任关系的乘积系数为 0.02，在 0.001 水平上显著，说明信任关系对代工企业市场力与功能升级的调节作用显著。假设 8 成立。

模型 9：预测变量为代工企业品牌力、品牌力与制度环境的乘积，因变量为功能升级。根据表 7－37 可知，代工企业品牌力、品牌力与信任关系的乘积系数不显著，说明信任关系对代工企业市场力与功能升级的调节作用不显著。假设 9 不成立。

表7-37　　代工企业推动力与功能升级关系的回归分析（N=292）

	模型1	模型2	模型3	模型4		模型5		模型6		模型7		模型8		模型9	
常数项	59.854***	64.332***	64.332***	59.947***	59.840***	0.177***	59.196***	60.536***	59.736***	59.752***	61.314***	60.084***	59.985***	60.344***	59.957***
控制变量															
企业类型	0.366	0.251	-0.146	0.298	0.318		0.390	-0.131	-0.085	0.440	0.129	0.198	0.138	0.008	0.064
预测变量															
技术力	0.783***			0.436***	0.431***					0.388***	0.391***				
市场力		1.006***				0.804***	0.768***					0.630***	0.641***		
品牌力			1.141***					0.701	0.679***					0.569***	0.585***
调节变量															
信任关系				0.745***	0.760***	0.303*	0.417**	0.582***	0.698**						
技术力*信任关系					0.002										
市场力*信任关系							0.015***								
品牌力*信任关系									0.021***						
制度环境										0.452***	0.421***	0.295**	0.296**	0.403***	0.405***
技术力*制度环境											0.028**				
市场力*制度环境													0.002**		0.004

续表

	模型 1	模型 2	模型 3	模型 4		模型 5		模型 6		模型 7		模型 8		模型 9	
品牌力*制度环境															
模型统计量															
R^2	0.689	0.818	0.748	0.808	0.808	0.828	0.832	0.794	0.801	0.858	0.880	0.854	0.854	0.838	0.843
调整后的 R^2	0.678	0.812	0.739	0.798	0.794	0.818	0.820	0.783	0.786	0.850	0.871	0.846	0.843	0.829	0.831
F 统计量	62.014***	126.067***	83.018***	77.200***	56.871***	88.152***	67.072***	70.727***	53.232***	110.674***	99.210***	106.855***	79.123***	94.666***	71.111***
结论	显著	显著	显著	显著	不显著	显著	不显著	显著	不显著	显著	显著	显著	不显著	显著	不显著

注：* 表示 $P<0.05$；** 表示 $P<0.01$；*** 表示 $P<0.001$；系数为 Standardized Cofficients(BETA)值。

(2) 代工企业核心能力对推动力与功能升级的中介作用检验

这一部分主要分析代工企业核心能力对推动力三个维度即技术力、市场力和品牌力与代工企业功能升级之间的中介效应。按照前文构建的核心能力对代工企业推动力三个维度即技术力、市场力和品牌力与代工企业功能升级的模型，应用 AMOS21 软件进行结构方程分析。

代工企业核心能力在推动力与功能升级之间的中介效应结构方程分析指标如表7-38所示。Model10 结果显示，模型中各拟合指数均较为理想，其中，χ^2 值为 871.316，Df 为 268，χ^2/df 为 2.581，小于可接受水平 5；RMSEA 为0.079，小于可接受水平 0.08；GFI 为 0.909、NFI 为 0.950、TLI 为 0.978、CFI 为 0.918，均大于 0.90，说明代工企业核心能力在推动力与功能升级之间的中介效应模型成立。

表7-38　代工企业核心能力在推动力与功能升级之间的中介效应拟合指数表

指标	χ^2	df	χ^2/df	P	GFI	NFI	TLI	CFI	RMSEA
Model10	356.340	125	2.851	0.000	0.909	0.950	0.978	0.918	0.079

接下来，依据温忠麟等（2004）关于中介效应成立的条件，分别对代工企业核心能力对推动力三个维度即技术力、市场力和品牌力与代工企业功能升级之间的中介作用进行验证，从而对这一部分的假设进行检验。结构方程分析结果的具体数值如表7-39所示。

表7-39　代工企业核心能力对推动力与功能升级之间的中介作用路径系数及显著性检验表

变量间关系	标准化路径系数	非标准路径系数	标准误	CR 值	P	显著性水平
核心能力←技术力	0.452	0.536	0.064	9.239	***	显著
核心能力←市场力	0.419	0.476	0.071	9.247	***	显著
核心能力←品牌力	0.010	0.070	0.187	0.351	0.726	不显著
功能升级←核心能力	0.482	0.547	0.060	9.104	***	显著
功能升级←技术力	0.528	0.574	0.061	9.348	***	显著
功能升级←市场力	0.384	0.472	0.070	9.147	***	显著
功能升级←品牌力	0.392	0.423	0.063	9.291	***	显著

注：***表示显著性水平 P<0.001。

代工企业核心能力在推动力与功能升级之间的中介作用具有差异性，核心能力对技术力和市场力与功能升级的中介作用显著，而核心能力对品牌力与功能升级的中介作用不显著，假设10、假设11、假设13成立，假设12不成立。代工企业核心能力在推动力与功能升级之间的中介作用模型图如图7-8所示。

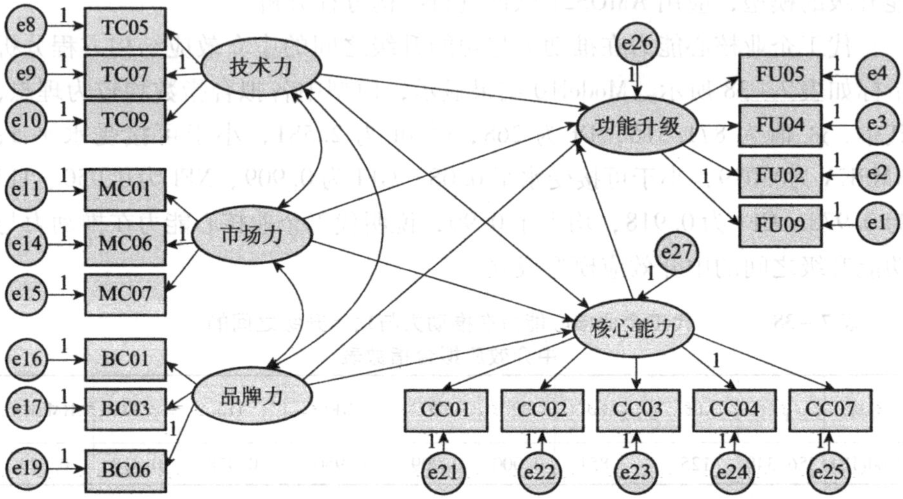

图7-8 代工企业核心能力在推动力与功能升级之间的中介作用模型

7.2.6 检验结果分析

代工企业核心能力在推动力与功能升级之间的作用假设验证表如表7-40所示，下面来分析产生以上结果的可能原因。

①代工企业的技术力、市场力和品牌力对代工企业升级的直接效应明显，说明代工企业通过合理地配置资源，有效地改善与提高企业的技术力、市场力和品牌力，可以推动代工企业的功能升级。

②信任关系对代工企业功能升级的有着重要的调节作用。信任关系对代工企业的市场力和品牌力与功能升级的调节效应显著，代工企业加强社会网络里成员的沟通与联系，彼此互相信任，相互间交流有价值的市场、社会信息与资源，增强与顾客的信任关系，可以提升顾客的忠诚度，有利于代工企业的功能升级；信任关系对代工企业的技术力与功能升级的调节

效应不显著，可能是因为跨国公司认定代工企业的功能升级（即技术升级、品牌升级和市场升级）一定会侵蚀它的利润，损害其核心利益。因此，不管代工企业与跨国公司之间的关系多么好，也不管代工企业的关系能力多么强，跨国公司始终会采取战略隔离等手段阻止其知识、信息、技术的外溢，以阻止代工企业的功能升级。因此，跨国公司与代工企业之间的信任关系已经在技术力与功能升级之间不起作用了，代工企业只能依靠其自身的长期技术积累与创新来完成其功能升级的任务。

表7-40　代工企业核心能力对推动力与功能升级之间的调节作用关系的假设验证表

研究假设	验证结果
H1：代工企业的技术力强度与代工企业功能升级正相关	通过
H2：代工企业的市场力强度和与代工企业功能升级正相关	通过
H3：代工企业的品牌力强度与企业功能升级正相关	通过
H4：代工企业的技术力对代工企业功能升级的作用受到信任关系的调节，信任关系越好，技术力水平越高，越有利于促进代工企业功能升级	未通过
H5：代工企业的市场力对代工企业功能升级的作用受到信任关系的调节，信任关系越好，市场力水平越高，越有利于促进代工企业功能升级	通过
H6：代工企业的品牌力对代工企业功能升级的作用受到信任关系的调节，信任关系越好，品牌力水平越高，越有利于促进代工企业功能升级	通过
H7：代工企业的技术力对代工企业功能升级的作用受到制度环境的调节，制度环境越好，技术力水平越高，越有利于促进代工企业功能升级	通过
H8：代工企业的市场力对代工企业功能升级的作用受到制度环境的调节，制度环境越好，市场力水平越高，越有利于促进代工企业功能升级	通过
H9：代工企业的品牌力对代工企业功能升级的作用受到制度环境的调节，制度环境越好，品牌力水平越高，越有利于促进代工企业功能升级	未通过
H10：代工企业技术力对企业核心能力有正向影响	通过
H11：代工企业市场力对企业核心能力有正向影响	通过
H12：代工企业品牌力对企业核心能力有正向影响	未通过
H13：代工企业的核心能力对代工企业功能升级有正向影响	通过

③制度环境对代工企业的技术力和市场力与功能升级的调节效应显

著，通过完善法律、文化、经济、贸易、金融等制度环境，有利的制度环境为代工企业提供了所需的升级资源和信息，代工企业的产权技术受到保护、规范了市场秩序、扩大了消费需求、为企业提供金融支持、改善贸易环境等，减少企业的经营风险，提供资金保障，为企业集中资源进行技术研发和市场开拓创造了有利的条件；制度环境对代工企业的品牌与功能升级的调节效应不显著。可能的原因是：目前我国有些地方根本就没有出台或者较少出台促进代工企业品牌建设的相应政策制度，有些地方虽然出台了一些激励代工企业的制度政策，但是由于方法不当、措施不佳，其政策制度应有的作用没有有效发挥，其作用微不足道。凡此种种原因都有可能导致了目前时下的制度环境没有在品牌力与功能升级之间起到调节作用。这个实证结果也反映出目前促进代工企业品牌创建的良好政策制度环境尚未形成，推动代工企业品牌升级的制度环境建设任重而道远。

④代工企业的技术力和市场力对核心能力有正向影响，说明代工企业可以通过提升技术力和市场力来构建自身的核心能力，与竞争对手抗衡，构建市场渠道，实现企业的技术和市场升级；代工企业的品牌力对核心能力的影响效应不显著。可能的原因是目前我国绝大部分的代工企业仍处于代工生产阶段，还没开始进行所谓的品牌升级，也就没有形成所谓的品牌力；或者是虽然开始了品牌升级，但处于品牌升级的初始阶段，品牌的影响力仍十分有限，没有形成相应的品牌力；再或者是，代工企业由于缺乏品牌运营的经验，也缺乏核心能力构建经验，以至于无法形成有效核心能力。凡此种种情况说明，目前我国代工企业在品牌创建（或品牌升级）方面存在诸多的问题和不足，需要广大有志于升级的代工企业家们去不断地努力与奋进。

第8章 “三力”协同互动推动产业集群全球价值链高端攀升研究

在第6章中我们对驱动我国产业集群全球价值链高端攀升的驱动力进行了研究，通过研究得出，驱动我国产业集群价值链高端攀升的基本内生力是技术力、市场力和品牌力。第7章对这“三力”是如何对我国产业集群价值链高端攀升发生作用的机理进行了实证研究。然而，技术力、市场力、品牌力对我国产业集群价值链高端攀升的作用并不是各自独立的，它们应该是相互协同，彼此耦合，共同形成一种合力来推动产业集群向价值链的高端攀升。为此，本章研究技术力、市场力、品牌力如何协同互动形成共同的合力，以推动我国产业集群向价值链的高端攀升。

8.1 “三力”协同互动推动产业集群升级模型

协同指的是系统内结构要素一起运行，向同一系统性目标积极发展(任宗强，2012)，协同一词的原意是“一起工作”，来源于希腊语(Συνεργατική)。《说文》提到“协，众之同和也。同，合会也”，意味着齐心协力为完成共同目标而努力。1971年德国科学家哈肯提出了统一的系统协同学思想，认为自然界和人类社会的各种事物普遍存在有序、无序的现象，一定的条件下，有序和无序之间会相互转化，无序就是混沌，有序就是协同，这是一个普遍规律。它包括两层含义：一是事物或系统内部各要素之间的相互配合；二是指事物或系统从一种序状态到另一种序状态的转化过程中，其内部要素的相对独立性而产生的无规则运动变为各要素之间的相干作用，从而产生新质的过程。协同效应就是两个或两个以上的事物共同运行作用区别于事物单独运行时所产生的结果或效果的简单相加

(Wikipedia, 2012)。实现这一协同效果的行为主要有两种：一种是要素间的良性互动；另一种是某一要素对其他要素的系统结果效用的补充/互补。

代工企业是一个具有自调解功能的整体系统，各个部门组成、能力和要素之间是相互生成、相互依赖、相互作用的。即各个组成部分之间能产生互动性作用，形成功能耦合①。协同的目的是产生协同效应，而实现协同效应只靠单个的要素难以实现，因此需要各种管理要素相互配合、相互促进作用的互动而加强要素的效果而导致整体的发展。代工企业按照协同方式进行整合，实现一致性和互补性，形成支配整个企业协同发展的序参量，使企业实现自组织进而从一种序状态转换到新的序状态，并使企业系统产生价值增值。企业的这种互动性显然能产生系统的波动和系统状态新的变化从而实现协同效应。

企业系统内的各子系统相互关联和互补，促使企业协同目标的实现。根据张浩（2011）的研究②，企业系统与子系统形成协同效应的数学表达如下：

假设企业系统为S，包含的子系统为 $x_i(i=1,2,3,\cdots,n)$，f 为企业协同作用下的协同效应函数为：

$$S=f(x_1,x_2,x_3,\cdots,x_n) \tag{8.1}$$

各子系统的协同效应函数为：

$$x_1=f(x_2,x_3,x_4,\cdots,x_n,S)$$
$$x_2=f(x_1,x_3,x_4,\cdots,x_n,S)$$
$$x_3=f(x_1,x_2,x_4,\cdots,x_n,S)$$
$$\vdots$$
$$x_n=f(x_1,x_2,x_3,\cdots,S)$$

假设企业系统协同总体效应价值为 V_S，各子系统单独运作时效应价值对应为 $V_{xi}(i=1,2,3,\cdots,n)$，各子系统单独运作时最优效应价值为 V_{xi}^*，系统总体效应表达式为：

$$V_S=V_{x1}+V_{x2}+V_{x3}+\cdots+V_{xn} \tag{8.2}$$

企业协同价值存在两种情形：

① 李曙华：《从系统论到混沌学》，广西师范大学出版社 2002 年版，第 56 页。

② 张浩、崔丽、侯汉坡．“基于协同学的企业战略协同机制的理论内涵”《北京工商大学学报》（社会科学版），2011 年第 1 期，第 69～75 页。

情形一：各子系统单独运作时最优效应价值为 V_{xi}^*，如果企业系统间的子系统间能够实现协同合作，协同程度高，关联性与互补性强，就产生了系统协同价值效应，其数学表达式为：

$$V_{S1}^* = V_{x1}^* + V_{x2}^* + V_{x3}^* + \cdots + V_{xn}^* \tag{8.3}$$

情形二：企业各子系统未达到最优效应时的企业系统总价值，表达式为：

$$V_{S2}^* = V(x_1 + x_2 + x_3, \cdots, x_n) \tag{8.4}$$

可以看出，一般情况下 $V_{S1}^* > V_{S2}^*$，企业系统发展的目标是在各子系统在发挥最大能力的基础上，实现企业总体价值的最优。

假设企业协同价值增值为 ΔV，则 ΔV 数学表达式为：

情形一：$\Delta V_{x1} = V_{S1}^* - V_S = V^*(x_1 + x_2 + x_3 + \cdots + x_n) - (V_{x1} + V_{x2} + V_{x3} + \cdots + V_{xn})$ (8.5)

情形二：$\Delta V_{x2} = V_{S2}^* - V_S = V(x_1 + x_2 + x_3 + \cdots + x_n) - (V_{x1} + V_{x2} + V_{x3} + \cdots + V_{xn})$ (8.6)

可以看出，$\Delta V_{x1} > \Delta V_{x2}$，$\Delta V$ 值的大小体现了系统效应的好坏，当 $\Delta V > 0$ 时，则说明企业系统产生了协同价值增值，达到了企业系统协同的目的。

根据以上分析，我们构建了如图 8-1 所示的“三力”协同互动的集群代工企业升级模型。

“三力”协同互动集群代工企业升级模型（详见图 8-1）的基本逻辑是：“三力”合力最大化，以形成促进集群代工企业向价值链高端攀升的最大力量是最终目标；而要形成“三力”合力最大化的这一目标，就必须确保“三力”（即协同对象）相互之间相互促进、协同一致，即“三力”不能相互冲突，相互抵触；而要实现“三力”相互促进、协同一致，就必须使“三力”在战略上、在组织上、在资源上、在文化上要保持协同一致，这些其实就是协同内容；同时要达到协同有良好的效果并实现可持续，还必须有协同机制作为保障，良好的协同机制是“三力”有效协同的重要前提保障。

“三力”协同互动的集群代工企业升级具备以下四个方面的特征：第一，战略性。以企业升级战略为依据和出发点，实现企业三力形成的合力最大化，推动代工企业在全球价值链上高端攀升。既要满足提高代工企业目前经营绩效的需要，又要考虑代工企业未来发展的持续能力需求。第二，整体性。代工企业内基于要素推动的三力协同是一项系统工程，需要企业内部各部门、各要素的协调配合才能完成。第三，广泛性。协同活动渗透到组织的每一个流程、每一件日常工作、每位员工。第四，主导性。强调协调在代工企业内部的主导地位，代工企业应意识到升级的意义及必要性，通过组织机构的调整和相关的制度制定，提高组织保障（陆克斌，2010）。

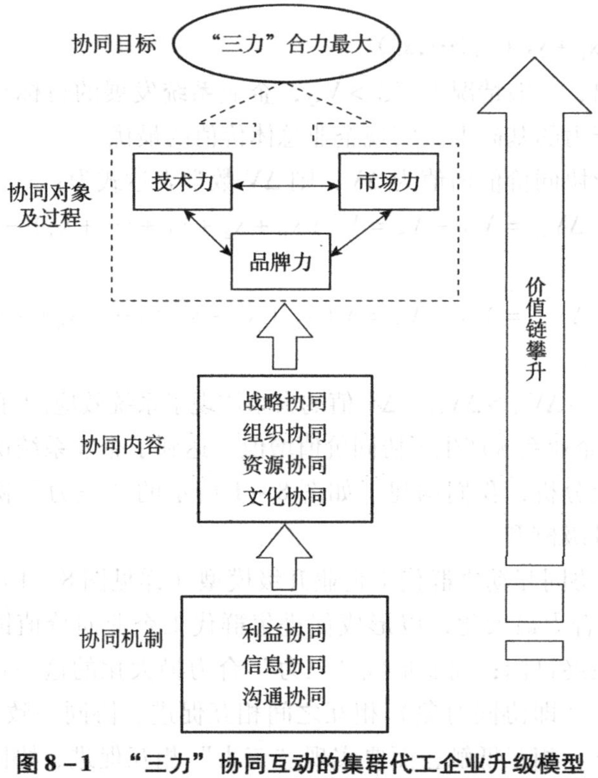

图 8－1　“三力”协同互动的集群代工企业升级模型

8.2　技术力、市场力、品牌力“三力”协同的目标

产业集群中代工企业沿着微笑曲线在价值链上的升级过程，是由市场力、技术力、品牌力组成的“三力”合力组成的推动力不断实现最大化的过程，反映在能力水平由低到高的渐变过程。基于微笑曲线的“三力”合

力最大化的代工企业升级关系图如图8-2所示。

由图8-2可以看出，集群代工企业是在由"三力"合力的推动作用下往价值链高端运动，这种运动轨迹是在不断打破企业现有力量平衡，不断突破力量边界，最终实现的升级结果。代工企业向全球价值链高端攀升的过程是在代工企业升级能力不断提升的过程中实现的，一般说来，高一层次的升级能力是在低一层次能力的基础上积累并发展起来的。因此，从静态视角来看，集群代工企业在升级能力呈现出层次结构性特征，同时，集群代工企业升级能力表现为一种动态能力，即不断地由低级能力向高级能力演进。

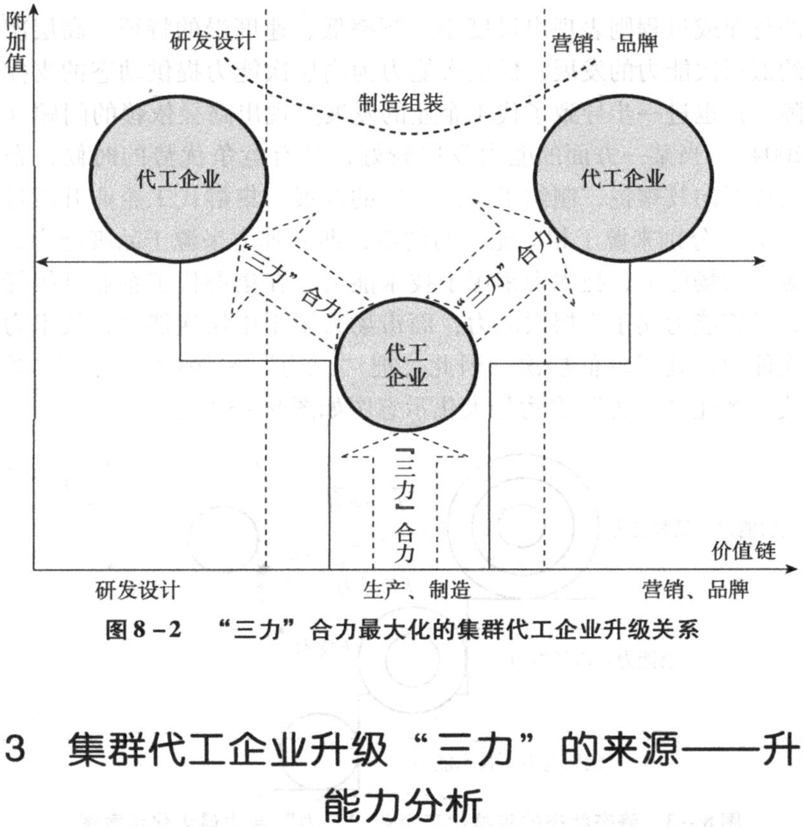

图8-2 "三力"合力最大化的集群代工企业升级关系

8.3 集群代工企业升级"三力"的来源——升级能力分析

集群升级的技术力、市场力和品牌力分别由相应能力创造的。在此，我们有必要对集群升级推动力的泉源——升级能力进行分析。

(1) 集群代工企业升级能力的层次结构分析——基于静态视角的分析

我们把研究的事物按照它们质与质之间的关系及顺序加以整理时，就会发现各种具体的能力表现形态之间有一种层次结构关系，在系统中，一般来说，低层次能力支撑并隶属于高层次能力，高层次能力包含或支配低层次能力。代工企业必须按照能力层次方式由低级到高级逐步进行整合，形成较高一级的元素集合，才能实现企业升级结果。一般情况下，高层次的能力的行为或过程的变化特征为尺度大、频率低、速度慢，而低层次的能力的行业或过程则表现出尺度小、频率低、速度慢的特征。高层次能力会制约低层次能力的发展，低层次能力为高层次能力提供动态的支撑和功能保障，这也进一步导致了代工企业的发展呈现出路径依赖的问题（齐庆祝，2004）。当某一方面的能力发展较好，具有竞争优势的时候，企业的资源会逐渐向其聚拢，制约了其他层次的发展。集群代工企业升级过程中的“三力”分别来源于相应能力的创造，即品牌力来源于品牌能力，市场力来源于市场能力，技术力来源于技术能力。在集群代工企业升级能力系统中，品牌能力属于高层次能力，而市场力属于中层次能力，技术力属于低层次能力，处于较低层次。因此，把“三力”来源的“能力”考虑其中，代工企业“三力”合力最大化示意图如图 8 -3 所示。

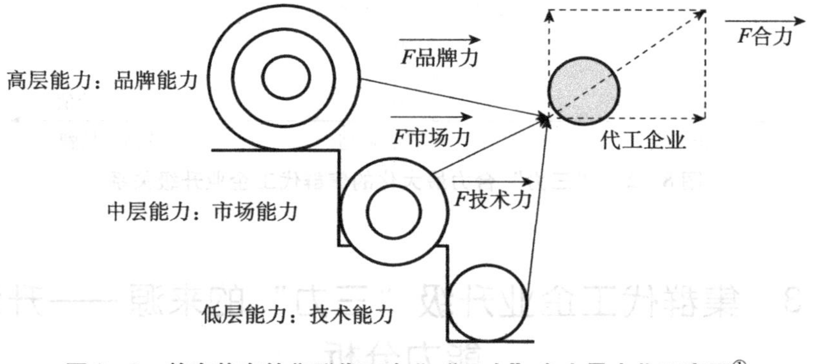

图 8 -3　静态状态的集群代工企业“三力”合力最大化示意图[①]

由图 8 -3 可以看出，技术力、市场力、品牌力的合力推动集群代工企

① 根据齐庆祝（2004）改绘。

业升级能力发展，"三力"合力公式如下：

$$\overrightarrow{F_{\text{合力}}}=\overrightarrow{F_{\text{品牌力}}}+\overrightarrow{F_{\text{技术力}}}+\overrightarrow{F_{\text{市场力}}} \tag{8.7}$$

由公式（8.7）可知，$\overrightarrow{F_{\text{合力}}}$处于最优化的状态，$\overrightarrow{F_{\text{合力}}}$的值来自于$\overrightarrow{F_{\text{品牌力}}}$、$\overrightarrow{F_{\text{技术力}}}$、$\overrightarrow{F_{\text{市场力}}}$的合力，$\overrightarrow{F_{\text{合力}}}$大小会受到$\overrightarrow{F_{\text{品牌力}}}$、$\overrightarrow{F_{\text{技术力}}}$、$\overrightarrow{F_{\text{市场力}}}$三力的影响。同时我们可以看到，$\overrightarrow{F_{\text{技术力}}}$和$\overrightarrow{F_{\text{市场力}}}$处于较低层次，而$\overrightarrow{F_{\text{品牌力}}}$处于较高层次，也就是说代工企业的$\overrightarrow{F_{\text{合力}}}$的大小受到$\overrightarrow{F_{\text{品牌力}}}$的影响更多些。因此，在代工企业升级过程中，应不断加大自身的品牌能力投资力度，以提高自身在全球价值链中的地位，并获取更多的价值链利益。

在集群代工企业升级能力系统中，高层次能力水平越高，其越能发挥能力系统1+1>2的杠杆作用，可以更高水平地对资源和能力进行开发、整合和带动其他能力，在企业价值链上获得超过竞争对手的价值，从而在竞争中取胜。高层次的能力竞争优势持续的时间越长，可参与竞争的范围越广，随着能力层次水平的不断升高，其涉及的业务范围也就越广泛，对企业来说实现的难度就越大，被竞争对手模仿和超越的可能性就越小。在代工企业升级过程中，需要不断提升集群代工企业的能力层次，即由低层次能力⟶中层次能力⟶高层次能力。

杨桂菊（2006）通过研究发现，代工企业在升级不同阶段，其所具有的能力是不一样的，在价值链的低级阶段，大部分企业具有较强的低成本、高效的制造能力，缺乏先进技术和品牌运作能力；在中级阶段具有了一定技术能力，依然缺乏品牌运作能力；在高级阶段一些企业具备了自有品牌，这时品牌的核心能力成为企业的升级动力。代工企业在升级不同阶段能力层次差别表，如表8－1所示。

表8－1　代工企业升级能力层次差别表

标准	OEM			ODM			OBM		
	技术能力	市场能力	品牌能力	技术能力	市场能力	品牌能力	技术能力	市场能力	品牌能力
优				√			√	√	√
良	√				√				
差		√	√			√			

由表8-1可知，在集群中代工企业向价值链攀升的过程中，首先要保持技术能力上的优势，并不断扩大和发展这种优势，与竞争对手形成差距。在此基础上，逐步调动企业资源向培养市场能力和品牌能力倾斜，促使代工企业向全球价值链的高端环节攀升。

（2）集群代工企业升级能力演进过程——基于动态视角的分析

企业升级过程也是企业能力不断跃升的过程。企业升级能力的发展具有动态演化特征。齐庆祝（2004）将企业能力演化过程分为稳定—混沌—分岔—涌现四个发展阶段，在参考相关研究的基础上①，本书构建代工企业升级能力的演化周期图，如图8-4所示。分岔（bifurcation）就是系统的控制参量改变而引起动态系统定性性质的改变，是企业升级的突破口；涌现是在微观主体进化的基础上，宏观系统在性能和结构上的突变，企业不断优化、协调企业能力结构，集中体现在量变性质。

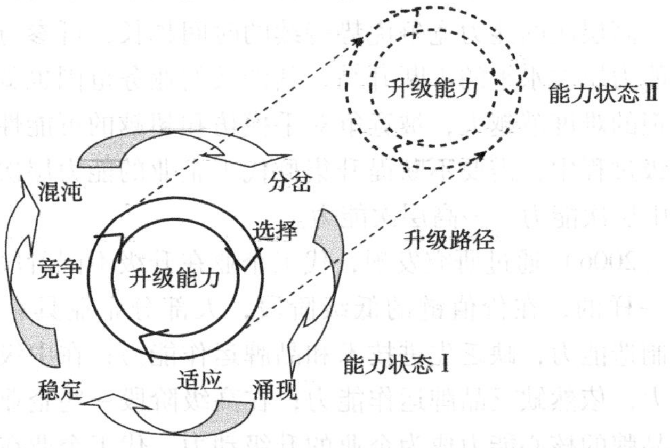

图8-4 集群代工企业升级能力演化周期②

图8-4中，能力状态Ⅰ和能力状态Ⅱ代表着代工企业升级过程的两个状态，能力状态Ⅱ>能力状态Ⅰ。在能力状态Ⅰ和能力状态Ⅱ的能力状态下，企业的能力结构处于相对稳定的状态，当企业能力单元间的相互作用方式或强度发生变化，现有能力结构被破坏，企业需产生新的能力结构适

① 齐庆祝：《企业能力的维度、层次及层次演进研究》，天津大学，2004年。

② 根据齐庆祝（2004）改绘。

应环境的变化，企业进入混沌状态。原有的平衡被打破，企业面临着发展方向的分岔，企业在发展过程中会面临多次的分岔状态，企业重新适应新的环境，完成了从一个能力平衡状态到一个新的平衡状态的过渡，即一个周期的能力演化。企业能力体系不能适应环境变化的需要时，将进入下一轮的能力演化。此时的代工升级能力的大小也会随着发生变化。并不是说在分岔点处，企业都可以完成企业升级能力的增值，分岔点对企业来说，既是机遇，也是挑战，企业只有正确判断和决策，选择正确的发展路径，才能提升升级能力的增值，达到实现企业向价值链高端升级目的。

8.4 技术力、市场力、品牌力"三力"协同促进的过程

8.4.1 技术力、市场力、品牌力"三力"协同模型

企业作为一个能力系统，本质上是非线性系统，系统内部的要素之间及与外部环境之间的关系是非线性的反馈系统，要素之间构成正反馈、负反馈和正负反馈复合的反馈环，各种反馈回路导致了企业能力的形成、发展、僵化与更新①。互动是指相互接触的双方或多方主体间由于某种原因在接触过程中相互影响的过程，作用形式表现为竞争合作，合作触发系统的正反馈环节，竞争触发了系统负反馈环节，合作和竞争的作用促使系统内的能力要素间关系得到加强或减弱，系统的能力结构呈螺旋式上升或螺旋式下降，通过互动彼此增强的能力合力推动企业不断发展。

代工企业实现"技术力、市场力、品牌力"的合力最大化，必须相互协调企业的资源和能力。企业升级能力是企业内资源与能力相互作用的结果（黄津孚，2001）。以多项资源、技能为基础形成自己的核心能力，有效地把企业资源、能力、组织和文化整合在一起。只有当企业要素、能力相互配合、协调，并且能适应外部环境的机遇和挑战时，企业才能取得良

① 王国顺等著：《企业理论：能力理论》，中国经济出版社2006年版，第120页。

好的经营绩效。代工企业的资源和能力之间是一种相互协调、互动的依存关系，互动的范围趋于多维化和全方位化，企业能力之间的互动是双边的互动，是一种社会生态系统持续发展的过程（宋华、刘林艳，2011）。基于上述逻辑，代工企业升级推动力合力的形成与建立存在着三种主体的互动行为，这三种主体是技术力、市场力、品牌力，通过企业内部的资源的流动和配置，触发企业互动的正反馈环节，实现企业的螺旋式上升。代工企业升级的“三力”互动模型图如图8－5所示。

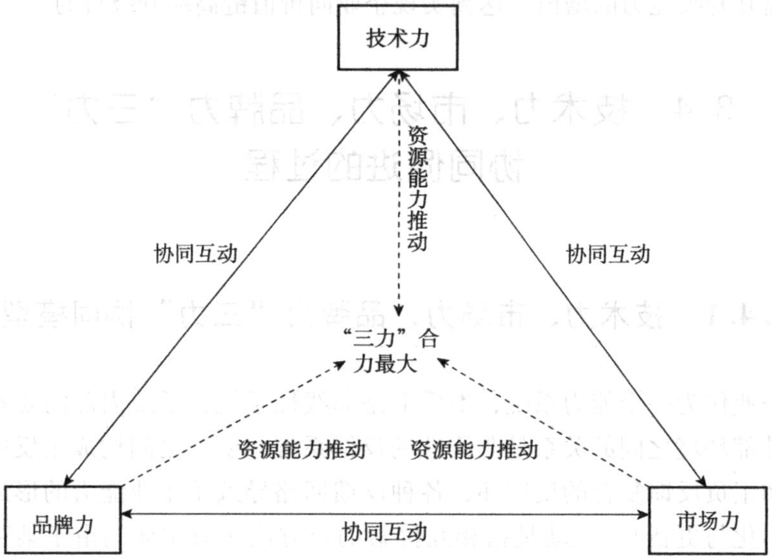

图8－5　集群代工企业升级的“三力”协同互动模型

8.4.2　技术力、市场力、品牌力“三力”两两协同促进过程

(1) 技术力与市场力协同促进的关系

技术力与市场力的互动比较频繁，关系紧密，是互相渗透、互相联系、互为前提和补充的有机整体，双方的任何变化对彼此影响比较大。技术力、市场力以及二者的交互作用均与绩效正相关（Song，2005），技术力和市场力是互补关系而非替代关系，二者之间存在互动效应，只有在市

场力和技术力协同互动条件，产品更容易被消费者接受。技术力与市场力的互补性体现在：

市场力帮助企业找到技术或产品市场，通过争取订单支持研发活动的开展；市场力对技术力的创新作用至少表现在如下方面：①明确创新目标；②强化创新沟通；③参与创新过程（李清政，2010）。在促进产品开发方面，市场力比技术力更重要，市场力有助于寻找开发和规划新产品机会，通过市场研究提取顾客需求信息，有助于企业发掘新顾客和新需求，通过对市场需求变化的掌握来修正产品研发、设计的技术参数，使研发设计与市场需求相吻合，降低研发的市场风险，提高产品打入市场的成功率，实现生产到销售的"惊险一跳"（张小蒂，2009），从而为技术力拓展找到试验田（张敬伟，2014），市场力强有利于技术竞争能力的提高（Johne，1988）；市场力可提高企业产品的销售量，提高企业利润，规模效应可分摊投入研发设计的费用，增长的利润有利于企业进行产品研发的再设计，形成良性循环，为持续研发提供资金支持，解决企业存在的资金困难和高成本营销的问题（Danneelse，2002）。

技术力形成企业的核心技术，满足客户对产品的功能需求，具有知识产权的技术力在市场上可以有效地抵御市场竞争，设置市场壁垒，防止竞争者进入，提高企业在市场上的影响力，扩大市场份额，提升企业的声誉。技术力表现为企业较强的创新能力，帮助企业在市场竞争中形成持续的竞争优势，从而不断地提高顾客的忠诚度，提升企业的市场力。

(2) 市场力与品牌力协同促进的关系

现在越来越多的学者把品牌力单独作为推动企业升级的动力之一，从而把品牌力从市场力中分离出来。品牌精神元素凝练在从产品生产到售后服务的每一个环节，目的在于培养消费者与企业或产品或品牌的一种独特的情感联系，品牌力的塑造贯穿于企业或产品生命周期的各个阶段，从导入期以"术"的导入作为开始到成长期的末期和成熟期后期，品牌力上升到作为企业的竞争战略的一部分，贯穿于企业的所有经营价值链环节中（蔡丹红，2017）。企业的市场力和品牌力是企业将产品推向市场、长期影响消费者的重要力量，二者之间是相互影响、相互促进的关系，品牌力表现为市场力的更高级形式。

品牌力的大小通过市场力表现出来，产品和运作实力的差异等市场竞争状况反映了不同层次的品牌力。强的品牌力表现为市场上较高的品牌知名度，正面的品牌联想和较高的顾客忠诚度，这些都是品牌持续发展的潜力所在（王晓晴，2011）。品牌力是影响市场力的营销沟通的重要因素之一，一些公司通过品牌开发提升市场力（Teck-Yong Eng，2009），把品牌力视为提升企业市场力的工具之一（Douglas W. Vorhies，2005）。品牌力强的企业，品牌溢价能力强，会影响其他企业的产品定价，形成市场势差，提升企业的市场力；品牌力对消费者有一定的品牌黏性，在渠道中享有较高的声誉，在与经销商的谈判中具有优势，企业在渠道经营与开发环节具有较强的控制力，有利于市场力的提高；品牌力意味着企业在业界具有较高的影响力，在与不同类型的合作者、竞争者谈判时具有更大的讨价还价的空间，处于支配的地位，提升企业的市场力。

企业的市场控制力强，对市场信息的控制能力强，产品分布广，提供了更多与消费者接触的机会，品牌接触点多，企业可以通过直接接触点和间接接触点与消费者互动，增加消费者体验，在活动中传播品牌的理念，有利于培养消费者的情感忠诚度，提升了企业的品牌力；市场力强的企业与其他有实力的企业合作的机会多，企业在合作中进行市场渗透与市场扩张，吸引潜在消费者，企业的品牌影响力也随之扩大。

（3）品牌力与技术力协同促进的关系

产品质量一直以来作为反映企业技术水平的一个重要标志，产品质量是建立品牌声誉、不断提高顾客感知质量的基础和前提，一旦产品质量出现问题，必将深刻影响到顾客的感知质量。从企业内部资本积聚来说，需要高质量的品牌来确保资本运营的良性循环渐进发展。质量是品牌资本运营的基础①，品牌力与技术力在企业升级中存在着相互促进的关系。

企业品牌力强，资本运作能力强，企业有足够的资金来发展核心技术，在行业领域内申请专利、标准，实行知识产权保护，提高行业竞争力水平，为企业技术力的发展提供金融、资金支持；企业的品牌力代表了品牌的受众基数，富有技术内涵的品牌会在消费者心中形成良好的价值观和

① 郭汉尧：《品牌力：世界知名品牌案例解析》，中国纺织出版社2015年版。

独特的个性品质，能给消费者提供很多超越服务以外的附加利益，进而品牌对消费者就会有很大的吸引力，其品牌资产价值也就会高，可以在消费者中形成网络效应，为企业带来更多的资金；品牌力强，消费者忠诚度高，品牌的溢价能力强，企业可以获得更多的利润支持技术力的发展；企业品牌力在技术创新商业化过程中起到了重要的作用，能够让新产品以最快的速度出现在市场上，让消费者熟悉新产品的功能和品牌价值，有助于新产品在市场中实现交换，即品牌力有助于企业技术创新绩效的实现或提升（王铮，2013）；知名品牌会带动企业技术创新和管理创新，优化企业价值链，提升核心能力（赵爱英，2008）。

技术力是品牌成长的技术和价值来源，核心技术创新是品牌成长的动力源泉和价值增值的源泉（王俊峰，2012），随着企业、产品的知名度和美誉度的提升，最终成长为一个知名品牌。企业的技术力来源于独有的核心技术，企业凭借卓越的核心技术在不需任何外力的作用下，直接成为具有领导力品牌，技术力赋予品牌独一无二的品牌个性和品牌形象，进而受到消费者的青睐。莉莉娅（Liliya，2010）研究了天生技术性国际化公司建立一个基于技术卓越和没有昂贵的营销传播活动的国际技术品牌的可能性，基于此框架的后续研究证明了无形产品和企业属性在增加工业品牌价值方面的特殊重要性。

核心技术的持续创新是品牌成长的“灵魂”，任何一个技术化的国际知名品牌的成长史都是一部该品牌锐意创新、引领市场潮流的历史（Otubanjo & Lim，2012；Altshuler & Tarnovskaya，2010；王分棉，2015）。技术创新的四个维度，包括规制维度、技术维度、市场维度和资金维度对自主品牌建设产生影响，企业自主研发的相关规定和体制，对于顺利利用自主知识产权，建立自主品牌有正相关的关系，并且制度维度贯穿自主品牌建设的各个环节，每一个环节的体制是否健全都会影响自主品牌的建设（李青，2008）。

8.5 技术力、市场力、品牌力“三力”协同的内容

要做到技术力、市场力和品牌力相互协同，以形成向价值链高端攀升

的最大合力，就必须使集群代工企业内部做到在战略上协同、组织上协同、资源上协同和文化上协同。只有做到这四个子系统内部相互协调一致，才能减少冲突和摩擦，从而形成系统的有序结构和内外互动的自组织，提升企业对环境变化的适应能力，促使企业“三力”协同目标的实现。从整体来看，代工企业升级系统的协同是由战略协同为主导，其他各子系统协同发展，实现资源匹配、组织协调、文化协同以产生整体涌现效应的运作机理（吴际，2013）。

在代工企业不同的升级阶段，企业面临的战略发展目标不同，战略协同为企业的“三力”协同提供发展方向和目标，保证企业沿着正确的升级轨迹；组织协同则提供组织保障，保证“三力”协同的组织需求；资源协同提供“三力”协同发展所需的各种资源，协调企业内外部资源，推动企业升级；文化协同促使企业内部的文化环境和谐有序，扫清“三力”协同发展的障碍。

8.5.1 企业战略协同

企业战略是企业系统中最高层次的管理活动，是企业的顶层设计，它直接与系统的使命、愿景、战略相关联，其本质是系统与内外环境的互动与环境变化的动态匹配能力，搜集信息并加以分析以产生正确的战略决策（戴艳清，2011）。

要使代工企业升级“三力”形成合力最大，必须在企业战略层面上形成协同效应。战略层面上的协同，一方面要求不同层级的战略要保持一致性，另一方面要求企业升级的一切行为都要在愿景和使命的指引下协同进行。根据以上分析，构建代工企业战略协同机制构成图，如图 8－6 所示。

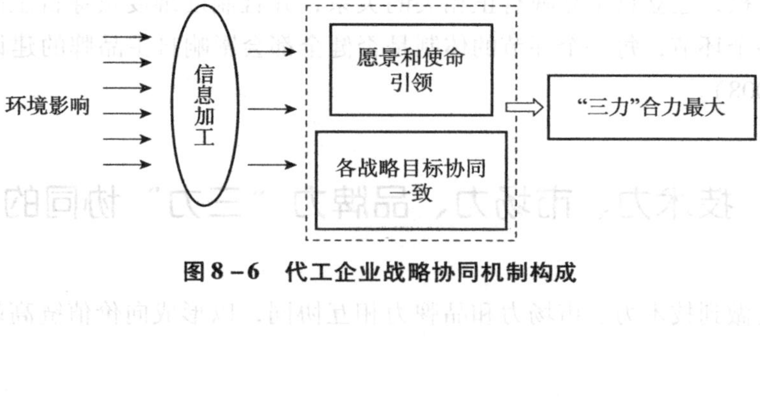

图 8－6　代工企业战略协同机制构成

愿景是一种共同的愿望、理想、远景或目标，并且表现为具体生动的心理图像，是指组织成员共同的愿望的一种具体状态或一种景象。“共同愿景（shared vision）概念来自于彼得·圣吉所著的《第五项修炼——学习型组织的艺术与实务》，该词的原意是“共同承担、分享的景象”。彼得·圣吉在2009年对共同愿景进行了进一步的阐释，认为共同愿景不是理念，它是人们内心的愿力，一种由深刻难忘的影响力所产生的愿力。田志龙（2009）将企业愿景分为三类：①竞争成长目标型愿景，即企业愿景表达中单独或同时涉及成长发展目标确立、目标市场确立、产品服务确立、核心技术确立、质量水平确立这五个结构要素；②形象理念构建型愿景，即企业愿景表达中单独或同时涉及企业形象树立、企业价值观信念哲学观树立、顾客满意、员工满意、供应商满意、政府政策目标树立这六个结构要素；③平衡发展目标型愿景，即企业愿景表达中同时涉及上述两类结构要素。

很多集群中代工企业由于没认识到愿景对企业发展的作用，往往容易忽视企业愿景的建设，随着市场开放程度的提升、国际竞争的加剧，愿景的作用越来越明显。代工企业在发展中经常会受到资源的困扰，可以利用愿景来影响企业内部的资源分配，协调企业的战略意图与现有资源和能力的关系（彭涛，2014）。代工企业可以利用企业愿景影响员工的行为，不同类型的代工企业可以选择相对应类型的愿景，以使企业员工的个人行为与企业发展方向一致。比如富士康的企业愿景是通过提供全球最具竞争力的全成本优势，使全人类皆能享用3C产品所带来的便利生活，这属于形象理念构建型愿景。愿景的设立让员工亲身体会到正是自己的辛勤工作，为社会提供了便利，置个人于社会大家庭中，可以增加企业员工的职业认同与企业认同，为员工树立所从事职业的美好理想，增强企业的凝聚力。

战略目标是人们通过实施特定战略，实现愿景，克服障碍而期望的结果，是企业实现愿景过程中阶段性需完成的任务。代工企业在制定“三力”协同的战略目标时，目标内容的设立要全面、系统且兼顾技术目标、市场目标与品牌目标的综合，要着眼于未来的发展，体现三类目标在企业中的战略地位，三类目标要主次分明、层次泾渭，不同的发展阶段适时调整战略重点。代工企业的战略目标的设定要保证各分目标之间的一致性，确保彼此相互协同，避免发生冲突，降低企业的效益。资源基础观认为，资源是企业生存的最基本的条件，代工企业在初级发展阶段可以很容易获得廉价的资源，当发展到高级阶段，显示出对高级资源的匮乏。在开放性的环境下，代工企业的战略目标要明晰企业的资源的优劣势，引导企业对高级资源的获取，同时利用战略目标合理配置企业的有限资源，确保三个分目标的实现，进一步推动企业的发展升级。战略目标要抓住对关键性资源的培育，把资源转化成企业发展的能力，实现企业阶段性目标。企业还要具有意识形态上的执行意愿，同时企业又能整合内外部资源实现企业“三力”合力最大，才能逐步实现企业的战略目标，推动着企业脚踏实地前进。

企业的战略协同要保证企业使命、愿景、战略目标三个层次的战略内容设计一致性，确保对“三力”协同的战略指导方向的统一。企业的技术力、市场力、品牌力随着外界环境的变化，在战略协同的指引下，在企业发展的不同阶段调整“三力”协同的重点、方向，完成企业的升级目标。战略执行是将战略目标付诸实践的过程，控制机制在战略执行的过程中将“三力”协同所产生的实际效果与预定的目标和评价标准进行比较，发现偏差，及时调整，以保证“三力”协同的顺利进行。

8.5.2 企业组织协同

企业升级“三力”协同目标任务的达成由组织的各部门、员工、层级结构、流程设计、角色分工协同完成，企业组织协同具有多维性、层级性、动态性的特点，连接、沟通、共享和互动是组织协同的前提条件。组织协同存在着正负反馈机制，协同效应可以是正效应，也可以是负效应，如果企业组织机构设置不当，即使公司联合运作，公司的赢利能力有可能还不如单独运作时的赢利能力的总和①。明茨伯格（Mintzberg，1979）和皮尤（Pugh，1997）认为组织面临的最重要的问题如何实施协调实现组织目标。本书认为企业的组织协同的目标为“三力”合力最大化，代工企业的组织协同确保“三力”协同对企业升级的正效应，通过合理设置组织结构，促使机构间协同运作为“三力”协同提供组织保障。企业的组织协同的内容包括协同化组织形式的选择、企业组织层级间协同和企业业务组织

① 安德鲁·坎贝尔、凯瑟琳·萨姆斯·卢克斯：《战略协同》，任通海、龙大伟译，机械工业出版社2000年版，第33~34页。

单元的协同。

(1) 协同化组织形式的发展

信息化和网络化的快速发展，使代工企业与内外环境交互活动变得频繁，代工企业要实现“三力”协同的目标，便要更加强调企业组织结构的协同功能，当前企业组织结构在不断地调整、变迁，且呈现出柔性化和网络化特征，新的具有互动性及协同性的组织结构形式不断涌现，如矩阵式组织、学习型组织、虚拟企业、无边界组织、企业集团、企业集群、战略联盟、团队、动态性团队、流程制企业、商业生态系统等，新型组织结构形式的特征见表8-2，这些新型的组织结构都能快速适应环境变化，协调企业内外资源，消除部门、员工之间的抵触，协同互动性好，能够有力地发挥“三力”协同的效应。

代工企业可以根据“三力”协同的边界不同，选择不同的协同化组织形式。作为商业生态系统的组成部分，代工企业开始就参与了国际范围内的竞争，若实现国际“三力”协同可以采取虚拟性企业、跨边界团队、战略联盟、无边界组织等形式；行业间的“三力”协同可以采取企业集群、商业生态系统等形式；企业内部的“三力”协同可以采取学习性组织、矩阵式组织、动态团队、项目团队、流程制企业等形式。采取特殊的协同组织形式或形式组合，以此提高代工企业竞争能力和工作效率，加强信息交流沟通而减少冲突，促进个体、团队和组织间共享和学习知识，增加组织的弹性，改变适应环境变化的反应能力，关键是促进代工企业技术力、市场力、品牌力“三力”协同的最大化。

表8-2　　　　协同型新型组织结构的特征

组织结构形式	协同内容	协同对象
矩阵式组织	临时任务	职能部门系列和完成某一临时任务而组建的项目小组系列组成
学习型组织	企业各阶层人员全新投入并有能力不断学习的组织	企业的全体员工
虚拟企业	建立在信息网络基础上的共享技术与信息，分担费用，联合开发的、互利	企业联盟体

续表

组织结构形式	协同内容	协同对象
无边界组织	强调各个单位、部门和岗位角色，在履行相应职责的基础上，还要对整个组织目标的实现承担不同程度的职责，包括协助支持其他单位、部门和岗位角色履行他们感到有困难的职责，甚至当其他单位、部门和岗位角色不能及时有效地承担责任时，直接代替他们，以保证这个组织目标的实现	将各个职能部门之间的障碍全部消除，工程、生产、营销以及其他部门之间能够自由流通，完全透明；“国内”和“国外”的业务没有区别；把外部的围墙推倒，让供应商和用户成为一个单一过程的组成部分
企业集群	相互间的配套合作能获取绩效优势的众多中小企业在地理上的集中	一个主导产业为核心的相关产业或某特定领域内大量相互联系的中小企业及其支持机构在该区域空间内的集合
战略联盟	为共同拥有市场、共同使用资源等战略目标而结成的优势互补或优势相长、风险共担、生产要素水平式双向或多向流动的一种松散的合作模式	由两个或两个以上有着共同战略利益和对等经营实力的企业
团队	合理利用每一个成员的知识和技能协同工作，解决问题，达到共同的目标，跨部门、跨企业、跨地区、跨时区、跨网络、跨系统的团队协同模式	基层和管理层人员组成的一个共同体
动态性团队	“动态”中完成分工与协作，解决“组织内与跨组织、紧密与松散、固定与变化”三大矛盾	跨部门、跨企业、跨地区、跨时区、跨网络、跨系统的团队协同模式
跨边界团队	虚拟团队只要通过电话、网络、传真或可视图文来沟通、协调，甚至共同讨论、交换文档，便可以分工完成一份事先拟定好的工作	一些人由于具有共同理想、共同目标或共同利益，结合在一起所组成的团队
项目团队	共同承担项目目标的责任	项目的中心管理小组由一群人集合而成
流程制企业	企业以流程来划分责权，每个流程的终点就是这个流程需要达到的企业目标，这些部门和人员为实现一致性的目标而突破组织的边界，相互之间紧密协作	流程相关的各业务部门、各人员
商业生态系统	成员之间构成了价值链，不同的价值链之间相互交织形成了价值网，物质、能量和信息等通过价值网在联合体成员间流动和循环	组织和个人所组成的经济联合体，其成员包括核心企业、消费者、市场中介、供应商、风险承担者等

(2) 企业组织层级间协同

代工企业实现“三力”协同是企业内不同组织层级间的组织成员共同努力的结果，企业组织层级协同从纵向分为组织、部门（项目）和员工三个层次（陈丽，2009），是企业组织目标、核心价值观、组织管理、项目目标、工作目标在三个组织层次间的协同。组织层制定企业“三力”协同发展的目标与计划，明确公司升级的方向，并将目标分解到部门（项目）层级，在公司内得到部门（项目）、员工的认可，根据“三力”发展的需要配置组织资源，树立员工信心；部门（项目）层面树立团队精神和全局观念，加强同级部门间的合作与交流，促使资源有效、合理流动，减少摩擦与障碍，为员工层级提供工作指导和培训支持；员工层级是组成组织的基本“细胞”，是组织目标完成的最终实践者，每个员工了解到各自在“三力”协同过程中的责任、任务与权力，建立主人翁责任感和使命感，发挥团队协作精神，主动提升与项目、目标有关的工作能力，积极完成“三力”协同目标的实现，推动企业升级。

(3) 企业业务组织单元的协同

代工企业“三力”协同任务的实现需要将企业内的采购、生产制造、营销、研发、管理等职能部门的活动协同起来，即企业业务组织单元的协同，这些职能组成企业的有机整体，企业开发“三力”的活动在企业的主要职能部门与跨职能部门间合作完成，只有实现跨职能部门的协同，才能真正达到“三力”协同的目的。

代工企业以产品内分工的形式参与全球价值链的竞争，处于价值链低端的代工企业的主要业务单元是生产制造，采购、管理等部门全力配合保证订单的交货时间、交货质量。代工企业沿着价值链升级到高级阶段后，企业实施创建自主品牌战略，市场力与品牌力的协同，需要通过营销部门和品牌部门的人员协作创造品牌价值。代工企业升级需提升品牌管理部门在企业经营中的核心地位，“三力”协同需以营销、品牌、研发部门为主导，联合其他部门，或者设置专门的部门、职务来消除工作中的抵触，以便协调组织间的资源与能力，共同开发企业的核心技术，整合产品销售渠道，树立品牌形象，建立品牌资产。

8.5.3 资源协同

代工企业“三力”协同需要企业的资源为其发展提供保障，资源是企业能力的基础，代工企业的技术力、市场力、品牌力都是受多个要素影响的，能力的强弱取决于现有资源存量以及新资源的获取或积累的速度。资源协同是指将企业内的资源（包括人、客户、财物、信息、流程）联系起来，强调资源间的协调和协作，消除协作中存在的障碍，实现资源利用最大化，将资源转化为能力，实现企业的“三力”协同合力的最大化。

根据系统学的观点，代工企业的资源在协同前处于无序的状态，表现为资源对“三力”的作用力方向不一致，对企业能力的推动力不足，没有达到最大化的状态。资源间相互协同形成为序参量后，资源由无序状态变为有序状态，资源推动合力增大，实现代工企业“三力”最大化及“三力”合力最大化；企业的资源协同作用也表现在发挥资源需求、稀缺性和可获得性三个方面交互作用的结果，代工企业将公司稀缺性的资源转化为推动企业升级的独特的能力①，日本战略专家伊丹广之认为企业只有使用隐性资源时，才产生真正的协同效应，只有协同效应才能将企业的隐性资源转化为企业特有的能力，使资源成为顾客所需，不被竞争对手复制，为公司创造利润，其中市场的扩散效益和企业形象的共享的能力来自于隐性资源的转化。

代工企业在发展初期迅速将劳动力成本、原材料成本优势转化为企业成长的动力，这种资源很容易被模仿、超越，竞争能力持续时间较短，一些企业经过长时间的积累，具备了将资源转化技术力的能力。代工企业升级的困惑来自于如何通过资源协同创新转化为市场力和品牌力，代工企业资源协同的重点在于了解特定品质、利益、态度和网络形式的出现对消费者价值的产生、存在、关系维护的影响，将企业资源转换成对消费者有价值的东西（包括产品、服务、个性、形象等）。秦津娜（2012）总结了企业资源协同与能力提升的逻辑关系，如图8－7所示。根据以上分析，代工企业通过资源协同提升企业三力协同的策略包括：第一，重视协同资源的

① 王国顺等著：《企业理论：能力理论》，中国经济出版社2006年版，第22～30页。

培养，资源使用时达到最佳的能量状态；第二，尽量发挥资源间的正向促进作用，尤其是影响核心能力的资源，实现资源的优势互补，避免制约作用；第三，发挥资源要素属性的协同作用，实现协同性资源的动态配置，促使资源要素效能稳定点不断提高；第四，识别企业的富余资源和制约企业发展的“瓶颈”资源，尝试资源的创新开发、组合，转化为企业特有的发展能力。

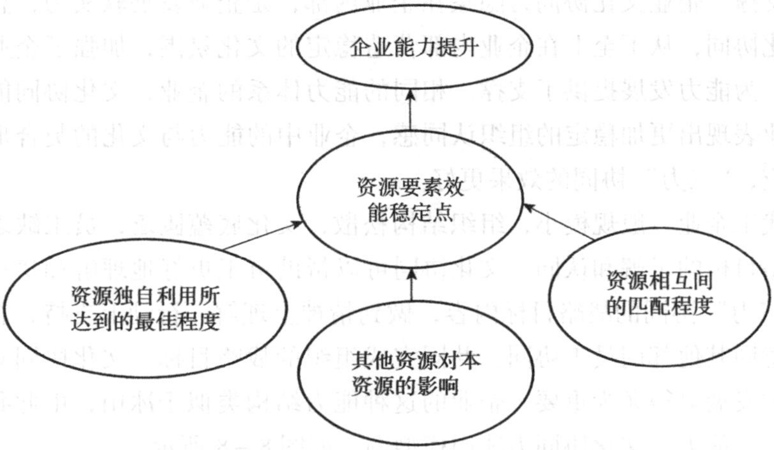

图8-7 企业资源协同与能力提升的逻辑关系①

8.5.4 企业文化协同

文化协同是指企业内部的包括主文化与亚文化的多种文化功能扩散、渗透和同化对企业效率和能力的影响，企业内部形成共同的价值取向、行为标准，塑造协同、共享文化。广义的企业文化指企业物质文化、行为文化、制度文化、精神文化的总和②，企业文化协同是指企业的物质文化、制度文化、行为文化和精神文化协同，为代工企业的“三力”协同创造的文化软环境。企业文化协同效应是指企业文化对竞争力的作用或影响力，

① 秦津娜、丁慧平、邓超：“基于资源协同的企业能力提升机理研究”，《北京交通大学学报》（社会科学版），2012年第2期，第66~71页。

② 刘光明编著：《企业文化》，经济管理出版社2006年版。

也是企业谋求永续生存和发展的驱动力（聂清凯，2008），是一种凝聚力、导向力、激励力、辐射力（戴月明，2007）。本书认为企业文化协同效应表现的是对代工企业“三力”协同的推动效应。

企业文化协同和企业“技术力、市场力、品牌力”组成企业升级的推动力，两者虽截然不同但密切相关。“三力”合力是企业表现出来的外显能力，对企业升级发展起直接推动作用，这种能力组合以企业文化协同力作为支撑。企业文化协同力隐藏在企业内部，是企业发展软实力，企业通过文化协同，从下至上在企业内部营造稳定的文化氛围，加强了企业的凝聚力，为能力发展提供了支撑。相同的能力体系的企业，文化协同能力强的企业表现出更加稳定的组织认同感，企业中的能力与文化的契合形成协同效应，“三力”协同的效果更好。

代工企业一般规模小，组织结构松散，文化底蕴匮乏，员工缺乏对组织战略目标的了解和认同，文化协同可以帮助员工更好地理解和执行企业的“三力”协同的战略目标内容，做到精神上理解，行动上支持，企业员工愿意同其他部门员工协同，共同完成组织的战略目标，文化协同对代工企业的发展显得尤为重要。企业的这种能力结构类似于冰山，由此我们构建出企业能力与文化协同力冰山模型图，如图 8－8 所示。

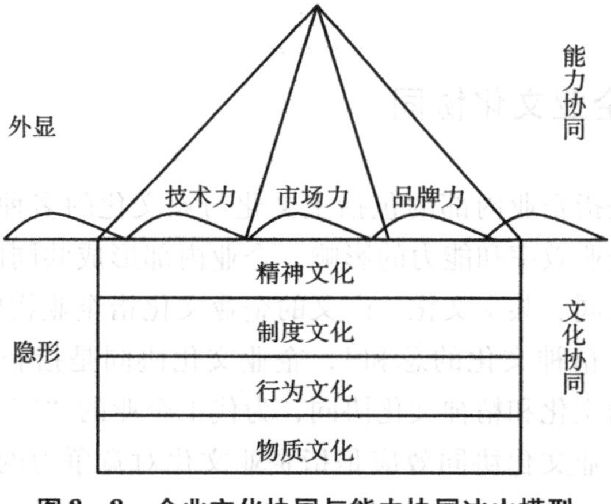

图 8－8　企业文化协同与能力协同冰山模型

本书认为代工企业实现文化协同可以通过以下策略完成：在企业内部培育共享文化，培养员工群体精神和合作精神，将企业“三力”协同的战略目标传输给员工，得到员工的认同和理解，表达为之努力的信心和决心；在企业内部建立以“三力”协同工作为主导方向、群体群策、互帮互助的行为规范，鼓励员工在行动上保持与企业战略目标的一致性，鼓励员工跨部门沟通、跨企业沟通、跨行业沟通，加强行为自律，提升与工作发展相关的能力，主动学习，并对有价值的知识进行传播；企业对“三力”协同机制的运行提供物质保障，丰富员工的文化生活，搞好文化设施建设，对“三力”协同表现突出的员工在企业内部发挥行为示范作用，通过精神协同、物质协同、制度协同、行为协同将“三力”协同的企业发展理念层层落实。

8.6 技术力、市场力、品牌力“三力”协同实现机制

技术力、市场力、品牌力“三力”协同需要有相应的机制作为保障。这些机制包括利益机制、信息共享机制、沟通机制。

8.6.1 利益机制

利益机制是指在企业内进行合理的利益分配，减少利益冲突，完善对员工的有效激励，实现企业利益最大化，完成企业预期目标。利益分配完全依赖于目标达成、协同质量、工作绩效，贡献大，获利多。代工企业处于价值链的低端，企业的获利能力比较弱，代工企业必须合理地在企业内进行利益分配，有效激励各部门及员工的工作积极性，为企业发展提供动力。经前面分析我们已经知道，企业最终目标的完成有赖于企业内的各部门和员工共同努力的结果，由于管理任务重要性不同、目标的完成情况及个体的差异性会形成利益分配的冲突问题，增加管理成本，形成企业管理的负反馈机制，降低企业的运行效率。代工企业要协调与技术、营销、品牌相关部门和员工的利益分配，可以有效预防管理协同中因冲突引起的不稳定因素，平衡各要素之间的利益关系，实现互惠、互利、共享的利益机制促进内部协同关系，在提供企业稳定的运行环境的前提下，最大限度地

激发员工的工作潜力，实现企业“三力”合力的最大化。

代工企业要形成三大部门（技术研发部、品牌运营部、市场营销部）协调发展的利益机制，本着公平、效率的原则在企业内建立完善的企业目标管理、薪酬管理、激励制度和评价体系，理顺企业利益分配关系，在企业内部实现利益协同，刺激企业系统资源达到最优配置；代工企业也可以兼顾物质激励、精神激励相结合，结合企业的战略目标采取层次性、倾向性原则，发挥骨干员工的精神带头作用，鼓励有益的竞争，将利益分配转化成企业员工自我完善、自我发展的外在动力。

8.6.2 信息共享机制

信息共享机制是指企业通过一定的制度安排和信息共享平台，促进企业内信息和知识的流动与共享，改变信息的“独享”为信息的“共享”，增加企业整体的知识存量。代工企业信息共享的内容包含管理信息及高层次的知识信息及成长所需的技术诀窍、营销技巧、品牌管理技能。信息与知识在企业内流动存在两种途径：知识转移和知识转化，知识的转移只是知识转化的前提。代工企业的知识获取包括两部分，一部分是与国际大公司合作过程中一些技术知识及管理经验流向企业，这些信息基本上是低端的技术信息，代工企业很难学到有关营销和品牌管理方面的知识，这些知识的获取只能通过另一种渠道，即代工企业另一部分知识获取是通过内部的信息转移、共享，代工企业个体能力及协同能力提升的内源来自于企业内的知识转移及转化的能力。

大量的研究表明，企业内的信息与知识共享是促进企业、个人的学习与创新能力与绩效的重要途径。代工企业面临着国内外的竞争环境及自身升级的压力，无论企业和个人都需要不断地提升能力，但自身的知识储备往往有限，很难满足快速变化的环境的需要。代工企业参与国际内分工的过程中，通过知识转移并没有提升企业的核心能力，反而使企业陷入了升级的陷阱，一些代工企业的技术力在合作中得到了提升，但市场力和品牌力的发展受到了制约。代工企业中的个体的素质、能力有差别的，所接触的环境也不同，企业需要创造条件将存放在个体大脑中、电脑中的信息释放出来，在企业内流通、循环，有益的知识存量成倍增长，将个人知识和信息提升为组织的知识。

代工企业致力于打造学习型组织、团队任务型结构促进信息（知识）共享比较有效，也可以构建新的组织结构 KOP（knowledge base-operational level-project team）模型[①]（见图8-9），将企业内的信息（知识）共享和转化与组织结构相契合，促进知识从企业底层向高层逐步双向流通的过程。组织结构涵盖了知识基地、业务操作和项目团队三个层次，KOP 模型在实际操作中比较有效。

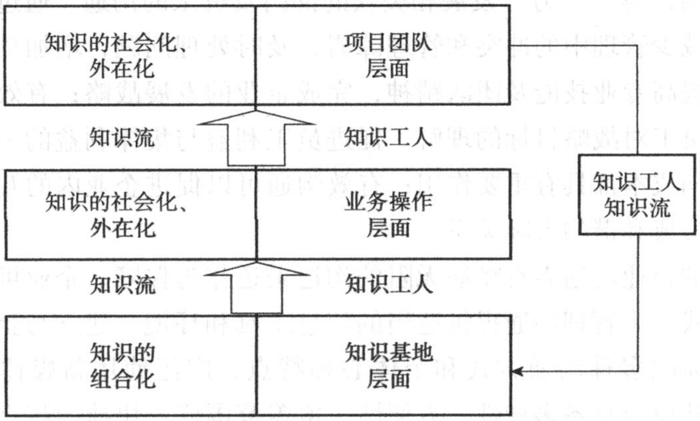

图8-9 组织内知识共享与转化的 KOP 模型

企业在内部搭建促进信息（知识）流通的技术平台，明确企业知识管理者的职责或设立企业知识主管（CKO），形成高创新弹性的企业文化氛围，建立信息共享系统，完善相关管理制度及激励机制，采取知识网络、会议和团队学习等传播手段。知识的转移机制分为两种：以文字编码传播或嵌入工具形式进行的初级知识转移机制和以人际互动、嵌入规则和网络等形式的高级知识转移机制[②]。广泛使用的媒体工具有工具媒介、文字媒介和口头媒介等，口头媒介使用频率较高，可用于独特技能、经验、直觉等信息的流通；文字媒介可用于文件、资料、手册、实验报告、专利、规则、程序等信息的流通；工具媒介则可用于产品原型、产品、仪器设备、

① 薛捷、李岱素著：《知识管理：理论与实践》，广东经济出版社2009年版。

② 聂正安、钟素芳："知识转移、网络嵌入与国际代工企业成长"，《经济地理》，2010年第6期，第970~975页。

制成技术的流通（汪克强，2005）。

8.6.3 沟通机制

沟通机制是指为使企业内部门、员工更好地协同合作而采取的一切交流和沟通的方式。代工企业在实现“三力”协同的过程中，沟通机制是企业的催化剂和润滑剂。良好的沟通机制可以做到企业发展战略与部门发展战略的协调，与“三力”发展相关联的部门及员工的沟通。通过彼此有效的沟通，减少管理中的冲突和管理障碍，及时处理问题，增加员工间的信任程度，提高专业技能及团队精神，完成企业的发展战略；有效的沟通对加强企业员工对战略目标的理解，促进员工利益与集体利益的一致性、降低管理协同成本都具有重要作用；有效沟通可以促进企业内的互动性的信息交流，形成和谐的人际关系。

有效的企业沟通需有畅通无阻的沟通渠道作为保障，企业可采取双向沟通的方式，为管理沟通提供适当的信息工具和环境，建立与企业发展战略相符、兼顾多种沟通方式和个体心理特点、广泛使用新媒体的沟通渠道，渠道建设应具备多样性、方便性、覆盖范围广、快捷的特点。代工企业的所有价值活动，包括产品研发到市场销售，与国际合作方的交流，中间涉及诸多的环节和过程，需要有畅通的信息交流和反馈机制确保信息传递的准确性。企业应鼓励员工积极参与企业的管理沟通，启发员工的创新思维，多发表有关企业发展和工作的问题的看法，与他人分享工作经验和知识，形成良好有序的沟通环境。

代工企业建立基于员工个体、团队、学习性组织的多层级、开放式、相互信任、相互协作的组织文化，勇于打破组织结构障碍、心理障碍，鼓励员工跨部门沟通。协同的本身是一个带有目的性的沟通过程，协同的目的是促使双方或多方的合作，建立良好的沟通机制。减少企业能力协同主体之间的摩擦，需通过沟通发现协作中存在的问题，探测对方能力、知识的需求，共同商讨解决问题的策略。部门间敞开办公区域，集中在一个公共区域办公，企业内部安装使用即时通讯软件，有问题即刻解决，管理阶层实行走动式管理制度，以便随时解决员工工作中的疑惑和问题。

第9章　我国产业集群全球价值链高端攀升的政策体系研究①

我国产业集群全球价值链高端攀升需要有相应的政策引导和支持。因此，制定正确而有效的政策是产业集群全球价值链高端攀升不可或缺的重要外部动力，对产业集群全球价值链攀升至关重要。本章在梳理现行的我国政府为促进产业集群转型升级政策措施基础上，用定性、定量的方法对现行政策效果评价，了解产业集群转型升级政策存在的问题。最后，在借鉴国（境）外先进经验的基础上，提出了今后促进我国产业集群全球价值链高端攀升的政策措施。

9.1　产业集群转型升级现行政策体系梳理

为了更好地、有针对性地制定促进我国产业集群全球价值链高端攀升政策体系，我们有必要先对我国已经出台的产业集群升级政策做一个全面的梳理，更有必要对已经出台的政策效应进行评价，目的是了解目前政策的效果及存在的问题，为下一步优化政策措施提供依据。

值得说明的是：第一，产业集群已经成为产业发展的主要组织方式，当今的产业基本上都是以集群方式存在。正是因为这样，所以我们认为，我国制定的各类产业升级政策，其实也是促进产业集群升级的政策。第二，虽然许多政策条文中并没有提到“全球价值链”这个词，但是由于全球价值链分工（又称产品内分工）已经取代产业间分工、产品间分工成为当今国际分工的主要形式。当今的中国已经全方位地融入全球价值链分工

① 本章所指的政策体系，其内涵为政策措施体系。

体系当中，在全球价值链分工体系中，我国产业从总体上来看处于全球价值链的中低端水平，因此提高我国产业在全球价值链中的地位是我国政府制定产业政策的基本方向。应该说，20 世纪 80 年代以来，我国制定的所有产业升级政策措施，都是基于当今的全球价值链分工背景下制定的。第三，正如前面的相关核心概念的界定中所述，在全球价值链分工背景下，价值链“高端攀升”与“升级”“转型升级”是同一个内涵。因此，本书把有关转型升级政策体系作为梳理的对象。

基于上述逻辑，本章对近30年来我国出台的促进产业集群转型升级的政策进行回顾梳理。接下来对 1978—2016 年有关国家和省区两个层面的促进产业（企业）升级转型政策进行了总结。

9.1.1 国家层面的相关政策

国家层面相关政策的总结如表 9 – 1 所示。

表 9 – 1　　国家层面的相关政策

序号	政策名称	政策要点	政策类型	针对行业	制定部门
1	《开展对外加工装配业务试行办法》，1978 年 7 月	率先在广东、福建、上海等地试行国际贸易特殊政策，即允许加工装配所需原材料、零部件、设备的进口，一律免征关税、工商税	贸易政策	加工装配	国务院
2	《关于大力发展对外贸易增加外汇收入若干问题的规定》，1979 年 8 月	扩大地方和企业的外贸自主权，鼓励增加出口，办好出口特区	贸易政策	各行业	国务院
3	《发展对外加工装配和中小型补偿贸易办法》，1979 年 9 月	积极利用国外材料和技术，发挥国内生产能力，大力发展以进养出业务，把出口贸易做大做活，增加外汇收入，增强国家的外汇支付能力	贸易政策	各行业	国务院
4	《以进养出试行办法》，1979 年 3 月	规定“以进养出”的范围之一是进料加工，即进口全部原材料或主要原材料	产业政策	加工贸易	国务院

续表

序号	政策名称	政策要点	政策类型	针对行业	制定部门
5	《开展对外加工装配和中小型补偿贸易办法》，1979年9月	对加工装配业务作出了较为明确的限定，决定对开展加工装配和中小型补偿贸易给予审批、外汇、税收等方面的优惠	财税政策	加工贸易	国务院
6	《关于对现有企业有步骤、有重点地进行技术改造的决定》，1982年1月	要做好引进技术的掌握、消化、发展工作	产业政策	各行业	国务院
7	《关于抓住有利时机进一步发展来料加工装配等业务的请示》，1987年12月	确立进一步发展来料加工装配业务的原则	外贸政策	加工贸易	外经贸部
8	《国务院关于加快和深化对外贸易体制改革若干问题的规定》（国发〔1988〕12号）	全面推行对外贸易承包经营责任制，进一步加快和深化对外贸易体制改革	外贸政策	加工贸易	国务院
9	《关于当前产业政策要点的决定》，1989年3月	颁布了新中国成立后的第一份产业政策文件，其主要目的是对重点对农业、能源、交通及市场紧俏的轻纺产品的生产给予扶持，对限制发展的产业给予必要的干预	产业政策	各行业	国务院
10	《国际商品名称和编码协调制度》，1992年1月	调整关税税则，并降低了225个税目的进口税率	财税政策	各行业	财政部、国务院
11	《国务院关于进一步深化对外贸易体制改革的决定》（国发〔1994〕4号）	统一政策、放开经营、平等竞争、自负盈亏、工贸结合、推行代理制，建立适应国际经济通行规则的运行机制	贸易政策	各行业	国务院
12	《汽车工业产业政策》，1994年3月	从财税、金融、土地等方面制定了促进我国汽车产业发展的政策措施	产业政策	汽车	国务院
	《90年代国家产业政策纲要》，1994年4月	制定了强化农业、加强基础产业、发展支柱产业、调整外贸结构和发展高新技术产业等政策	产业政策	各行业	国务院
13	《外商直接投资导向目录》，1995年6月	制定了指导外商投资导向的目录	投资政策	各行业	国务院

续表

序号	政策名称	政策要点	政策类型	针对行业	制定部门
14	《关于对加工贸易进口料件试行银行保证金台账制度暂行管理办法》，1995年11月	将加工贸易保税制度变成了“先征后退”制度	外贸政策	加工贸易	海关总署等
15	《当前国家重点鼓励发展的产业、产品和技术目录》，1998年1月	重点鼓励29个领域，共440种产品、技术及部分基础设施和服务的发展	产业政策	相关行业	国务院
16	《关于贯彻落实〈中共中央国务院关于加强技术创新，发展高科技，实现产业化的决定〉有关税收问题的通知》（财税字〔1999〕273号）	鼓励技术创新和高新技术企业的发展，现对有关税收问题调整	税收政策	高新技术企业	财政部、国家税务总局
17	《关于加强与科技有关的知识产权保护和管理工作的若干意见》（国科发政字〔2000〕569号）	加强技术创新活动中与科技有关的知识保护和管理工作，推动科研机构和高新技术企业提高知识产权保护意识和管理水平	科技政策	高科技企业	科技部
18	《关于出口企业从增值税一般纳税人购进的出口货物不再实行增值税税收专用缴款书管理的通知》（财税〔2004〕101号）	支持我国外贸出口，对出口企业从增值税一般纳税人购进的出口货物不再实行增值税“税收（出口货物专用）缴款书”或“出口货物完税分割单”	税收政策	加工贸易	财政部、国家税务总局
19	《关于生产企业出口不退税和调低退税率货物有关税收问题的通知》（财税〔2004〕52号）	取消或降低部分货物的出口退税率后，生产企业（包括外商投资企业）出口上述货物应负担相应的不予退税的税款	税收政策	加工贸易	财政部、国家税务总局
20	《出口加工区加工贸易管理暂行办法》，2005年11月	对出口加工区货物的出区深加工结转管理做了明确规定：未经实质性加工的保税料件，不得进行出区深加工结转	财税政策	加工贸易	国税总局
21	《关于调整部分商品出口退税率和增补加工贸易禁止类商品目录的通知》（财税〔2006〕139号）	取消、降低部分出口商品的出口退税率，提高部分商品的出口退税率，重大技术装备、部分IT产品和生物医药产品以及部分国家产业政策鼓励出口的高科技产品、部分以农产品为原料的加工品	财税政策	出口企业	财政部、国家税务总局等

续表

序号	政策名称	政策要点	政策类型	针对行业	制定部门
22	《关于生产企业出口货物实行免抵退税办法后有关城市维护建设税、教育费附加政策的通知》（财税〔2005〕25 号）	生产企业出口货物全面实行免抵退税办法后，当期免抵的增值税税额应纳入城市维护建设税和教育费附加的计征范围	税收政策	加工贸易	财政部、国家税务总局
23	《关于商业银行改善和加强对高新技术企业金融服务的指导意见》（银监发〔2006〕94 号）	营造支持和激励自主创新的金融环境，引导商业银行改善和加强对高新技术企业金融服务	金融政策	高新技术企业	银行业监督管理委员会
24	《关于鼓励技术引进和创新，促进转变外贸增长方式的若干意见》（商服贸发〔2006〕13 号）	鼓励境内企业引进先进技术，增强消化吸收和再创新能力，提高企业核心竞争力，加快转变外贸增长方式	科技政策	工业企业	商务部、科技部等
25	《国务院关于加快发展服务业的若干意见》（国发〔2007〕7 号）	促进服务业拓宽领域、优化结构、优势互补的服务业发展格局；坚持创新发展，扩大对外开放，提高服务业国际竞争力	产业政策	服务业	国务院
26	《关于对创新型试点企业进行重点融资支持的通知》（开行发〔2007〕225 号）	共同推动创新型试点工作，通过开发性金融合作支持企业自主创新能力	金融政策	高新技术企业	国家开发银行、科技部
27	《关于科技企业孵化器有关税收政策问题的通知》（财税〔2007〕121 号）	科技企业孵化器（高新技术创业服务中心）有关税收政策问题	税收政策	高新技术企业	财政部、国家税务总局
28	《关于落实国务院加快振兴装备制造业的若干意见有关进口税收政的通知》（财关税〔2007〕11 号）	促进装备制造业的发展，提高我国企业的核心竞争力及自主创新能力	财税政策	装备制造业	财政部、国家税务总局
29	《中华人民共和国企业所得税法》，2008 年 1 月	实施“两税合一”制	财税政策	加工贸易	国家税务总局
30	《关于认真做好 2008 年高新技术企业认定管理工作的通知》（国科发火〔2008〕705 号）	落实中央关于扩大内需，促进经济平稳较快增长的决策部署，做好高新技术企业认定管理工作	企业政策	高新技术企业	科技部、财政部、国家税务总局

续表

序号	政策名称	政策要点	政策类型	针对行业	制定部门
31	《关于进一步促进中小企业发展若干意见》（国发〔2009〕36号）	从融资政策、财税政策改造补贴等方面帮助解决中小企业的发展问题	财税政策	中小企业	国务院
32	《关于科学技术部与中国银行加强合作促进高新技术产业发展的通知》（国科发财〔2009〕620号）	推进科技金融结合，集成科技资源和金融资源，积极应对金融危机，支持高新技术产业发展和科技企业融资	金融政策	高新技术产业	科技部、中国银行
33	《关于实施高新技术企业所得税优惠有关问题的通知》（国税函〔2009〕203号）	高新技术企业所得税优惠及其过渡性优惠政策	财税政策	高新技术产业	国家税务总局
34	《关于来料加工装配厂转型为法人企业进口设备税收问题的通知》（财关税〔2009〕48号）	来料加工厂企业可以不作价设备出资设立外商投资法人企业	财税政策	加工贸易	财政部
35	《来料加工装配厂免于补缴进口关税和进口环节增值税的公告》（海关总署公告2009年第62号）	来料加工厂企业可以不作价设备出资设立外商投资法人企业	产业政策	加工贸易	海关总署
36	《国务院关于加快培育和发展战略性新兴产业的决定》（国发〔2010〕32号）	重点培育和发展节能环保、新一代信息技术、生物、高端装备制造、新能源、新材料、新能源汽车等产业	产业政策	战略性新兴产业	国务院
38	《国务院关于印发工业转型升级规划（2011—2015年）的通知》（国发〔2011〕47号）	进一步调整和优化经济结构、促进工业转型升级	产业政策	所有产业	国务院
37	《国务院办公厅关于进一步支持企业技术创新的通知》（国办发〔2011〕51号）	强化企业在技术创新中的主体地位，加快建立以企业为主体的技术创新体系	科技政策	所有产业	国务院
38	《国务院办公厅关于加快发展高技术服务业的指导意见》（国办发〔2011〕58号）	重点发展高技术的延伸服务和相关科技支撑服务，加强政府引导，推动体制机制创新，培育市场需求，拓展服务领域，不断提升高技术服务业的比重和水平，推动高技术服务业做大做强	产业政策	高技术服务业	国务院

续表

序号	政策名称	政策要点	政策类型	针对行业	制定部门
39	《关于来料加工企业转型为法人企业进口设备税收政策有关问题的通知》（财关税〔2011〕66号）	有关来料加工企业转型为法人企业过程中涉及的进口设备税收政策问题	税收政策	加工贸易	财政部、国家税务总局等
40	《关于促进加工贸易转型升级的指导意见》（商产发〔2011〕448号）	继续发展加工贸易，着力优化加工贸易产业结构和区域布局，提升产业层次，延长产业链，实现加工贸易发展速度、质量和效益的统一，发挥加工贸易转型升级在促进产业结构调整、推动外贸发展方式转变及改善民生方面的作用	产业政策	加工贸易	商务部、海关总署、国家税务总局等
41	《关于促进科技和金融结合加快实施自主创新战略的若干意见》（国科发财〔2011〕540号）	促进科技和金融结合，推进自主创新，培育发展战略性新兴产业	金融政策科技政策	战略性新兴产业	科技部、财政部等
42	《国务院关于促进企业技术改造的指导意见 》（国发〔2012〕44号）	促进工业转型升级、提升产业竞争力为主攻方向，企业为主体、市场为导向、创新为动力，完善政策，加强管理，增强企业技术创新能力，加快创新成果产业化，加速改造提升传统产业，培育发展新兴产业，全面提升工业发展的质量和效益	科技政策	工业企业	国务院
43	《国务院办公厅转发知识产权局等部门关于加强战略性新兴产业知识产权工作若干意见的通知》（国办发〔2012〕28号）	为提高我国战略性新兴产业的知识产权创造、运用、保护和管理能力，推动战略性新兴产业的培育和发展	产业政策	战略性新兴产业	国务院
44	《国务院关于印发“十二五”国家战略性新兴产业发展规划的通知》（国发〔2012〕28号）	加快培育和发展节能环保、新一代信息技术、生物、高端装备制造、新能源、新材料、新能源汽车等战略性新兴产业	产业政策	战略性新兴产业	国务院
45	《国务院办公厅关于金融支持经济结构调整和转型升级的指导意见》（国办发〔2013〕67号）	发挥金融对经济结构调整和转型升级的支持作用，优化社会融资结构，持续加强对重点领域和薄弱环节的金融支持，切实防范化解金融风险	金融政策	金融业	国务院

续表

序号	政策名称	政策要点	政策类型	针对行业	制定部门
46	《国务院办公厅关于强化企业技术创新主体地位 全面提升企业创新能力的意见》（国办发〔2013〕8号）	建立健全企业主导产业技术研发创新的体制机制，促进创新要素向企业集聚，增强企业创新能力，加快科技成果转化和产业化，为实施创新驱动发展战略、建设创新型国家提供有力支撑	科技政策	工业企业	国务院
47	《国务院关于印发船舶工业加快结构调整 促进转型升级实施方案（2013—2015年）的通知》（国发〔2013〕29号）	着力改善需求结构，实施创新驱动，推动技术和产品结构升级；优化产业组织结构和产能结构；提高产业国际竞争力	产业政策	船舶业	国务院
48	《国务院关于加快科技服务业发展的若干意见》（国发〔2014〕49号）	培育和壮大科技服务市场主体，创新科技服务模式，延展科技创新服务链，促进科技服务业专业化、网络化、规模化、国际化发展	产业政策	科技服务业	国务院
49	《国务院关于加快发展生产性服务业 促进产业结构调整升级的指导意见》（国发〔2014〕26号）	加快生产性服务业创新发展，实现服务业与农业、工业等在更高水平上有机融合，推动我国产业结构优化调整，促进经济提质增效升级	产业政策	生产性服务业	国务院
50	《关于进一步推动科技型中小企业创新发展的若干意见》，2015年1月	激发科技型中小企业技术创新活力，促进科技型中小企业健康发展	科技政策	科技型中小企业	科技部
51	《国务院关于促进加工贸易创新发展的若干意见》（国发〔2016〕4号）	加快推动加工贸易创新发展，提高发展质量和效益	贸易政策	加工贸易	国务院
52	《国务院关于印发“十三五”国家战略性新兴产业发展规划的通知》（国发〔2016〕67号）	“十三五”时期，要把战略性新兴产业摆在经济社会发展更加突出的位置，大力构建现代产业新体系，推动经济社会持续健康发展	产业政策	战略性新兴产业	国务院
53	《国务院办公厅关于发挥品牌引领作用 推动供需结构升级的意见》（国办发〔2016〕44号）	发挥品牌引领作用、推动供给结构和需求结构升级	市场政策	各行业	国务院

续表

序号	政策名称	政策要点	政策类型	针对行业	制定部门
54	《国务院关于印发"十三五"国家知识产权保护和运用规划的通知》(国发〔2016〕86号)	深入实施国家知识产权战略，促进知识产权工作融人经济社会发展大局，为创新驱动发展提供了有力支撑，进一步巩固了我国的知识产权大国地位	科技政策	各行业	国务院
55	《国务院关于印发"十三五"国家科技创新规划的通知》(国发〔2016〕43号)	以科技创新为引领开拓发展新境界，加速迈进创新型国家行列，加快建设世界科技强国	科技政策	各行业	国务院
56	《国务院关于促进加工贸易创新发展的若干意见》(国发〔2016〕4号)	加快培育竞争新优势，逐步变"大进大出"为"优进优出"，在稳定经济增长和就业预期的同时，推动我国产业向全球价值链高端跃升，助力贸易大国向贸易强国转变	产业政策	加工贸易	国务院
57	《关于"十三五"期间支持科技创新进口税收政策的通知》(财关税〔2016〕70号)	支持科技创新进口税收政策	财税政策	进口企业	财政部、国家税务总局
58	《国务院办公厅关于印发贯彻实施"深化标准化工作改革方案"重点任务分工(2017—2018年)的通知》(国办发〔2017〕27号)	深化标准化工作改革方案	科技政策	各行业	国务院
59	《国务院关于同意设立"中国品牌日"的批复》(国函〔2017〕51号)	自2017年起，将每年5月10日设立为"中国品牌日"	产业政策	各行业	国务院
60	《国务院办公厅关于印发职业技能提升行动方案(2019—2021年)的通知》(国办发〔2019〕24号)	对职工等重点群体开展有针对性的职业技能培训，激发培训主体积极性，有效增加培训供给	人力资源政策	各行业	国务院
61	《国务院关于推动创新创业高质量发展打造"双创"升级版的意见》(国发〔2018〕32号)	为深入实施创新驱动发展战略，进一步激发市场活力和社会创造力，现就推动创新创业高质量发展、打造"双创"升级版提出相关意见	科技创新政策	各行业	国务院

续表

序号	政策名称	政策要点	政策类型	针对行业	制定部门
62	《国务院关于优化科研管理提升科研绩效若干措施的通知》（国发〔2018〕25号）	为进一步加强基础科学研究，大幅提升原始创新能力，夯实建设创新型国家和世界科技强国的基础	科技创新政策	各行业	国务院
63	《国务院办公厅关于推广支持创新相关改革举措的通知》（国办发〔2017〕80号）	为进一步加大支持创新的力度，营造有利于大众创业、万众创新的制度环境和公平竞争市场环境，为创新发展提供更加优质的服务，将有关改革举措在全国或8个改革试验区域内推广	科技创新政策	各行业	国务院
64	《国务院关于积极推进“互联网+”行动的指导意见》（国发〔2015〕40号）	为加快推动互联网与各领域深入融合和创新发展，充分发挥“互联网+”对稳增长、促改革、调结构、惠民生、防风险的重要作用，就积极推进“互联网+”行动提出相关意见	产业政策	各行业	国务院
65	《国务院办公厅关于促进国家级经济技术开发区转型升级创新发展的若干意见》（国办发〔2014〕54号）	为适应新的形势和任务，进一步发挥国家级经济技术开发区作为改革试验田和开放排头兵的作用，促进国家级经开区转型升级、创新发展	产业政策	各行业	国务院
66	《国务院办公厅关于建设第二批大众创业万众创新示范基地的实施意见》（国办发〔2017〕54号）	为在更大范围、更高层次、更深程度上推进大众创业万众创新，持续打造发展新引擎，突破阻碍创新创业发展的政策障碍，形成可复制可推广的创新创业模式和典型经验，经国务院同意，决定在部分地区、高校和科研院所、企业建设第二批双创示范基地	创新政策	各行业	国务院
67	《关于构建市场导向的绿色技术创新体系的指导意见》（发改环资〔2019〕689号）	为强化科技创新引领，加快推进生态文明建设，推动高质量发展，现对构建市场导向的绿色技术创新体系提出相关意见	技术创新政策	各行业	发改委、科技部
68	《关于发布支持打造大中小企业融通型和专业资本集聚型创新创业特色载体工作指南的通知》（工信厅联企业函〔2019〕92号）	更好地指导各地打造大中小企业融通型和专业资本集聚型创新创业特色载体	技术创新政策	各行业	工业和信息化部办公厅、财政部办公厅

9.1.2 省、市层面的相关政策

为了促进本地区产业（集群）转型升级，各省、市、区出台了一系列相关政策。但对中国所有地区进行分析，一方面限于时间和精力无法做到，另一方面也没有必要。因此，选择某一个具有代表性的省份作为代表，对其政策进行梳理和分析就可以起到窥一斑而知全豹的效果。广东省作为我国改革开放的前沿阵地，其产业集群是嵌入全球价值链分工体系最早，参与全球价值链分工最深的省份，是转型升级政策出台最为密集的省份，因此本章选择我国广东省为代表，梳理其近年来出台的促进本省区的产业转型升级政策。同时又因为东莞市加工贸易最为发达，其出台的促进产业转型升级的政策最多，因此，本章也对东莞市相关产业转型升级政策进行梳理。

（1）广东省

广东省凭借其特殊的区位优势和独特优惠政策，使得其成为我国最早承接发达国家的产业转移集中地，也是“三来一补”加工贸易聚集地。广东省为了促进本区域产业集群的转型升级，促进加工贸易的转型升级，出台了一系列的政策措施。总结见表9－2。

表9－2　　广东省关于促进产业转型升级政策措施

序号	政策名称	政策要点	政策类型	针对行业	文件制定部门
1	《关于促进加工贸易转型升级的若干意见》（粤府〔2008〕69号）	采取设置加工贸易转型升级专项经费、鼓励内销、优惠人才引进政策等措施，为加工贸易转型升级提供良好的政策环境	产业政策	加工贸易	广东省
2	《关于推进外商投资、加工贸易企业扩大内销工作的指导意见》（粤外经贸加字〔2009〕8号）	推进外商投资、加工贸易企业扩大内销	投资政策	加工贸易	广东省
3	《广东省支持港澳台资企业应对国际金融危机和加快转型升级若干政策措施》（粤府办〔2009〕3号）	全面扶助港澳台企业升级转型的优惠政策体系	产业政策	加工贸易	广东省

续表

序号	政策名称	政策要点	政策类型	针对行业	文件制定部门
4	《关于进一步推进产业转移工作的若干意见》（粤府办〔2010〕61号）	实施产业转移和劳动力转移的战略部署，加强政府引导，增强企业有序转移、转型升级的内生动力，进一步推进产业转移工作	产业政策	传统产业	广东省
5	《关于加快我省优势传统产业转型升级的意见》（粤府办〔2012〕41号）	加快转型升级、以自主创新为动力，以信息化为手段，以各类工业园区、产业集群等为载体，大力推进技术改造、研发设计、品牌提升、渠道拓展和产业链整合	产业政策	传统产业	广东省
6	《关于实施商标品牌战略的指导意见》（粤府办〔2012〕23号）	不断提升我省自主品牌的核心竞争力和影响力，品牌在引领企业转型升级，逐步形成以自主创新、自主品牌为核心竞争力的经济可持续发展模式	企业制度	各行业	广东省
7	《广东省人民政府关于加快提升劳动者技能水平服务产业转型升级的意见》（粤府〔2013〕25号）	围绕产业转型升级需求，多形式、有计划、全方位地提升劳动者技能素质和水平	人口政策	服务业	广东省
8	《广东省人民政府办公厅关于进一步深化粤台经贸合作和支持台资企业转型升级的意见》（粤府办〔2013〕30号）	提升粤台经贸合作水平，重点在高技术产业、新兴产业、服务业、现代农业、产业链条对接、企业转型升级发展总部经济、对台投资、营商服务等方面深化合作	产业政策	台资企业	广东省
9	《广东省推进加工贸易转型升级三年行动计划（2013—2015年）》（粤府办〔2013〕31号）	全省加工贸易整体水平进一步提高，加快实现产品加工由低端向高端转型、产业链条由短向长转变、经营主体由单一向多元转变、营销市场由出口为主向国内外两个市场并举转变，进一步为全国加工贸易转型升级	产业政策	加工贸易	广东省
10	《广东省促进外贸稳定增长和转型升级若干措施的通知》（粤府办〔2015〕35号）	促进外贸稳定增长的决策部署，主动适应和引领外贸发展新常态，推动全省外贸稳定增长和转型升级	贸易政策	加工贸易	广东省

续表

序号	政策名称	政策要点	政策类型	针对行业	文件制定部门
11	《广东省人民政府办公厅关于开展广东省质量提升行动的指导意见》（粤府办〔2015〕41号）	促进广东制造向广东创造转变、广东速度向广东质量转变、广东产品向广东品牌转变，推动广东经济整体发展质量和微观产品服务质量“双提升”	产业政策	各行业	广东省
12	《广东省人民政府办公厅关于加快发展生产性服务业的若干意见》（粤府办〔2015〕54号）	实施创新驱动发展战略，促进产业转型升级，推动与先进制造业特别是先进装备制造业相配套的生产性服务业加快发展	产业政策	生产性服务业	广东省
13	《广东省工业转型升级攻坚战三年行动计划（2015—2017年）》（粤府〔2015〕35号）	以工业转型升级提质增效为主战场大力实施创新驱动发展战略，以新一轮技术改造为主抓手改造提升现有产业，以工业转型升级推动广东经济转型升级	产业政策	工业企业	广东省
14	《促进外贸回稳向好实施方案》（粤府〔2016〕52号）	努力促进我省外贸回稳向好，推进外贸转型升级和创新发展	产业政策	加工贸易	广东省
15	《广东省促进加工贸易创新发展实施方案》（粤府〔2016〕98号）	推动加工贸易产业链从生产制造为主向生产制造和配套服务融合发展转变，经营主体从加工组装企业向研发、品牌、营销型企业转变，加工贸易企业产品技术含量和附加值加快向中高端发展，引领我省产业向全球价值链高端跃升	产业政策	加工贸易	广东省

（2）东莞市

东莞市关于促进产业轻型升级政策措施如表9-3所示。

表9-3　　东莞市关于促进产业转型升级政策措施

序号	政策名称	政策要点	政策类型	针对行业	文件制定部门
1	《东莞市来料加工企业就地不停产转三资企业操作流程及指引》（东外经贸〔2008〕40号）	全面扶助港澳台企业升级转型	产业政策	加工贸易	东莞市

续表

序号	政策名称	政策要点	政策类型	针对行业	文件制定部门
2	《东莞市促进造纸及纸制品产业发展和转型升级实施方案》（东府办〔2013〕60号）	促进造纸产业发展转入品牌化、高端化、绿色化的轨道，实现创新型、效益型、集约型、生态型发展	产业政策	造纸及纸制品产业	东莞市
3	《东莞市实施技术标准战略“十二五”规划》（东府办〔2011〕94号）	技术标准在推动“双转型”过程中的规范与保障作用，强化了技术标准对实现“双提升”的支撑与引导功能	科技政策	各行业	东莞市
4	《关于大力推广融资租赁促进技术改造的工作方案》（东府办〔2014〕114号）	鼓励融资租赁公司支持我市企业技术进步和产业转型升级，加大对科技型企业、中小微企业的融资服务力度	金融政策	各行业企业	东莞市
5	《关于促进优势传统产业发展和转型升级的指导意见》（东府办〔2011〕146号）	促进优势传统产业在原有基础上做精做专，使产业发展转入品牌化、高端化、时尚化、绿色化的轨道，实现创新型、效益型、集约型、生态型发展，推动“东莞制造”向“东莞创造”转变	产业政策	传统产业	东莞市
6	《东莞市来料加工企业就地不停产转为三资企业的操作办法》（东府办〔2012〕117号）	来料加工企业就地不停产转为三资企业，加快我市加工贸易转型升级步伐	产业政策	加工贸易	东莞市
7	《东莞市优化加工贸易发展载体若干政策》（东府办〔2012〕122号）	提升加工贸易发展载体的层次，加大招商引资力度，培育创新型产业集群，建设现代产业体系，争创助推加工贸易转型升级的新优势	服务政策	加工贸易	东莞市
8	《东莞市优化加工贸易转型升级服务环境实施办法》（东府办〔2012〕125号）	完善和优化政府服务环境，争创助推加工贸易转型升级的新优势	产业政策	加工贸易	东莞市
9	《东莞市促进纺织服装鞋帽产业发展和转型升级实施方案》（东府办〔2013〕57号）	促进纺织服装鞋帽制造业产业转型升级，推动纺织服装鞋帽制造业健康、稳步、较快发展	产业政策	纺织服装鞋帽产业	东莞市

续表

序号	政策名称	政策要点	政策类型	针对行业	文件制定部门
10	《东莞市促进家具产业发展和转型升级实施方案》（东府办〔2013〕58 号）	促进家具产业发展转入品牌化、高端化、时尚化、绿色化的轨道，实现创新型、效益型、集约型、生态型发展	产业政策	家具产业	东莞市
11	《东莞市促进玩具及文体用品产业发展和转型升级实施方案》（东府办〔2013〕61 号）	促进玩具及文体用品产业转型升级，推动玩具及文体用品行业健康发展	产业政策	玩具及文体用品行业	东莞市
12	《东莞市加工贸易企业创建品牌扶持办法》（东府办〔2012〕118 号）	鼓励加工贸易企业注册商标和争创品牌，进一步提高加工贸易企业的竞争力	市场政策	加工贸易	东莞市
13	《东莞市加工贸易企业拓展内销市场扶持办法》（东府办〔2012〕119 号）	有效推进全市加工贸易转型升级，帮助加工贸易企业不断拓展内销市场	市场政策	加工贸易	东莞市
14	《东莞市加工贸易企业自主创新扶持办法》（东府办〔2012〕121 号）	推动外经贸转型升级，全力增创对外开放新优势	科技政策	加工贸易	东莞市
15	《关于实施“东莞制造 2025”战略的意见》（东府办〔2015〕1 号）	以信息技术与制造技术深度融合、数字化网络化智能化制造为主线，推动制造业升级发展，努力争创中国制造样板城市	企业制度	制造企业	东莞市
16	《东莞市关于促进加工贸易创新发展　全面提升外经贸水平的实施方案》（东府办〔2016〕63 号）	推动加工贸易与科技创新、资本运营、质量建设、生产性服务业等深度结合	科技政策	加工贸易	东莞市
17	《东莞市促进加工贸易转型升级专项资金管理办法》（东府办〔2017〕86 号）	安排用于支持企业创建加工贸易示范企业、“中国出口质量安全示范企业”、“出口免验企业”、开展转型升级项目辅导，以及实施品牌战略和取得质量认证等方面工作的专项资金	金融政策	加工贸易	东莞市
18	《东莞市促进企业开拓境内外市场专项资金管理办法》（东府办〔2017〕82 号）	鼓励企业自行或组团参加指定的境内外展览会、扶持重点外贸综合服务企业发展、支持贸易摩擦应对研究和公共服务项目等方面工作的专项资金	财政政策	各行业	东莞市

9.2 我国产业转型升级政策效应评价——以加工贸易政策为例

我国产业集群参与全球价值链分工的具体表现是：在经营方式表现为代工生产，在贸易形式上表现为加工贸易。加工贸易的升级过程就是我国产业和产业集群升级的过程。我国加工贸易水平最能体现我国在全球价值链分工中的地位。基于此，本部分以加工贸易转型升级为例，对我国近些年来产业转型升级的政策效应进行评价。

20 世纪 80 年代以来，随着经济全球化和贸易自由化的不断深入，国际产业分工从产业间分工到产业内分工，再演变为以产品价值链内工序、环节为对象的全球价值链分工。加工贸易是我国参与全球价值链分工和国际竞争的重要形式，也是我国充分利用国内国外“两个市场”“两种资源”加快发展的有效途径。改革开放以来，我国适时抓住国际产业结构调整和转移的机遇，利用自身丰富的自然资源禀赋、廉价的劳动力资源和国家各项优惠政策等比较优势，大力发展加工贸易。在此期间，我国加工贸易从无到有，从小到大，实现了超常规、高速度、跨越式发展。2015 年我国加工贸易总额达 4132.259 亿美元，是 1980 年的 16.67 亿美元的 247.9 倍。加工贸易的快速发展对促进就业、保持外汇平衡、推动经济持续的高速增长起到了非常重要的作用。但是，由于加工贸易自身的缺陷和脆弱性导致我国加工贸易存在着许多问题，具体表现为：第一，我国加工贸易处于全球价值链的低端环节，利润微薄；第二，我国加工贸易在国内的产业链条短、关联度低，对相关产业带动作用小；第三，加工贸易资源消耗大、环境污染重，使我国资源环境不堪重负；第四，我国加工贸易对国外市场依赖性大，易受到海外市场波动的冲击；第五，我国加工贸易赖以生存的要素成本优势难以持续。正是基于这一背景，2003 年 10 月 14 日中国共产党十六届三中全会审议通过的《中共中央关于完善社会主义市场经济体制若干问题的决定》中明确提出要“引导加工贸易转型升级”。这是我国首次在党的决议当中提出“加工贸易转型升级”的战略方针。可见，促进加工贸易转型升级已经作为一项重要战略任务提到了党和国家的议事日程。此后，在党的十七大、十八大，以及多次中央经济工作会议和政府工作报告中又多次重申这一战略任务。

为了贯彻落实党和国家提出的促进加工贸易转型升级的战略任务，我国政府相关部门先后出台了出口退税政策、加工贸易商品分类管理制度、加工贸易企业分类管理制度等多项政策和措施，并适时进行多次修订和调整。2011年11月商务部等六部门联合发布《关于促进加工贸易转型升级的指导意见》，提出我国加工贸易转型升级的发展目标是实现“五个转变”。那么，这些政策效果如何？是否实现了政策制定者的初衷？还存在哪些问题？如何进一步完善？显然对这些问题的回答具有十分重大的现实意义。

对产业政策的实施效果作出全面、科学评价是一件非常困难的事。尽管如此，学者们还是作了有益的探索。例如，刘进才（2004）运用模糊数学的方法对政策效应进行了定量评估；彭曦和陈仲常（2016）使用DID方法对西部大开发政策效应进行了评价；陈瑾玫（2007）运用数据包络分析（DEA）方法对产业技术效率和产业政策效应进行了评价；袁见（2012）使用状态空间（ARIMA）模型对中国太阳光伏产业政策效应进行了研究；刘希宋等（2005）运用层次分析法对我国支柱产业政策的实施效果进行了量化研究；熊勇清和候玲玲（2014）应用“目标达成”模式并结合模糊优选模型对中国纺织产业政策效果进行评价。在上述产业政策效应评价方法论的指导下，一些学者对加工贸易政策（如出口退税）的效应进行了评价。如范子英和田彬彬（2014）运用倍差法研究了出口退税政策对我国出口贸易的影响；王孝松等（2010）使用HS十分位的数据研究了出口退税政策对中国纺织品出口增长的影响；刘忠等（2016）应用AIDS模型研究了服装出口退税政策对出口及就业的影响。通过对现有加工贸易政策效应评价的研究成果梳理可以发现：第一，从政策的对象来看，现有的研究成果主要集中在对某一单项加工贸易政策（如出口退税政策）效应进行评价上。而实际上，加工贸易政策不是单项政策，而是多项政策组成的集合，它们相互叠加形成政策效应。第二，从效应的内容上看，现有成果主要集中在加工贸易对促进经济增长、出口额和劳动就业的效应评价上，而对促进加工贸易转型升级的政策效应则鲜有文献涉及。众所周知，促进加工贸易转型升级是我国加工贸易政策的题中应有之义。针对现有研究的不足，本书拟在借鉴已有文献研究成果的基础上，结合加工贸易转型升级目标，从5个维度、选取7个指标变量，构建加工贸易转型升级政策绩效评价的指标体系，并运用因子分析法，对我国2001—2015年加工贸易转型升级的政策绩效进行评价，以此评价结果作为进一步完善加工贸易政策的对策建议的依据。

9.2.1 研究方法设计

(1) 评价方法的选取

本书借鉴前人的研究成果，拟采用"目标达成"模式并结合因子分析法对加工贸易转型升级政策绩效进行评价。因子分析法的优点是可以消除指标之间信息重叠的问题，使绩效评价结果更加合理，还可以以方差贡献率为权数进行加权平均来计算因子综合得分，有效避免了权数确定中的主观随意性。

(2) 评价指标的选取

①政策目标采集的依据。《关于促进加工贸易转型升级的指导意见》提出我国加工贸易转型升级的发展目标：一是产品加工由低端向高端转变；二是产业链由短向长转变；三是经营主体由单一向多元转变；四是区域协调发展；五是促进区内外加工贸易协调发展。这个政策文本中描述的目标，可以作为加工贸易转型升级具体目标采集的依据。

②评价指标的确定。根据上述政策文本，我们可以把加工贸易转型升级的重点内容和主要目标概括为：贸易结构升级、加工贸易价值链升级、加工贸易产品结构升级、加工贸易国内产业链延长，以及加工贸易经营方式转变。为此，根据"目标达成"模式，构建加工贸易转型升级政策绩效评价的指标体系，如表9-4所示。

表9-4　加工贸易转型升级政策绩效评价指标及指标属性

政策目标	政策文本	评价指标及计算公式	指标属性
贸易结构升级	《对外贸易法》《关于促进加工贸易转型升级的指导意见》	加工贸易占货物进出口比率（X1）=加工贸易进出口额/货物进出口总额	越小越优

续表

政策目标	政策文本	评价指标及计算公式	指标属性
价值链升级	《出口退税机制》《关于促进加工贸易转型升级的指导意见》	加工贸易增值率（$X2$）=加工贸易出口额/加工贸易进口额×100%－1	越大越优
产业链延长		加工贸易国内配套率（$X3$）=加工贸易国内配套值/全球采购总额×100%	越大越优
经营方式升级	《出口退税机制》《加工贸易商品分类管理制度》《关于促进加工贸易转型升级的指导意见》	来料加工装配贸易占比（$X4$）=来料加工装配贸易总额/加工贸易总额	越小越优
		进料加工贸易占比（$X5$）=进料加工贸易总额/加工贸易总额	越大越优
产品结构升级		机电产品出口占比（$X6$）=机电产品出口额/总货物出口额	越大越优
		高新技术产品出口占比（$X7$）=高新技术产品出口额/总货物出口额	越大越优

说明：

①$X1$值越小越好。相对于加工贸易的大进大出、两头在外，一般贸易更能反映本国制造业的真实水平，是实现外贸盈余和提高外贸效益的重要途径。同时，加工贸易同一般贸易相比，加工贸易的技术水平和附加值低，而一般贸易的技术水平和附加值高。$X1$值越小，说明加工贸易企业向一般贸易企业转型的程度越高，贸易层次越高、结构越优，效益越高，升级效果越好。

②$X2$值越大越好。$X2$值越大，表明加工贸易技术含量和附加值越高，越处在全球价值链的高端位置，升级效果越明显。

③$X3$值越大越好。$X3$值越大，表明加工贸易企业的国内采购率越高，产业关联度越大，对国内产业的带动作用越大，升级效果越好。

④$X4$值越小越好，$X5$值越大越好。来料加工和进料加工是加工贸易的两种形式。进料加工贸易同来料加工贸易相比，进料加工贸易自主性更强、利润水平更高。由来料加工转为进料加工是加工贸易企业经营方式升级的具体表现。因此，$X4$是一个逆向指标（其值越小越好），$X5$是一个正向指标（其值越大越好）。

⑤$X6$、$X7$的值越大越好。机电产品和高新技术产品是资金密集型和技术密集型产品，其具有技术水平高、附加值高的特征。机电产品和高新技术产品加工贸易比重越大，说明加工贸易的层次越高、结构更优，升级效果越佳。

9.2.2 加工贸易产业政策绩效评价

（1）建立评价指标的原始数据表

根据中华人民共和国商务部综合司网站、历年《中国统计年鉴》《中国海关统计年鉴》《中国对外经济统计年鉴》数据，应用表 9－4 中的各评价指标计算方法，建立加工贸易转型升级政策绩效评价的相关原始变量矩阵表，具体如表 9－5 所示。

表 9－5　　加工贸易转型升级政策评价的原始变量矩阵表

年份	X1	X2	X3	X4	X5	X6	X7
2001	47.37	56.89	32.59	29.45	70.55	44.64	17.46
2002	48.67	47.24	28.65	26.99	72.95	48.24	20.84
2003	47.57	48.43	29.16	23.06	76.91	51.90	25.17
2004	47.61	47.93	28.95	22.25	77.76	54.52	27.90
2005	48.56	51.99	30.65	21.87	78.14	56.02	28.64
2006	47.25	58.76	33.31	20.23	79.77	56.70	29.05
2007	45.30	67.60	36.49	20.81	79.19	57.45	28.50
2008	41.10	78.42	40.00	19.05	80.96	57.44	29.05
2009	41.18	82.09	41.10	18.63	81.37	59.35	31.40
2010	38.93	77.32	39.66	18.28	81.72	59.16	31.21
2011	35.83	77.81	39.81	15.42	84.58	57.18	28.91
2012	34.75	79.31	40.27	13.64	86.36	57.57	29.35
2013	32.65	73.21	38.36	13.26	86.74	57.29	29.89
2014	32.75	68.65	36.85	13.36	86.64	55.96	28.19
2015	31.49	78.48	40.01	14.11	85.89	57.65	28.82
2016	30.19	80.14	40.52	14.50	85.50	57.65	28.80
2017	32.05	76.08	39.27	13.84	86.16	58.35	29.45
2018	33.52	69.39	37.10	14.14	85.86	58.75	30.07

资料来源：根据中华人民共和国商务部综合司网站、历年《中国统计年鉴》《中国海关统计年鉴》《中国对外经济统计年鉴》相关数据整理而得。

（2）主要研究步骤

①评价指标数据的正向化处理。首先运用 SPSS20.0 进行一次因子分析的预分析，得到评价指标数据正向化处理前的相关矩阵，其中，加工贸易

占货物进出口的比率（X1）、来料加工装配贸易占比（X4）这两个指标对应的因子载荷均为负值，表明这两个指标属于“越小越优型”指标，是逆向指标。为保证因子分析结果的准确性，避免正向、负向指标混合使用导致的误差，所以，因子分析时需要将逆向指标先进行正向化处理。对于逆向指标的正向化处理，在实际应用中有些是采用将逆向指标取倒数的方法，有些是将逆向指标取负数的正向化处理。本书采用取负数的办法将逆向指标正向化处理。

②评价指标之间的相关性分析。首先，用SPSS20.0对原始数据进行双变量相关分析，得到如表9-6所示的相关矩阵，从表9-6中数据可见，各指标之间的相关系数都在0.4以上，大于简单相关系数0.3。随后，对标准化后的数据进行KMO和Bartlett球形度检验，得到如表9-7所示KMO和Bartlett的检验结果，其中KMO值为0.707，大于0.5，Bartlett的球形度检验值为303.416，对应的P值为0.000，小于给定的显著性水平。

表9-6　　相关矩阵

	X1	X2	X3	X4	X5	X6	X7
X1	1.000	0.792	0.795	0.897	0.897	0.537	0.491
X2	0.792	1.000	0.999	0.738	0.738	0.690	0.614
X3	0.795	0.999	1.000	0.740	0.741	0.688	0.611
X4	0.897	0.738	0.740	1.000	1.000	0.796	0.776
X5	0.897	0.738	0.741	1.000	1.000	0.797	0.777
X6	0.537	0.690	0.688	0.796	0.797	1.000	0.988
X7	0.491	0.614	0.611	0.776	0.777	0.988	1.000

表9-7　　KMO和Bartlett的检验

取样足够度的 Kaiser-Meyer-Olkin 度量		0.707
Bartlett 的球形度检验	近似卡方	303.416
	df	21
	Sig.	0.000

综合以上情况，说明所选7个指标之间存在较强的相关性，也说明这7个原始变量适合作因子分析。

③确定因子个数。如果依据基于特征值大于1的原则抽取公共因子，只能提取到一个，所以，采用确定因子的固定数量抽取了两个公共因子。如表9-8所示，抽取的两个公共因子的累积方差贡献率为92.158%，说明这两个公共因子包含了原始变量的绝大部分信息，可以代替原始变量对加工贸易转型升级政策绩效进行评价。

表9-8　　解释的总方差

成分	初始特征值			提取平方和载入			旋转平方和载入		
	合计	方差（%）	累积方差（%）	合计	方差（%）	累积方差（%）	合计	方差（%）	累积方差（%）
1	5.612	80.170	80.170	5.612	80.170	80.170	3.617	51.667	51.667
2	0.839	11.988	92.158	0.839	11.988	92.158	2.834	40.491	92.158
3	0.523	7.467	99.625						
4	0.019	0.278	99.904						
5	0.006	0.085	99.989						
6	0.001	0.011	100.000						
7	3.085E-006	4.407E-005	100.000						

注：提取方法为主成分分析法。

④求因子载荷矩阵。由SPSS20.0得到指标数据正向化处理后的成分矩阵，如表9-9所示，可见，此时得到的未旋转的两个公共因子中，第一个公共因子的实际意义难以解释，说明原始变量不适合使用主成分分析法。

表9-9　　成分矩阵

因子	成分	
	1	2
*X*5	0.867	-0.406
*X*4	0.889	-0.290
*X*1	0.889	-0.295
*X*6	0.952	0.009
*X*3	0.952	0.010
*X*2	0.875	0.462
*X*7	0.837	0.538

注：提取方法为主成分分析法。已提取了2个成分。

因此，再对这两个公共因子进行方差最大化正交旋转，将各列按照载荷系数大小排列，并使在同一个公共因子上具有较高载荷的指标排列在一起，得到旋转后的因子载荷矩阵如表 9－10 所示。从旋转后的成分矩阵表来看，公共因子 *F*1 主要由高新技术产品出口占比（*X*7）、机电产品出口占比（*X*6）、来料加工装配贸易占比（*X*4）、进料加工贸易占比（*X*5）、加工贸易占货物进出口的比率（*X*1）这五个指标决定，这五个指标在公共因子 *F*1 上的载荷分别是 0. 925、0. 866、0. 869、0. 720、0. 720。公共因子 *F*2 主要由加工贸易国内配套率（*X*3）、加工贸易增值率（*X*2）这两个指标决定，这两个指标在公共因子 *F*2 上的载荷分别是 0. 918、0. 951。

表 9－10　旋转成分矩阵

因子	成分	
	1	2
*X*7	0. 925	0. 251
*X*6	0. 866	0. 353
*X*4	0. 869	0. 350
*X*5	0. 720	0. 623
*X*1	0. 720	0. 623
*X*3	0. 369	0. 918
*X*2	0. 291	0. 951

注：提取方法为主成分分析法。旋转法为具有 Kaiser 标准化的正交旋转法。旋转在 3 次迭代后收敛。

⑤计算因子得分与综合得分。首先，可以借助 SPSS20. 0 因子分析中的因子得分并以变量形式保存，直接得到两个公共因子的得分 *Fi*（i＝1、2）。其次，以初始载荷矩阵旋转后两个公共因子所对应的方差贡献率作为权重，得到因子综合得分 *F* 的计算公式为：

$$F = 0.51667 \times F1 + 0.40491 \times F2$$

然后，将计算出的两个公共因子得分及因子综合得分进行排序。最后，整理得到 2001—2015 年加工贸易转型升级政策绩效因子得分及排序与综合得分及排序，如表 9－11、图 9－1 和图 9－2 所示。

表 9－11　加工贸易转型升级政策绩效因子得分和综合得分及排序

年份	*F*1	排序	*F*2	排序	*F*	排序
2001	0.05692	9	－2.94686	15	－1.16380	15
2002	－0.93182	11	－1.53953	14	－1.10481	14
2003	－1.15057	13	－0.29489	13	－0.71387	13
2004	－1.50912	15	0.51454	5	－0.57137	12
2005	－1.46523	14	0.76627	1	－0.44677	11
2006	－0.99406	12	0.76255	2	－0.20484	10
2007	－0.42453	10	0.44263	6	－0.04012	9
2008	0.44222	6	0.18020	9	0.30145	8
2009	0.33875	7	0.72497	3	0.46857	6
2010	0.29809	8	0.70510	4	0.43951	7
2011	0.96503	4	0.09580	10	0.53739	4
2012	1.14039	2	0.21916	8	0.67795	2
2013	0.96849	3	0.34162	7	0.63872	3
2014	0.93664	5	0.01889	11	0.49158	5
2015	1.32880	1	0.00956	12	0.69042	1

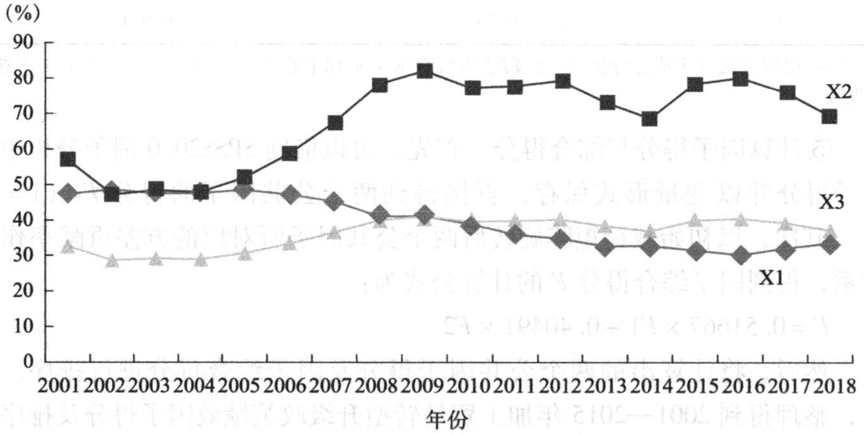

图 9－1　*X*1、*X*2、*X*3 时间序列

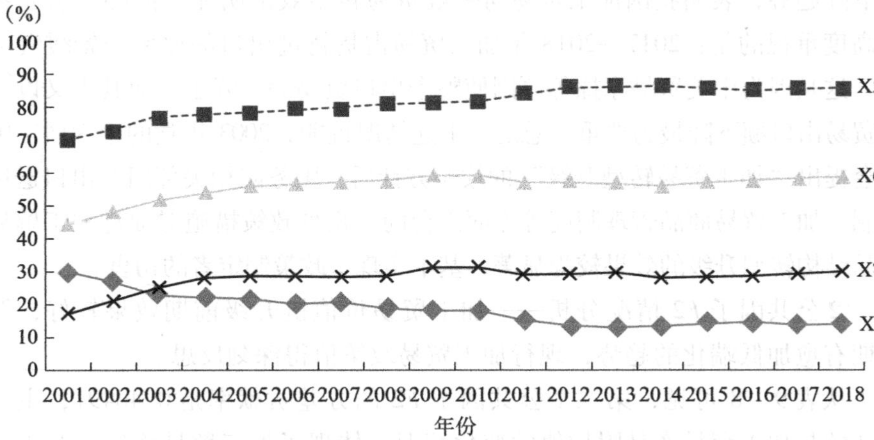

图9-2　X4、X5、X6、X7时间序列

(3) 加工贸易产业政策绩效评价结果分析

①公共因子 *F*1 情况分析——加工贸易产品结构升级效果较显著，政策效果较良好。

从表9-8可见，第一个公共因子 *F*1 的方差贡献率是0.51667，主要反映的是加工贸易产品结构的变化情况，体现了加工贸易产品结构升级的情况，把它命名为加工贸易产品结构升级因子。从表9-11中因子 *F*1 数据的变动情况来看，2001—2004年，因子得分逐年下降，2004年达到最低值，但2005年以后，除2008年金融危机后少数年份有所反复之外，公共因子 *F*1 得分的总体情况呈递增的趋势，表明加工贸易产品结构升级效果较显著。加工贸易产品结构升级效果较显著也体现在一些具体评价指标上。从表9-5和图9-2可以看出，高新技术产品出口占比（*X*7）、机电产品出口占比（*X*6）这两个指标基本上在逐年提高，表明我国加工贸易正在由纺织服装、鞋类、家具、塑料制品、玩具等传统劳动密集型产品向技术装备、电子信息、汽车及零部件、集成电路、医疗设备、生物医药等技术密集型产品转变，加工贸易产品结构在不断优化和升级；从来料加工贸易占比（*X*4）来看，除2014—2018年略有上升之外，其他年份均呈下降趋势，而进料加工贸易占比（*X*5）则逐年提升，这表明我国加工贸易经营方式在逐渐优化；此外，加工贸易占货物进出口的比率（*X*1）这些年基本呈下降趋势，表明我国加工贸易向一般贸易转型效果明显。但必须引起我们高度重视的是：2017—2018 年加工贸易占货物进出口的比率开始缓慢上升，这是因为中美贸易摩擦等原因使整个出口贸易额下降了，而其中又以一般贸易出口额下降最为严重。总之，上述情况说明，2003 年党的十六届三中全会提出“加工贸易转型升级”的战略方针后，国务院相关部门在出口退税机制、加工贸易商品管理制度等方面出台的一系列政策措施对促进加工贸易产品结构转型升级的效果较为显著，基本实现了政策制定者的初衷。

②公共因子 *F*2 情况分析——加工贸易价值链升级前期效果较好，但后期有愈加低端化的趋势，现行加工贸易政策值得深刻反思。

从表 9－8 可见，第二个公共因子 *F*2 的方差贡献率是 0.40491，主要反映的是加工贸易产品附加值的变化情况，体现了加工贸易价值链升级的情况，把它命名为加工贸易价值链升级因子。从表 9－11 中可以看出，因子 *F*2 值并没有呈现规律性递增或递减趋势的变化，而是出现波动，前期迅速提高，后期加速下降。这说明加工贸易价值链升级前期效果较好，后期有愈加低端化的趋势，我国现行的加工贸易政策值得深刻反思。具体情况分析如下：2001—2005 年因子 *F*2 值逐年提高，特别是 2004—2005 年提高很快，说明 2003 年提出“加工贸易转型升级”的战略方针之后国家出台的出口退税机制、加工贸易商品管理制度等一系列政策措施产生了较好的促进效果。但此政策效应持续时间较为短暂，2006—2008 年因子 *F*2 值呈快速下降趋势，说明此期间加工贸易价值链升级不但没进步反而在倒退。虽然此后的 2009—2010 年因子 *F*2 值有所回升，但从 2011 年开始 *F*2 值又以更大的幅度下降，其中，2010—2011 年因子 *F*2 值从 0.70510 下降到 0.09580，下降速度非常快，2015 年因子 *F*2 值跌落到历史的最低点，即 *F*2 值为 0.00956。上述情况，一方面说明 2005 年之前的加工贸易政策在促进企业价值链升级方面的作用已经失效，其政策效应已经衰竭；另一方面也说明 2005 年之后的政策措施非但没有有效弥补前期政策的衰竭效应以起到促进加工贸易企业价值链持续升级的作用，反而加速了加工贸易价值链低端化进程，我国现行的加工贸易政策值得深刻反思。

③因子综合得分情况分析——加工贸易转型升级总体效果良好，政策目标基本达成，但后期政策效应开始呈现出递减的趋势。

因子综合得分的大小，反映了加工贸易转型升级效果的总体情况，因子综合得分越高，表明加工贸易转型升级总体效果越好。从表9-11可见，因子综合得分变化趋势比较明显，除个别年份稍有反复外，总体呈上升趋势。具体情况分析如下：

第一，从表9-11可以看出，2001—2015年因子综合得分稳步提高，F值从-1.16380提高到0.69042。这说明加工贸易转型升级总体绩效不断提高，此期间的加工贸易政策效果显著。

第二，从表9-11可见，因子综合得分2007—2008年是一个比较明显的分界线，2007年以前得分为负数，2008年以后的因子综合得分都为正数，并且上升速度比较快。这说明"加工贸易转型升级"的战略方针提出后，加工贸易多项政策的叠加效应发挥作用，较好地促进了加工贸易企业转型升级，政策绩效较为明显。

第三，在国际金融危机期间，为了应对国际金融危机造成的对外贸易大幅下滑的局面，我国在2008年8月至2009年6月曾7次提高部分出口商品的出口退税率。其间，虽然加工贸易出口额有所下降，即从2008年的6751.1亿美元下降到2009年的5868.6亿美元，但是因子综合得分却在提高，因子综合得分从2008年的0.30145增加到2009年的0.46857。可见，这期间我国实施的加工贸易政策有效地抵御了国际金融危机的不利影响，较好地促进了我国加工贸易的转型升级，取得了较好的政策效果。

第四，从表9-11数据可以看出，因子综合得分2001—2012年一直在不断上升，但到2012年达到峰值之后开始下降。这说明加工贸易转型升级政策效应在2012年达极限后开始呈现出递减的趋势，表明前期的加工贸易政策效应已经衰退，因此需要不断创新加工贸易政策的内容，出台新的、更加有效的政策来促进加工贸易企业持续转型升级。

9.3　国（境）外产业转型升级政策经验借鉴——以加工贸易为例

加工贸易是一国产业（集群）参与全球价值链分工在国际贸易的主要形式和具体体现。一国加工贸易的升级过程就是该国产业或产业集群的升级过程。

日本、韩国、新加坡和中国台湾等是亚洲最早承接国际分工的国家或地区，其初始的加工贸易主要承接的是简单的来料加工、进料加工、装配业务，通过不断的资金、技术的积累，调整产业规划、转型升级，加工贸易在产业部门内部逐步向产业链的中上游延展，在产业部门间逐渐向科技含量高、附加值高的产业跨越和发展，其中许多经验值得我们学习和借鉴。

9.3.1 加工贸易的转型升级与产业发展战略相结合

在多变的全球经济中，存在着多种发展机会，国家或地区能否把握机会使之成为经济增长的动力，取决于是否根据自身的资源条件和优势，在不同时期不同阶段采取适宜的经济发展战略。东亚国家和地区加工贸易的快速发展，与其采取适合于本国或本地区经济社会条件的经济发展战略密切相关。准确抓住时机把经济发展战略从发展劳动密集型、资源密集型产业向资本密集型、技术密集型产业转型升级，再向知识密集型产业转型升级，并据此细化为具体的产业发展方向，采取综合配套的政策措施支持落实，是这些国家或地区经济得以成功快速发展最显著的特点。

中国台湾地区开展加工贸易的时间较早，20 世纪 60 年代台湾地区制定了“进口—加工—出口”的出口导向型发展战略，通过以进养出，以出促工的发展模式，有力地推动了台湾地区加工贸易的发展。但是，20 世纪 60 年代台湾地区的加工贸易主要是发展劳动密集型产业，产品附加值不高。1979 年，台湾地区制订了“台湾经济建设十年计划”，促进加工贸易由劳动密集型产业向技术密集型转变。20 世纪 90 年代，为强化台湾地区在亚太经济中的地位，在世界经济一体化和跨国企业全球化经营的理念下，台湾地区提出了“亚太营运中心计划”的发展战略，以高科技、高附加值产业为发展导向，积极进行扩区转型规划，促进加工贸易由技术密集型产业向高新技术密集型转变。进入 21 世纪，台湾地区有意识地推行“知识导向”发展战略，不断发展知识导向型产业以期其能代替制造业成为台湾地区经济发展的新动力，推动加工贸易向知识密集型产业发展。

在日本，加工贸易的发展和转型升级也是与经济发展战略紧密联系的。20 世纪 60 年代，日本为了在经济上赶超欧美，制定了“贸易立国”

的政策，在此政策下，日本的对外贸易大跨步地发展起来，而在其成为贸易大国的过程中，加工贸易起到了不可替代的作用，但限于资金和技术，主要发展的是劳动密集型产业。日本政府在20世纪90年代中期提出了“技术立国”，21世纪初提出了“IT立国”的战略口号，提出了“创造性知识密集型”的产业政策，引导加工贸易开始向知识密集型产业转型升级。

韩国地少人多，资源匮乏，20世纪60年代还属于世界贫穷国家，后来韩国能与新加坡、中国香港和中国台湾并称“亚洲四小龙”，要归功于韩国成功地发展了加工贸易，但韩国加工贸易的发展是与产业和贸易发展战略紧密联系的。20世纪60年代初期，韩国制定了“贸易立国”的发展战略和路线，基于本国国情，韩国开始发展以轻工业和加工业为主的劳动密集型产业。20世纪80年代，韩国政府提出“科技开发战略”，将重心逐渐转向高科技产品，加工贸易开始由劳动密集型出口产业向资本密集型出口产业升级。20世纪90年代以后，韩国通商产业部的《21世纪的前10年韩国产业发展战略与展望》报告书中指出了将要发展的十大尖端技术产业，给加工贸易企业指明转型升级的方向。

新加坡是东南亚各国中加工贸易比较发达的国家，其加工贸易开始于20世纪60年代，纵观新加坡的加工贸易从劳动密集型向技术密集型和知识密集型转型的过程，也是与产业和贸易发展战略紧密结合的过程。1965年，新加坡政府制定和实施了以工业化为主导的多元化经济发展战略，大力发展加工贸易，促进了经济的迅速发展。这一时期，新加坡的加工贸易主要集中在劳动密集型产品上。1979年，新加坡宣布实行“第二次工业革命”，经过多年的发展，新加坡加工贸易逐步转向资本及技术密集型产业，淘汰了劳动密集型产业。

9.3.2　加工贸易转型升级路径有其自身规律性

从日本、韩国、新加坡、中国台湾的情况来看，加工贸易的转型升级路径并不是随机的、杂乱无章的，而是有其自身的规律。加工贸易转型升级的规律主要遵循三条路径。

一是同一产业价值链内的横向扩展路径，即在同一产业价值链内，加工贸易逐渐从中间部分的组装、加工制造等低附加值环节逐渐向两端的研发设计、品牌营销等高附加值环节转变，来达到加工贸易在价值链环节上的转型升级。最初，因为缺乏资金和技术，加工贸易集中在简单组装和加工制造等低附加值环节。随着资金的积累、技术的提高，加之劳动力、资源等成本的上升，加工贸易开始向价值链两端的原材料采购、研发设计、品牌营销、售后服务等高附加值环节攀升，实现在价值链内的横向扩展路径。东亚国家或地区的加工贸易，都经历了从简单组装、加工制造等低附加值环节向产品研发、设计、品牌、服务等高附加值环节的转型升级。以韩国为例，20 世纪 60 年代初，韩国在加工贸易的发展初期，由于资本以及技术方面的局限性，开始是承接简单的来料加工、进料加工、装配业务，以劳动密集型加工贸易嵌入全球价值链。韩国通过加工贸易打开国际市场，积累了加工生产的技术和经验，还解决了国内大量低成本劳动力就业问题，带动了韩国经济增长。20 世纪 70—80 年代，韩国面临国际市场原材料价格上涨、国内劳动力成本提高的状况，同时面临周边发展中国家低价格的冲击，韩国产品在价格上缺乏竞争力。面临困境，韩国加工贸易开始寻求转型升级，韩国政府给予私营企业自主研发各种优惠和鼓励政策，鼓励私人企业提升产品科技含量，设法开发自主品牌。最终，韩国国内私营企业积极开展产品自主研发，提升了自身产品的科技含量，掌握了自主知识产权，开创了很多自主品牌。自此，韩国加工贸易成功摆脱困境，向产业内价值链高端攀升，在生产模式上表现为从 OEM→ODM→OBM 的转型升级。

二是不同产业价值链间的纵向跃进路径，即在不同产业价值链间，加工贸易逐渐从劳动密集、资源密集型向资本密集或技术密集型产业转移，来不断地优化本国的加工贸易产业结构，实现价值链间的转型升级。日本、韩国、新加坡、中国台湾等东亚国家和地区的加工贸易整体上都经历了从劳动密集型、资源密集型产业到资本密集型的重化工产业，再到以 IT 为核心的知识密集型产业的转型升级过程。以日本为例，第二次世界大战后的日本在开展加工贸易初期，政府把加工贸易发展的重点放在了效率较快、收益较高的低端轻纺工业等劳动密集型产业。20 世纪 60 年代到 70 年代初，日本加工贸易的规模明显扩大，发展速度也明显加快。在此基础上，日本一方面利用已掌握的资金和技术；另一方面又从欧美等工业国家引进资金和先进技术，将其加工贸易的重心转型为技术含量、产品附加值高的重工业等资本密集型产业，并以此带动本国配套产业的发展。20 世纪 70—80 年代中期的石油危机，导致日本加工贸易产业生产成本的大幅提高，对此，日本政府做出加工贸易产业结构从资本密集型向技术密集型方向发展的决策，把航空航天、电子计算机等尖端技术领域的产业作为主导性加工贸易产业来发展，以摆脱能源制约，同时，有色金属、钢铁、化学工业的地位让位于医药、精密机械设备等产业，从而使日本重化工业比重明显下降，产业结构向技术密集型、资源节约型的方向发展，日本的加工贸易实现了成功的转型。通过这样的转型方式，日本避免了加工贸易制造业给本国带来的环境污染严重、资源消耗过度的弊端，转劣势为优势，为其以后的持续经济发展打好了基础，也使其成为国际上新型的工业化国家。

三是产业价值链"切片外移"的转型升级路径，"切片外移"是指把整个价值链中已经逐渐失去比较优势的经济环节转移到那些仍然具有比较优势的国家及地区去。即随着劳动力成本和资源价格的上涨以及货币的升值，加工贸易企业初始比较优势更新换代，东亚国家和地区加工贸易企业把价值链中间部分的组装、加工制造等低附加值环节转移到其他劳动力成本和资源价格低廉、政策优惠的国家或地区，而把研发、设计、品牌、营销、服务等高附加值的环节留在本国家或本地区。以中国台湾地区为例，20 世纪 90 年代，在跨国公司全球产业转移的国际大环境下，台湾地区的加工贸易产业努力向高新技术产品加工贸易转型升级，积极融入高新技术产业全球化分工体系中。但是，随着劳动力成本增加、资源价格的上涨以及货币的升值，出口产品因生产与经营成本不断升高，导致发展加工贸易的初始比较优势逐渐丧失，台湾地区加工贸易企业产品竞争力下降。为强化加工贸易在全球化产业分工中的地位，台湾地区提出"亚太营运中心"计划，致力于促进加工贸易企业的转型升级工作。通过把产业价值链中间部分的加工制造部分以 FDI 或外包的形式单独转移到周边的越南、泰国、马来西亚、中国大陆等国家或地区，而把研发、设计、销售、品牌服务等高附加值的环节留在台湾地区，台湾地区加工贸易企业降低了成本，增加了利润，实现了产业价值链"切片外移"的转型升级。

9.3.3 加工贸易转型升级需要政府政策的引导和支持

从日本、韩国、新加坡、中国台湾加工贸易转型升级过程中看到，政府起着重要的导向性作用。政府根据国内外经济形势的变化，不断调整发展战略，制定相应的政策和措施，引导和支持加工贸易转型升级。

日本政府将加工贸易政策与国内产业政策结合起来，在各个不同时期选定有发展前途的出口产业加以扶持保护，国内产业政策和贸易政策协同发展，使日本迅速拥有具有国际竞争力的加工贸易产业。比如，20 世纪 70—80 年代，日本政府制定的《特定机械产业振兴临时措施法》，有效地促进了资本密集型加工贸易产业向技术密集型加工贸易产业的转型升级。20 世纪 90 年代日本政府提出的“创造性知识密集型”的产业政策，引导加工贸易产业技术密集型向知识密集型的转型升级。

新加坡在 1961 年成立经济发展局，采取改善基础设施、实行税务优惠、提供银行贷款等服务，进行出口加工贸易。1967 年，新加坡政府进一步颁布“经济扩展奖励（豁免所得税）法案”，大力发展出口加工贸易，把经济发展引向出口导向的轨道。新加坡出口加工贸易起步时期主要集中在劳动密集型产品。1979 年新加坡宣布实行“第二次工业革命”后，经过近 10 年的发展，新加坡加工贸易逐步由劳动密集型企业向资本及技术密集型转型升级。20 世纪 90 年代，为进一步提升新加坡在国际分工体系中的地位，促使新加坡加工贸易向高科技迈进，政府颁布一系列知识产权保护的法律法规，对教育、人才的培训、人才引进给予优惠措施，引导和激励加工贸易向高科技产业转移。

20 世纪 80 年代以后，随着中国等新兴市场国家的纷纷崛起，韩国的劳动密集型产业优势逐渐丧失，高新技术产品的核心技术韩国又不具备，加工贸易面临困境，急需转型升级。韩国政府开始推进本国加工贸易的转型升级，采取金融财税等政策鼓励本国私人企业自主研发，提升自主品牌，扶持关键零部件的国产化，并选择汽车、钢铁、船舶、半导体以及计算机等行业作为重点扶持对象。韩国政府的这些政策起到了主要作用，使韩国的加工贸易成功摆脱困境，实现转型升级，逐渐走到了价值链的顶端。

中国台湾地区的加工贸易产业由劳动密集型转向技术密集型、技术密集型转向知识密集型的过程中，台湾当局起到了举足轻重的作用，一步步制定适合自身发展并且应对外部竞争的政策，引导台湾地区加工贸易不断的转型升级。20世纪60年代初期，由于本身受自然资源贫乏的限制，中国台湾地区实施以加工进口原料为主的出口扩张发展战略，为了落实这一战略，台湾地区制定了包括新台币贬值、提供财政金融支持、实施《奖励投资条例》、设立加工出口区等一系列综合配套鼓励政策，引领台湾地区加工贸易迅速发展。20世纪70年代至80年代，台湾地区内外经济环境的剧烈变化，劳动密集型的加工贸易产业因生产与经营成本不断升高而逐渐失去竞争力，为此，台湾地区积极制定各种优惠政策和措施，促进加工贸易向机械、电子等技术密集型产业转型升级。20世纪90年代，台湾地区出台了《促进产业升级条例》，取代了《奖励投资条例》，主动推动加工贸易产业结构转型升级。进入21世纪后，美国等发达国家"新经济（知识经济）"的发展，台湾地区又适时颁布了"知识经济发展方案（2000年）""挑战2008国家发展重点计划（2002年）"和"服务业行动纲领及行动方案（2004年）"等经济规划，引导加工贸易向知识密集型产业转型升级。

9.4 促进产业集群向全球价值链高端攀升政策措施

要成功地促进我国产业集群向全球价值链高端攀升，必须从多方位、多视角采取综合性措施。

9.4.1 提高集群企业升级意愿，为企业向价值链高端攀升提供原动力

微观主体的企业转型升级主观意愿不足是制约着产业集群向价值链高端攀升的最主要因素。我国集群企业升级主观意愿不足是多方面的因素所导致的：既有升级成本与利益方面的考虑，也有政府政策不当的原因，还有外部压力不够的因素，当然还有市场环境不佳的缘故。因此，要提高集群企业升级和创新的意愿，必须采取综合措施。

(1) 降低升级的风险和成本，提高升级和创新的收益

目前，我国集群企业不愿意转型升级原因之一是升级的成本和风险较大，升级收益尤其短期收益较少。针对这种情况，我们应该从成本（风险）与收益两个方面同时施策。

为降低集群企业升级的成本和风险，我们建议：一是建立专项资助资金，针对转型升级和技术创新活动（新设备、技术研发、市场开拓、品牌建设）给予一定的资金补助，以分摊一部分升级投入和升级支出。二是设立风险补偿基金，对于大量投资企业技术创新和转型而失败的企业可以给予一定比例的补助，以分担一部分风险，解决集群企业转型升级失败导致的成本过高导致企业陷入困境的问题。三是鼓励保险机构对集群创新企业进行技术创新和转型升级活动进行保险，以分担转型升级和技术创新的风险。同时为鼓励保险机制提高对集群企业技术升级、市场升级和品牌升级的积极性，建议政府可以对其给予一定比例的补助。

为提高集群企业转型升级和创新的收益，我们建议：一是要加强对知识产权的保护，保护创新成果的收益。集群企业的研发设计、品牌运营等都会产生巨大的成本支出，如果还存在模仿、搭便车等现象，势必导致企业的研发设计及其他创新成果得不到应有的回报，这样必然会极大地挫伤创新企业的积极性。为此，进一步完善知识产权保护的相关法律法规；强化集群企业的知识产权法律意识；加大对侵犯知识产权的执法和处置力度，提高仿冒企业的侵权成本。二是要采取有效措施，进一步扫清创新成果的转化过程中各种障碍，促进集群企业的创新成果能够及时转化为现实的经济效益。三是对企业的创新产品给予财税上支持，比如可以对新产品给予税费上的减免，对技术成果给予一定奖励等。

(2) 调整和优化出口导向的加工贸易政策

为了扩大出口，促进经济增长，我国实施了一系列的出口导向型的加工贸易优惠政策。这些政策包括出口退税、低息贷款。这些优惠政策对促进加工贸易发展，扩大出口，促进经济增长起到了正面的积极作用。但其负面作用也是不可忽视的。消极方面是保护了落后生产方式，阻碍了集群的转型升级步伐。为此政府要进一步完善低工资、出口退税、低息贷款等出口导向型的优惠政策，加大针对资源型、高污染、高耗能、低附加值产业的限制性政

策，迫使那些依然采用落后生产方式的企业无利可图，甚至难以生存，不得不进行转型升级。例如，对于资源浪费、破坏环境的低附加值产品，可以采取降低退税率甚至取消退税的方法，并且对于生产这些产品的企业加征出口关税，迫使企业改变发展方式，推动企业不断由加工、制造等低附加值环节向技术研发、产品设计、品牌运营、市场营销等高附加值环节攀升。

（3）形成有效的倒逼机制，迫使集群企业转型升级

之所以集群代工企业转型升级的主动性、积极性还不够，主要是现行压力还不够大。为此，政府要采取综合性措施，迫使那些高投入、高能耗、高污染、低效益的代工企业要么被淘汰要么转型升级。主要措施有：

一要充分发挥税收的调节作用。在产业结构调整方面，税收能够发挥重要杠杆性的调节作用。对于资源浪费、破坏环境的低附加值产品（企业）要通过提高税率，增加税种的办法，迫使企业改变发展方式，向企业施加淘汰落后产能的压力。

二要充分发挥法律法规强制作用。要制定和完善法律法规和行业标准以限制“三高”企业的生产。此外，执法人员要从严执法，要严格执行现行的环境保护、节约能源、清洁生产、安全生产、产品质量、职业健康等方面的法律法规和技术标准，坚决依法淘汰落后产能。

三要落实目标责任。将淘汰落后产能的目标任务明确化、具体化，明确国务院有关部门、地方各级人民政府和企业的责任，加强指导、督促和检查，确保工作落到实处。

9.4.2 培养企业家精神和能力，为集群企业向价值链高端攀升提供引领力

企业家作为企业的“领头羊”，其精神、素质、能力水平的高低将直接影响企业的整体发展水平，其精神气、价值观念、意志品格深刻影响着企业发展战略。目前，我国集群企业的企业精神、素质、能力的现状严重地制约了企业的转型升级。因此培养和提高企业家的精神和能力对促进我国集群企业全球价值链升级非常必要。一个优秀的企业家应不甘愿于自己在全球价值链中“打工者”的身份，以及自己在全球价值链治理体系中处于被跨国公司支配和控制的地位。企业家应该深刻意识到“国际代工”这

种经营模式所固有的缺陷和不足，以及它给我国产业和企业所造成的各种潜在和现实的危害，同时也应充分意识到在当今国际经济环境下，“国际代工”这种生产经营模式是一种不可持续的经营模式。企业要生存与发展，就必须改变目前的经营方式，由低端的“代工”（又称 OEM）经营模式向全球价值链高端的 ODM 和 OBM 经营模式转换。优秀的企业家要勇于创新、敢于冒险，要居安思危、不断追求发展和变化，要有从“代工”向 ODM 和 OBM 转型的意识、勇气和能力，只有这样，企业才能不断发展和壮大。因此，提升企业家素质和能力，加强企业家精神的培养，提升企业获取各项资源的能力、提升企业的市场地位，获取竞争优势，对激发产业集群自主向价值链高端攀升的活力具有重要意义。培养企业家精神，可从企业家自身角度和政府角度两方面努力。

第一，就企业家自身角度而言，首先，企业家要加强学习，提升自我能力。习以怡情，习以博彩，习以长智，通过学习，掌握先进管理理论和方法，提升自己的管理才能和决策能力。通过学习，及时了解相关的企业转型升级的国家政策、国际市场中前沿的知识和资讯，提高企业国际化运作的能力，制定合理的企业升级战略。其次，企业家要不断培养和保持大胆创新的精神。创新是企业家精神的灵魂，企业家的创新精神体现在大胆摒弃因循守旧、怕担风险的观念，主动抢抓市场机遇，积极改造和提升企业，营造良好的企业创新环境，实现从创新精神到创新能力的成功转化，使之发展成为企业升级和发展的持续动力。最后，企业家要有意识地将自身具有的值得提倡的精神意志和价值观念、管理思维根植于企业制度文化建设上，在企业内形成关注创新、支持创新和鼓励创新的创新文化氛围。

第二，就政府角度而言，首先，关键是创造能培养优秀企业家的环境，激励企业家的才智和干劲，注重企业家精神与专业技能的培养。其次，优化市场环境，保护企业家创新成果和热情。要健全和完善我国知识产权法律体系，让技术创新得到与之付出成正比的回报，保障创新者的利益，支持和激励企业技术创新，而这将在一定程度上激发企业家积极主动的创新精神，加快企业技术创新的步伐，促进企业升级。最后，加快建设并不断完善企业家培训制度，提升企业家的素质和能力。可以通过与国内外知名的大学以及培训机构合作，开发针对不同行业、不同规模企业的企业家培训课程，提高企业家的管理素质和创新能力，加强企业家精神的培养，这些都将有利于促进我国产业集群向价值链的攀升。

9.4.3 提高企业创新能力，为集群企业向价值链高端攀升提供驱动力

创新动力差是制约我国产业集群向价值链高端攀升的关键驱动因素之一。导致我国集群企业创新能力差的原因是多方面的：一是我国产业集群的现实条件决定的。集群企业一般以中小企业为主，它们规模小、技术水平低、资金缺乏、人才匮乏，不具备产品研发和设计、市场开拓，以及品牌运营所需的客观条件，同时也无力承担产品设计、研发、营销渠道、品牌建设所产生的市场风险和财务风险；二是集群创新环境差，这是由创新动力缺失所导致的。在产业集群中知识的溢出效应比较大，当下我国现行知识产权保护法规不完善、商业秘密保障制度缺失的情况下，使得仿冒泛滥，“搭便车”现象盛行，结果是创新企业的创新投入得不到应有的回报，甚至连创新成本都无法收回，而模仿企业却坐享其成，获取丰厚利益。在这种风险与收益的权衡下，集群中的企业往往会主动放弃自主研发，而宁愿选择为国际跨国公司和国际大买家进行“代工”生产。因为这种生产方式投入小、风险小、收益稳定。每家企业都不愿创新，于是整个集群就失去创新活力，陷入低端锁定当中。要破解我国产业集群创新能力低下、创新动力缺失的现状，必须采取针对性的综合性措施。

一是政府要加大对产业集群技术创新的支持力度。要设立技术创新专项基金，加大对集群企业进行技术创新的支持；要灵活运用金融、信贷、投资补助、创新风险基金、税收优惠等手段来支持企业的技术创新。与此同时，要加强对集群企业发展方向上的引导。引导产业集群内企业加快对国外先进生产技术的消化吸收和二次自主创新；重点支持技术装备、电子信息、汽车及零部件、集成电路、医疗设备、生物医药、新能源、新材料、节能环保等资本密集型和技术密集型产业集群的发展；鼓励产业集群内企业由从事简单加工制造逐步转变为“设计+生产”，甚至实现从贴牌生产向创立品牌转变，实现向全球价值链高端攀升。

二是完善以产学研联合为纽带的科技协同创新机制，集全社会科技资源对产业发展中的关键技术和共性技术进行重点突破，为企业向研发、设

计等价值链高端环节攀升提供技术支撑。同时，要改革对技术创新的支持方式，从过去政府对企业研发、设计等技术创新活动一次性的直接补贴改革为允许企业将战略性研发、设计等的费用全部或部分抵扣增值税。这样的政策效应更有效、更持久，它可以有效激励企业持续地加大研发、设计等战略性活动的投入，有利于推动企业不断向价值链的高端攀升。

三是要建立有效的知识产权保护制度。投机目的和短期行为往往会使一些中小企业不愿投资技术创新，而是寄希望于“窃取”其他企业创新成果来盈利。在产业集群中，适度的知识外溢有利于降低产业集群的创新成本，提高产业集群的创新能力，进而有利于提高产业集群的整体竞争力，这也是产业集群这种产业组织方式的优势所在。但过度的知识外溢又会导致“搭便车”和“柠檬市场”的出现，进而严重挫伤创新企业的创新热情，使产业集群创新陷入“囚徒困境”的僵局，从而使产业集群创新动力集体缺失，因此，要建立有效的知识产权保护制度，构筑知识产权保护网。要加强知识产权保护制度的执法力度，保护创新企业的知识产权，减少模仿和“搭便车”的现象发生，使其创新后能够获得相应的回报。从而提高企业进行自主创新的积极性，进而促进产业集群集体创新，提升整个集群技术水平和整体竞争力，实现向全球价值链高端攀升。

9.4.4 提升人力资本水平，为集群企业向价值链高端攀升提供支撑力

人力资本低端化是我国产业集群低端化的重要原因，同时也是制约我国产业集群向价值链高端攀升的重要因素之一。技术创新是产业集群高端攀升的根本动因，但技术创新又依赖于人力资本的推动。要实现我国产业集群向技术研发、产品设计、品牌运营、市场营销等高附加值环节攀升，就必须有相应高级人力资本作支撑。所以，培养高级人才资本，提升人力资本水平是实现我国产业集群向全球价值链高端攀升的必由之路。人力资本是指劳动者受到教育、培训、实践经验、迁移、保健等方面的投资而获得的知识和技能的积累，亦称“非物力资本”。简单来说，人力资本就是指依附在人体身上的体力和智力的总和。人力资本分为高级人力资本和一般人力资本，高级人力资本又分为企业家人力资本（也称核心人力资本）

和关键人力资本。从人力资本的角度来看，企业的成长离不开各种类型人力资本的配合。企业家是企业人力资本的直接规划控制者，同时也是企业中处于核心地位的人力资本。企业家自始至终处于自主技术创新的核心地位，能够充分认识和把握科技进步所带来的潜在的市场机会，通过整合关键人力资本和一般人力资本，对技术创新、产业升级战略和策略的制定起着关键乃至决定性作用。关键人力资本是指关键岗位上的关键人员。企业价值流程中的关键环节，对企业的物质资本投资回报率有着重大影响。在关键环节上，真正产生价值的是关键环节岗位上的关键人员。技术创新是产业集群高端攀升的根本动因，但技术创新又依赖于高级人力资本的推动。因此，培养高级人力资本，提升人力资本水平是我国产业集群由低端走向高端的关键。提升我国人力资本水平，需要采取以下措施：

一是要建立“产学研”合作培养新模式。高校、研究所等科研单位是人才培养的重要基地，要通过“产学研”合作培养模式，建立产业集群内各企业与职业学校、高等院校、培训机构长期合作关系，实行人才定向培养、联合培养，努力打造一支能够满足技术创新要求的高素质的人才队伍，为产业集群向价值链高端攀升提供人才保障。

二是要加快生产性服务业的人才队伍建设。应该借鉴国外的经验，重视职业教育，鼓励民间资本创办教育，形成多渠道、多层次的人才培养体系。对于高等教育，要有针对性地设置课程和培养体系，使学生所形成的知识结构能够与现代生产性服务业所需要的知识结构相匹配。另外，要加大生产性服务业出国接受培训的力度，使我国的生产性服务业的人才更加符合国际化制造业发展的趋势，为生产性服务业的发展提供高素质的人力资本支撑。

三是要制定优惠的人才政策，吸引企业升级所需的专业人才。我国产业集群陷入低端锁定和“贫困式”增长的原因之一是缺乏技术、设计、品牌运营管理等方面的专业人才。企业的专业人才一靠培养，二靠引进。引进企业升级所需的专业是迅速提高企业人力资本水平的一条有效途径。所以，集群企业应加大人才的引进力度，以优惠的政策吸引人才、留住人才。在引进人才时，要重点引进企业升级所需的紧缺人才，具体来说包括以下四类：具有开拓精神的技术专家和管理人才；有品牌运营管理经验的高级管理人才；具有丰富的知识和经验的复合型营销人才与熟悉国际市场规则的外贸人才；有国际水平的研发设计师与掌握精湛技术的工程师、机械师。

9.4.5 发展生产性服务业，为集群企业向价值链高端攀升提供促进力

所谓生产性服务业是指制造业提供相关配套服务的支持性产业，主要包括为生产企业提供研发设计、第三方物流、融资租赁、信息技术服务、检验检测认证、电子商务、商务咨询、服务外包、售后服务、人力资源服务和品牌建设等服务的企业。生产性服务业的发展对我国产业集群向价值链高端攀升具有重要的助推作用。因为，所谓产业集群升级是指向全球价值链两端——研发、设计、品牌、营销等高附加值的环节攀升。而目前我国集群企业显然缺乏研发设计、品牌营销等方面的资金、技术、人才和经验。这种情况下，求助于第三方的生产性服务业提供专业化的服务不失为一种有效途径。所以，生产性服务业是我国集群企业价值链升级的助推器。从目前的情况来看，我国生产性服务业相对落后，难以承担起支撑和助推我国产业集群价值链升级的作用。相对滞后的生产性服务业已经成为我国产业集群全球价值链升级的重要掣肘因素。因此，发展生产性服务业已经成为推动产业集群价值链高端攀升的重要任务。

现阶段，发展生产性服务，助推产业集群价值链高端攀升，需重点做好以下三个方面工作：

一是要从财税政策、金融服务、土地供应、人才队伍等方面制定并落实支持生产性服务业发展的产业政策。围绕产业集群升级，加大对研发设计、商品检测、维修、物流、金融、法律、会计、信息、租赁、咨询等具有战略意义的生产性服务业的扶持力度。严格规范审批行为，加强企业服务，逐步形成支持生产性服务业发展的良好制度环境。

二是要推进生产性服务业的集聚式发展，要放松生产性服务业的投资限制，吸引发达国家在我国投资工业设计、技术服务等产业。要通过促进生产性服务业与制造业的良性互动，充分发挥服务业自身需求在生产性服务业发展中的作用，从产业层面扩大生产性服务业的中间需求，实现生产性服务业快速发展，为我国产业集群向价值链高端攀升提供高质量的生产性服务。

三是要提升金融支持与服务、物流运输等中介服务质量。首先，提升

金融支持与服务质量。金融是产业集群支撑体系中的一个重要组成部分以及具有特殊地位的生产性服务行业，虽然不直接参与产品的生产，但是每一个产业集群的发展和升级都离不开金融的支持。因此，改善金融环境，优化金融结构，创新金融制度，提供高质量的金融服务，实现多层次、多形式、多领域的银政、银企对接和合作，为产业集群向价值链高端攀升创造条件和提供支持。其次，加强集群物流服务。物流业作为重要的生产性服务行业之一，对于促进区域经济快速发展和发挥产业集群竞争优势具有重要的基础性和纽带性作用。与企业物流相比，产业集群物流更侧重从集群供应链角度出发，注重企业间的物资采购、仓储、配送等环节的物流活动，以便更好地满足产业集群内企业的物流需求，通过不断降低产业集群内企业的物流成本及交易成本，提高集群的核心竞争优势。为了促进产业集群内物流业的发展，需要大力发展第三方物流。第三方物流拥有一定量的专业化人才和专业设施，能够提供更高质量的服务，并且可以利用其专业化的优势在更广的范围内对各种物流要素进行整体优化组合和配置，不仅提高物流效率，而且可以有效地降低运输成本。政府应完善各项管理制度，并给第三方物流一定的政策优惠，充分激发物流企业的活力。第三方物流企业也应该积极拓展自身的业务范围，除传统的运输、仓储服务外，还应根据每个客户的具体情况，为其提供个性化的服务。最后，还要加大产业集群内的基础配套设施环境建设，提高生产性社会服务的水平，为产业集群向全球价值链高端攀升提供良好的公共服务环境。加快技术服务平台、公共信息、营销网络等中介服务机构的建设，为产业集群向价值链高端攀升提供必要的生产性服务支持。

9.4.6　培养国内有效需求，为集群企业向价值链高端攀升提高牵引力

市场需求对企业技术创新的作用表现为拉动作用、促进作用和引致作用。三种作用统一称为牵引作用。

(1) 企业技术创新的原动力来源于市场的拉动

只有创新投入能够产生相应回报，企业才有创新的动力，才会产生创

新的意愿和冲动，才会有创新的积极性。而投资得以收回并有一定回报的唯一来源是市场需求。只有有市场需求，企业创新产品才能顺利卖出去，创新投入成本才能收回并产生一定的利润，进而激发企业投放的意愿和动力。市场需求规模越大，创新的收益就越高，企业的投资热情就越大，就越能拉动企业创新欲望和热情。

(2) 投资创新利润是促进企业创新再投入和企业持续创新的唯一来源

企业创新再投入需要有资金再投入，而再投入的资金来源于前期创新的收益。前期创新收益的大小决定创新再投入的多少，前期创新收益越多，就越能促进企业加大创新再投入。而前期创新的收益大小与企业创新产品市场需求规模有关。因此，市场需求规模越大，前期的创新收益就越高，就越能促进企业加大创新资金，进而促进企业创新的可持续性。

(3) 需求水平和需求层次提高能够引致创新的产生

Utterback 的实证研究表明，60% ~80% 的重要创新都是需求引致而产的。人民生活水平提高会激发消费者对新产品的需求。企业在利益驱使下就会投入资金研发这种新产品，以满足消费者的需求，进而引致创新的产生。

如上所述，市场需求对企业技术创新具有牵引作用，我们应该着力培养和扩大市场需求规模，并促进消费需求结构的升级。通过培养和扩大国内有效需求，为创新和持续创新提供牵引力，并以此推动我国产业集群向价值链高端攀升。培养国内有效需求，需要从以下两个方面着手：

第一，扩大国内市场需求规模。通过增加城乡居民收入，缩小收入差距；完善社会保障制度，稳步提高社会养老金、最低保障标准、失业保险金、建立大病医疗保险等民生保障待遇标准，解除居民的后顾之忧，提高我国居民的消费意愿和消费能力，促进国内有效需求市场规模的形成。加大消费需求对经济增长的拉动作用，缓解经济增长过于依赖出口拉动的压力，保证企业创新能有足够的国内需求规模支撑，使创新活动得以持续。

第二，促进我国消费需求结构的升级，形成一个能够支撑国内企业自主创新和产业升级的有效高端需求市场。发达国家正是因为利用自己的技术创新能力积累足够规模的本土市场高端需求，成为世界新技术、新创意、新产品的原发地和新需求市场的开拓者，由此成为全球价值链高端环节的控制者，把发展中国家锁定在全球价值链的低端环节。因此，我国政府需要加快深化收入分配制度的改革，要使劳动报酬与劳动生产率同步提高，促进收入分配与经济增长、劳动生产率提高相协调，提高劳动者收入；多渠道增加居民财产性收入；加快形成以中等收入群体为主体的“橄榄型”收入分配格局。努力培育中国的中等收入阶层，依托本土中等收入阶层的文化和市场，促进对国内高端商品需求市场的形成，培育本国的世界品牌，支持以本土企业主导的国内价值链的构建，为国内企业实现升级奠定良好的渠道基础，拉动产业集群向价值链高端攀升。

9.4.7 构建由本土企业主导的国内价值链，为集群企业向价值链高端攀升提供跃升力

卡普林斯基和莫理斯（Kaplinsky & Morris，2001）把发展中国家集群产业升级路线概括为工艺升级—产品升级—功能升级—链条升级的序贯过程。众多研究表明，全球价值链的治理者（国际大买家和跨国公司）出于自身利益考虑，会允许并帮助发展中国家的地方产业集群进行工艺升级和产品升级。但是，一旦发展中国家的地方产业集群试图进行研发设计、品牌运营和渠道建设（即功能升级），对国际大买家和跨国公司既得利益构成挑战时，就会遭到发达国家大购买商和跨国公司的严重阻击与控制（Humphrey & Schmitz，2002；刘志彪、张杰，2007）。由此可见，在“俘获”型全球价值链治理模式中，发展中国家的产业集群升级主要是受阻于功能升级阶段，其原因是功能升级直接威胁到了国际大买家和跨国公司的既得利益，从而遭致发达国家大购买商和跨国公司的阻止和控制。为了避免与国际大买家和跨国公司发生正面冲突，减少地方产业集群品牌建设和自建营销渠道（即功能升级）给国际大买家和跨国公司的既得利益构成威胁，继而规避国际大买家和跨国公司的阻止甚至惩罚，有必要充分利用庞大的国内市场来建立一条由本土企业主导的、与全球价值链平行的国内价值链（NVC）。与全球价值链（GVC）相比，国内价值链是在一个主权国内部开展的区域间分工，其中间品贸易仅限于国内各区域间进行，而并没

有出现跨境流动。可见，国内价值链很大程度上是国内资源配置整合的概念，即国内企业（包括内资企业及外资企业）凭借核心技术、品牌或营销渠道等优势，依托国内外市场需求，充分整合利用国内原材料供给、零部件生产、成品组装、物流配送等环节，形成一套完整的国内生产分工体系(黎峰，2016)。

首先，在国内形成一条研发、设计、制造、品牌、营销由本土企业主导的国内价值链，要根据我国东、中、西部地区不同的比较优势，把国内价值链上的不同价值环节分布在不同的地区进行生产。东部地区侧重发展价值链的核心价值环节，比如研发、设计、品牌等，中部地区侧重发展中间价值环节，比如少量研发、集成、关键部件制造等，西部地区则侧重发展外围价值环节，比如加工制造、组装等，东、中、西部各区域充分发挥比较优势。国内价值链中具有一定技术实力和市场占有率的龙头企业通过专注于研发设计、品牌运营和产品营销等环节的活动，并依靠国内庞大的市场需求，培养和建立起自身在技术研发、品牌运营和市场营销方面的能力和优势，以此实现国内价值链上的功能升级。待时机成熟后，再利用在国内市场所形成的强大技术、市场和品牌等优势向全球价值链延伸，进而实现在全球价值链上的功能升级，最终完成全球价值链的工艺升级—产品升级—功能升级—链条升级的整个升级过程，实现我国产业集群突破低端锁定，向全球价值链高端攀升的目的。

其次，构建由本土企业主导的国内价值链，当务之急是培育龙头企业。龙头企业是指在价值链中处于关键位置，对同行业的其他企业会产生很大的影响力、号召力并发挥一定的示范、引导作用。我国产业集群之所以被锁定于全球价值链的低端环节是因为目前我国产业集群被处于“俘获”型的价值链治理当中，在这种治理模式下，价值链中的龙头企业利用掌握的权力制定和监督规则、标准的实施，阻碍我国产业集群的升级。要构建国内价值链，改变我国产业集群在价值链中被“俘获”的命运，就需要构筑龙头企业，通过龙头企业在资本、技术、人才等方面的强大实力，以及其在市场上强大的影响力，来平衡全球价值链上的各种势力，从而改变我国产业集群目前在全球价值链治理中的被动和被俘获地位，实现从“被领导型”（被俘获型）治理模式向“关系型”（合作型）治理模式转变，达到全球价值链的共同治理。所以，国内价值链构建中的关键环节就是本土龙头企业的培育。推动有实力的龙头企业的发展，充分利用内外部的科技、知识、人才等高端创新资源，致力于研发设计、品牌运营和产品营销等价值链高端环节的活动，促进由本土企业主导的集研发、设计、制造、品牌、营销各环节在内的国内价值链的构建。产业集群中龙头企业的选择主要应把握三条标准：一是在资本、技术、人才资源等方面拥有较大规模和较强实力；二是要拥有自主知识产权的知名品牌，能对上下游产业链条形成强大的引领和整合能力；三是在核心技术、专利产品、管理技能、市场网络等方面拥有核心竞争优势，能对上下游产业产生强大的拉动和集聚作用。

9.4.8　促进我国产业集群技术创新能力提升的政策体系

我国产业集群向全球价值链高端攀升其根本的动力来源于技术创新能力的提升。为此，需要采取切实有效的措施来提高我国产业集群技术创新能力。

(1) 加大政府共性技术的支持力度，促进集群科技创新能力提升

共性技术是指在集群内被很多企业广泛采用，其研发成果可共享并对一个产业或多个产业及企业产生深刻影响的一类技术。产业集群内的共性技术既是产业集群必须解决的难题，也是国家科技发展水平的重要基础。解决产业集群内的共性技术难题，既是产业集群内各市场主体——企业的任务，也是国家科技创新体系建设的重要工作。因此，在产业集群内部共性技术难题攻关中，既要充分发挥产业集群中各市场主体的主力军作用，又要充分利用国家有关部门在技术、政策与经费方面给予有力的支持。

(2) 建立产业集群内的知识产权交易市场，促进科技创新成果的有效扩散

市场交易是知识产权由潜在价值变成现实价值的实现方式，建立知识产权交易市场既是促进知识产权价值实现的重要路径，也是活跃科技创新的重要手段。因此，各产业集群内部要根据具体实际建立发达的知识产权交易市场，为科研创新单位与企业之间搭建有效的交易平台。对于规模较大的产业集群，可以考虑在集群内建立专业化的知识产权交易市场，而对

于规模较小的产业集群，可以考虑组建区域内的综合知识产权交易市场。

(3) 培育有利于科技创新的集群文化，激发产业集群内部的科技创新活力

产业集群是产业链上相关的企业或机构在一定空间区域内高度聚集的现象。集群内因相关企业或机构在地域上的接近促进了企业之间频繁地接触和交流，从而致使“空气中飘荡着行业的秘密”，进而加速了集群内知识扩散效应，促进了技术创新。然而这种知识的外溢效应对于科技成果的扩散还远不够，必须着力培育有利于集群创新的集群竞合文化，倡导集群各市场主体之间竞合文化，促进企业之间相互学习交流，活跃创新氛围。

(4) 提高产业集群科技产品的政府采购比重，拉动产业集群内的科技创新

科技创新需要市场需求的强力拉动，当今，我国政府公共需求非常旺盛，应该充分利用政府的这一力量来促进我国的技术创新。此外，在当今国际市场规则下，过去那些对某些企业技术研发的众多支持性措施很多也不适用了，但通过政府采购而支持产业集群的科技创新却是各国通行的有效方式。因此，为了扶持基于产业集群的科技创新，建议各级政府部门加大对本地产业集群科技产品采购力度，以拉动产业集群内企业的科技创新。

(5) 调整加工贸易关税，促进加工贸易企业的中间品本地采购，为集群创新提供市场条件

适当调整加工贸易的税收优惠政策，消除加工贸易企业的进口中间品的倾向。有关加工贸易的税收优惠政策，如免税加工贸易进口品关税、免税加工贸易免征出口产品增值税，在一定程度上造成了进口中间品所获得的政策优惠力度要大于在国内采购中间品，这显然不利于带动国内配套企业成长与发展。建议对有关政策加以调整，消除加工贸易转型升级的政策障碍，促进加工贸易向一般贸易的转型。

(6) 鼓励有实力的企业作为龙头整合国内价值链，推动集群向全球价值链攀升

龙头企业在集群创新方面有着不替代的作用。建议政府采取一定的措施支持国内企业间的重组和整合，鼓励那些有实力的国内企业对国内价值链进行整合，形成完整的国内价值链。另外，鼓励和支持龙头企业开拓中国的周边国家和地区的市场，向区域性价值链的后端（市场营销、售后服务、品牌运营）攀升，充分利用若干具有市场辐射力的加工贸易集聚地区的强大加工能力，对中国周边国家和地区形成强大的市场势力。这样一来，在一定程度上可以削弱外资的控制和主导地位，同时也可以形成中国自己的完整的研发、生产和销售体系，形成完整的区域价值链。

(7) 支持有实力企业“研发走出去”，加速我国产业集群技术能力的快速提升

“研发走出去”不失为一种加快提升我国科技创新能力的有效途径，因为它可以充分利用发达国家当地的科技资源和高级要素（高级人才、丰富的资本、科技信息等），弥补我国科技资源不足的现状。为此：

首先，各级政府应努力提高科技公共服务的能力，建议通过政府网站等现代化媒体手段为“研发走出去”提供技术、政策、信息咨询等方面的服务，为企业“研发走出去”提供政策咨询服务。其次，大力支持涉外的科技中介机构的发展，为企业“研发走出去”提供信息服务、人员培训、管理咨询等方面的服务。再次，政府设立海外技术促进专门机构，协调相关事务。最后，大力促进本地产业集群与发达国家的产业集群的技术联系，推动我国产业集群技术创新水平提升。通过区域营销和“走出去、请进来”等各种知识交流方式，提升对外界相关知识和技术的学习、吸收和应用的能力。同时，促进本地企业和外来企业的联系，并促进外来企业适应本地的制度环境，使外来企业作为技术转移的重要媒介。

主要参考文献

[1] 保罗·克鲁格曼，茅瑞斯·奥伯斯法尔著，海文等译．国际经济学［M］．北京：中国人民大学出版社，2002.

[2] 彼得·圣吉．《第五项修炼——学习型组织的艺术与实务》（第二版）［M］．上海：上海三联书店，2009.

[3] CCER 课题组．中国出口贸易中的垂直专门化与中美贸易［J］．世界经济，2006（5）：3－11.

[4] 蔡丹红．从产品力竞争到品牌力竞争的发展规律探讨［J］．品牌研究，2017（2）：81－85.

[5] 曹虹剑，张建英，刘丹．模块化分工、协同与技术创新——基于战略性新兴产业的研究［J］．中国软科学，2015（7）：100－110.

[6] 曹明福，李树民．全球价值链分工的利益来源：比较优势、规模优势和价格倾斜优势［J］．中国工业经济，2005（10）：22－28.

[7] 曹休宁．产业集群发展的制度环境与公共政策研究［M］．北京：中国经济出版社，2015.

[8] 曹勇，赵莉．专利获取、专利保护、专利商业化与技术创新绩效的作用机制研究［J］．科研管理，2013，34（8）：42－52.

[9] 查日升．全球价值链治理的影响因素与政府作用机理［J］．宏观经济研究，2016（6）：49－57.

[10] 陈炳辉．福柯的权力观［J］．厦门大学学报（哲学社会科学版），2002（4）：84－90.

[11] 陈怀超，范建红．制度距离构成维度的厘定和量表开发［J］．管理评论，2014（9）：69－77＋159.

[12] 陈继勇，余罡，葛明．基于增加值贸易视角的中国对外贸易统

计研究——兼与海关统计方式比较分析 [J]. 世界经济研究, 2016 (5): 42 -51 +135.

[13] 陈丽. 基于共同价值的多维度组织协同机理与方法研究 [D]. 天津大学, 2010.

[14] 陈文府. 中国制造业参与全球价值链的竞争力——基于世界投入产出表的国际比较研究 [J]. 产业经济研究, 2015 (5): 1 -11.

[15] 陈正伟. 投入产出分析技术 [M]. 西南财经大学出版社, 2013.

[16] 成祖松. 中国高技术产业升级的"双链"驱动研究 [J]. 学习与实践, 2019 (1): 29 -39.

[17] 程大中. 中国参与全球价值链分工的程度及演变趋势——基于跨国投入—产出分析 [J]. 经济研究, 2015, 50 (9): 4 -16 +99.

[18] 程惠芳, 丁小义, 翁杰. 国际产品内分工模式对中国工业部门收入分配格局的影响研究 [J]. 中国工业经济, 2014 (7): 58 -70.

[19] 池仁勇, 胡淑静. 技术先进性、品牌、网络化水平与市场势力: 浙江产品实证 [J]. 科技管理研究, 2012, 32 (24): 61 -63.

[20] 大卫. 阿克. 创建强势品牌 [M]. 北京: 中国劳动保障出版社, 2005.

[21] 戴翔, 李洲. 全球价值链下中国制造业国际竞争力再评估——基于 Koopman 分工地位指数的研究 [J]. 上海经济研究, 2017 (8): 89 -100.

[22] 戴翔, 张二震. 我国利用外资低端现象的形成、突破与对策 [J]. 江苏行政学院学报, 2012 (4): 50 -56.

[23] 戴艳清, 郭伟玲. 浅论信息资源共享系统的战略协同机制 [J]. 国家图书馆学刊, 2011, 22 (4): 39 -44.

[24] 戴勇, 肖丁丁. 从制造到研发、设计与品牌的企业功能升级策略研究 [J]. 暨南学报 (哲学社会科学版), 2011 (3): 38 -45.

[25] 党兴华, 查博. 知识权力对技术创新网络治理绩效的影响研究 [J]. 管理学报, 2011, 8 (8): 1183 -1189.

[26] 刁玉柱. 嵌入全球价值链高端的企业战略延伸研究 [M]. 西安: 西安交通大学出版社, 2015 (11).

[27] 丁志卿, 吴彦艳. 我国汽车产业升级的路径选择与对策建议——

基于全球价值链的研究视角 [J]. 社会科学辑刊, 2009 (1): 104-107.

[28] 杜朝晖. 经济新常态下我国传统产业转型升级的原则与路径 [J]. 经济纵横, 2017 (5): 61-68.

[29] 杜栋. 协同、协同管理与协同管理系统 [J]. 现代管理科学, 2008 (2): 92-94.

[30] 杜宇玮, 熊宇. 市场需求与中国制造业代工超越——基于 GVC 与 NVC 的比较分析 [J]. 产业经济研究, 2011 (2): 36-42.

[31] 杜宇玮. 国际代工的锁定效应及其超越 [D]. 南京大学, 2011.

[32] 范爱军, 高敬峰. 产品内分工视角下的中国制造业比较优势分析 [J]. 国际经贸探索, 2008 (3): 4-9.

[33] 范秀成. 论西方跨国公司品牌管理的战略性调整 [J]. 外国经济与管理, 2000 (10): 30-37.

[34] 方刚. 网络能力结构及对企业创新绩效作用机制研究 [J]. 科学学研究, 2011, 29 (3): 461-470.

[35] 赣州市南康区地方志办公室编, 南康年鉴, 2014, 黄山书社, 2014, 11.

[36] 高翔, 黄建忠, 袁凯华. 价值链嵌入位置与出口国内增加值率 [J]. 数量经济技术经济研究, 2019, 36 (6): 41-61.

[37] 高越, 高峰. 垂直专业化分工及我国的分工地位 [J]. 国际贸易问题, 2005 (3): 16-20.

[38] 龚三乐. 全球价值链内企业升级国外研究进展与趋势 [J]. 世界地理研究, 2010, 19 (1): 71-78.

[39] 郭斌, 蔡宁. 企业核心能力审计: 指标体系与测度方法 [J]. 系统工程理论与实践, 2001 (9): 7-15.

[40] 郭进, 徐盈之, 顾紫荆. 我国产业发展的低端锁定困境与破解路径——基于矫正城镇化扭曲视角的实证分析 [J]. 财经研究, 2018, 44 (6): 64-76.

[41] 何云, 陈增祥. 要素品牌战略及理论研究评述 [J]. 品牌研究, 2016 (1): 6-14.

[42] 洪银兴. 参与全球经济治理: 攀升全球价值链中高端 [J]. 南京大学学报 (哲学·人文科学·社会科学), 2017, 54 (4): 13-23+157.

[43] 洪银兴．创新驱动攀升全球价值链中高端[J]．经济学家，2017（12）：6–9.

[44] 侯杰泰，温忠麟，成子娟．结构方程模型及其应用[M]．北京：经济科学出版社，2004：1–165.

[45] 胡大立．我国产业集群全球价值链“低端锁定”的诱因及其突围．现代经济探讨，2013（2）：23–26.

[46] 胡大立，伍亮．技术势力、市场势力与战略性新兴产业高端化发展研究[J]．科技进步与对策，2016，33（22）：50–55.

[47] 胡军，陶锋，陈建林．珠三角OEM企业持续成长的路径选择——基于全球价值链外包体系的视角[J]．中国工业经济，2005（8）：42–49.

[48] 胡辛欣．企业组织规模膨胀与国际化[J]．当代经济，2010（9）：58–60.

[49] 胡昭玲，张咏华．中国制造业国际分工地位研究——基于增加值贸易的视角[J]．南开学报（哲学社会科学版），2015（3）：149–160.

[50] 花建锋，刘媛媛，郑春东．品牌强度对消费者评价品牌延伸的影响——基于知名度、美誉度、信任度的研究[J]．中南林业科技大学学报（社会科学版），2014（3）：63–67.

[51] 黄光灿，王珏，马莉莉．中国制造业全球价值链分工地位核算研究[J]．统计与信息论坛，2018，33（12）：20–29.

[52] 黄继泽，刘国建．论企业的技术权力[J]．广东工业大学学报（社会科学版），2010，10（1）：49–54.

[53] 黄津孚．资源、能力与核心竞争力[J]．经济管理，2001（20）：4–9.

[54] 黄永明，聂鸣．全球价值链治理与产业集群升级国外文献研究综述[J]．北京工商大学学报（社会科学版），2006（3）：6.

[55] 吉姆·克林斯．基业长青[M]．北京：中信出版社，2006.

[56] 江静，刘志彪．全球化进程中的收益分配不均与中国产业升级[J]．经济理论与经济管理，2007（7）：26–32.

[57] 姜劲，孙延明．代工企业外部社会资本、研发参与和企业升级

[J]. 科研管理, 2012 (5): 47-55.

[58] 景秀艳, 曾刚. 从对称到非对称: 内生型产业集群权力结构演化及其影响研究 [J]. 经济问题探索, 2006 (10): 41-44.

[59] 景秀艳, 曾刚. 全球与地方的契合: 权力与生产网络的二维治理 [J]. 人文地理, 2007 (3): 22-27.

[60] 康凯, 魏旭光, 张敬, 张志颖. 全球价值链技术权力对企业竞争优势影响——突破式创新中介性调节效应 [J]. 科学学与科学技术管理, 2016, 37 (3): 116-124.

[61] 康志勇, 张杰. 制度缺失、行为"扭曲"与我国自主创新动力不足 [J]. 现代经济探讨, 2009 (3): 76-80.

[62] 黎峰. 全球价值链下的出口产品结构与贸易收益——基于增加值视角 [J]. 世界经济研究, 2016 (3): 86-96+135-136.

[63] 李凡, 李娜, 刘沛罡. 中印技术创新政策演进比较研究——基于目标、工具和执行的定量分析 [J]. 科学学与科学技术管理, 2015 (10): 23-31.

[64] 李桂华, 黄磊, 卢宏亮. 代工专用性投资、竞争优先权与自有品牌战略 [J]. 南开管理评论, 2013, 16 (6): 28-37.

[65] 李国鹏, 王绍媛. 基于跨境电商的网络化制造推动全球价值链升级研究 [J]. 国际贸易, 2018 (6): 14-19.

[66] 李建军. 产品内分工、产业转移与中国产业结构升级——兼论产业耦合转移背景下中国加工贸易升级 [J]. 理论导刊, 2012 (3): 86-89.

[67] 李磊, 何青松. 中国企业逆向 OFDI 促进市场势力构建的机制分析 [J]. 经济体制改革, 2012 (5): 93-97.

[68] 李丽华. 嵌入全球价值链的企业功能升级的影响因素: 基于浙江纺织服装企业的实证研究 [D]. 浙江工商大学, 2010.

[69] 李青, 涂剑波. 我国企业技术创新对自主品牌建设的影响研究 [J]. 北京理工大学学报 (社会科学版), 2008 (4): 15-19.

[70] 李清政, 白戈, 于建原, 李永强. 营销能力与创新关系实证研究 [J]. 中国软科学, 2011 (1): 135-141.

[71] 李任越. 市场势力、治理结构优化与浙江传统产业功能升级 [D]. 浙江工商大学, 2010.

[72] 李善同，何建武，刘云中．全球价值链视角下中国国内价值链分工测算研究［J］．管理评论，2018，30（5）：9-18.

[73] 李诗田，邱伟年．政治关联、制度环境与企业研发支出［J］．科研管理，2015（4）：56-64.

[74] 李维安，王辉．企业家创新精神培育：一个公司治理视角［J］．南开经济研究，2003（2）：56-59.

[75] 李小建，张晓平，彭宝玉．经济活动全球化对中国区域经济发展的影响［J］．地理研究，2000，19（3）：225-233.

[76] 李晓钟，张小蒂．外商直接投资对我国技术创新能力影响及地区差异分析［J］．中国工业经济，2008（9）：77-87.

[77] 李振华，赵寒，吴文清．在孵企业关系社会资本对创新绩效影响——以资源获取为中介变量［J］．科学学与科学技术管理，2017（6）：144-156.

[78] 梁宏．技术创新管理学研究［M］．中国地质大学出版社，2016，12.

[79] 梁正．从科技政策到科技与创新政策——创新驱动发展战略下的政策范式转型与思考［J］．科学学研究，2017（2）：170-176.

[80] 林承亮．技术外部性与产业集群转型创新［M］．杭州：浙江大学出版社，2014.

[81] 林兰，曾刚．企业网络中技术权力现象研究评述［J］．人文地理，2010，25（3）：16-19+61.

[82] 林正刚，周碧华．企业战略协同理论国外研究综述［J］．科技管理研究，2011，31（21）：189-192.

[83] 刘爱玉．组织化脆弱就业——以大上海地区服装加工业为例［J］．社会发展研究，2017，4（2）：1-22+242.

[84] 刘斌．21世纪跨国公司新论：行为路径与影响力［M］．北京：知识产权出版社，2016.

[85] 刘凤朝，孙玉涛．我国科技政策向创新政策演变的过程、趋势与建议——基于我国289项创新政策的实证分析［J］．中国软科学，2007（5）：34-42.

[86] 刘华军．企业增长的动态理论——品牌模型及其应用［J］．当代财经，2006（9）：58-64.

[87] 刘建江，杨细珍．产品内分工视角下中美贸易失衡中的贸易利益研究［J］．国际贸易问题，2011（8）：68－80.

[88] 刘军，宋冰晨，冯晞．中国家电全产业链转型升级蓝皮书：产业微笑曲线的O2O之路［M］．杭州：浙江大学出版社，2015.

[89] 刘林青，谭力文，施冠群．租金、力量和绩效——全球价值链背景下对竞争优势的思考［J］．中国工业经济，2008（1）：50－58.

[90] 刘林青，谭力文．产业国际竞争力的二维评价——全球价值链背景下的思考［J］．中国工业经济，2006（12）：37－44.

[91] 刘世俊．论技术锁定与反锁定［J］．经济论坛，2006（5）：32－34.

[92] 刘志彪，张杰．从融入全球价值链到构建国家价值链：中国产业升级的战略思考［J］．学术月刊，2009，41（9）：59－68.

[93] 刘志彪，张杰．全球代工体系下发展中国家俘获型网络的形成、突破与对策——基于GVC与NVC的比较视角［J］．中国工业经济，2007（5）：39－47.

[94] 刘志彪．全球化背景下中国制造业升级的路径与品牌战略［J］．财经问题研究，2005（5）：25－31.

[95] 刘志彪．中国沿海地区制造业发展：国际代工模式与创新［J］．南开经济研究，2005（5）：39－46＋60.

[96] 卢锋．产品内分工［A］．经济学（季刊）第4卷第1期（总第14期）［C］．2004：28.

[97] 卢宏亮，李桂华．基于B2B2C视角的B2B品牌资产影响因素研究［J］．当代财经，2014（6）：75－86.

[98] 卢仁祥．中国参与全球价值链分工的低端锁定问题研究——基于增加值贸易数据的分析［J］．华东经济管理，2017，31（6）：72－78.

[99] 卢泰宏，黄胜兵，罗纪宁．论品牌资产的定义［J］．中山大学学报（社会科学版），2000（4）：17－22.

[100] 陆克斌，郭伟．产业集群技术创新与知识市场的协同关系研究［J］．科研管理，2010，31（3）：35－43.

[101] 陆力斌，许秀珍．品牌强度评估的指标体系及方法［J］．商场现代化，2009（11）：118－120.

[102] 陆园园，薛镭．企业转型中的环境—战略协同演进——基于中国9个重要机床企业的案例研究 [J]．科学学与科学技术管理，2010，31 (9)：151－157.

[103] 吕文晶，陈劲，刘进．智能制造与全球价值链升级——海尔COSMOPlat案例研究 [J]．科研管理，2019，40 (4)：145－156.

[104] 吕越，黄艳希，陈勇兵．全球价值链嵌入的生产率效应：影响与机制分析 [J]．世界经济，2017，40 (7)：28－51.

[105] 马风涛．中国制造业全球价值链长度和上游度的测算及其影响因素分析 [J]．世界经济研究，2015 (8)：3－10.

[106] 马海燕，李世祥．代工企业和国际品牌客户相互依赖性的实证研究 [J]．管理学报，2015，12 (10)：1562－1570.

[107] 马海燕等．中国服装产业国际竞争力研究：全球价值链的视角 [M]．武汉：中国地质大学出版社，2010.

[108] 马述忠，张洪胜，王笑笑．融资约束与全球价值链地位提升——来自中国加工贸易企业的理论与证据 [J]．中国社会科学，2017 (1)：83－107＋206.

[109] 毛文静，朱家德．论网络组织合作的权力治理 [J]．云南行政学院学报，2008 (3)：143－144.

[110] 毛蕴诗，姜岳新，莫伟杰．制度环境、企业能力与OEM企业升级战略——东菱凯琴与佳士科技的比较案例研究 [J]．管理世界，2009 (6)：135－145＋157.

[111] 毛蕴诗，刘富先，李田．企业升级路径测量量表开发 [J]．华南师范大学学报（社会科学版），2016 (3)：103－117＋192.

[112] 毛蕴诗，吴瑶，邹红星．我国OEM企业升级的动态分析框架与实证研究 [J]．学术研究，2010 (1)：63－69＋77＋160.

[113] 毛蕴诗，郑泳芝，叶智星．从ODM到OBM升级的阶段性选择 [J]．技术经济与管理研究，2016 (2)：45－51.

[114] 梅丽霞，王缉慈．权力集中化、生产片断化与全球价值链下本土产业的升级 [J]．人文地理，2009 (4)：32－37.

[115] 牟若．我国加工贸易在全球产业链低端的现状及对策 [J]．中外企业家，2009 (8)：98－99＋129.

[116] 倪红福．全球价值链测度理论及应用研究新进展［J］．中南财经政法大学学报，2018（3）：115－126＋160.

[117] 聂聆，李三妹．制造业全球价值链利益分配与中国的竞争力研究［J］．国际贸易问题，2014（12）：102－113.

[118] 聂名华．中国制造业在全球价值链中的地位与升级方略［J］．东南学术，2017（2）：127－134＋248.

[119] 聂清凯，赵庆．企业文化力内涵、生成与功能体系研究综述及其展望［J］．外国经济与管理，2008（11）：51－56＋65.

[120] 潘开灵，白列湖．管理协同机制研究［J］．系统科学学报，2006（1）：45－48.

[121] 潘秋晨．全球价值链嵌入对中国装备制造业转型升级的影响研究［J］．世界经济研究，2019（9）：78－96＋135－136.

[122] 潘文卿，李跟强．中国区域的国家价值链与全球价值链：区域互动与增值收益［J］．经济研究，2018，53（3）：171－186.

[123] 庞小伟．品牌建设基本知识：品牌力的概念．全球品牌网，www. globrand. com.

[124] 裴秋蕊．我国出口型代工中小企业升级路径研究——基于互联网经济时代全球价值链视角［J］．国际商务（对外经济贸易大学学报），2017（2）：143－152.

[125] 彭绍仲．全球商品链的内在动力机制与外部结构均衡［J］．中国工业经济，2006（1）：56－63.

[126] 彭涛，王凯．企业愿景与使命陈述对企业绩效的影响［J］．管理现代化，2014（3）：78－80.

[127] 彭文治．供给侧结构性改革与江西产业集群发展研究［M］．成都：电子科技大学出版社，2016.

[128] 齐庆祝．企业能力的维度、层次及层次演进研究［D］．天津大学，2004.

[129] 王云杰，郭伟，王建东．企业核心能力评价模型的构建与实证研究［J］．技术与创新管理．2006（5）.

[130] 秦津娜，丁慧平，邓超．基于资源协同的企业能力提升机理研究［J］．北京交通大学学报（社会科学版），2012，11（2）：66－71.

[131] 秦兴俊，王柏杰. 产品内分工、加工贸易与我国对外贸易结构升级 [J]. 国际经贸探索，2014，30 (7)：37 -46.

[132] 秦玥. 政治关系、制度环境与公司业绩 [D]. 西南财经大学，2014.

[133] 曲建. 基于全球价值链角度的中国加工贸易转型升级 [M]. 北京：中国经济出版社，2013.

[134] 任保全，刘志彪，任优生. 全球价值链低端锁定的内生原因及机理——基于企业链条抉择机制的视角 [J]. 世界经济与政治论坛，2016 (5)：1 -23.

[135] 任志成，戴翔. 产品内分工、贸易自由化与中国产业出口竞争力 [J]. 国际贸易问题，2014 (4)：23 -32.

[136] 任宗强. 基于创新网络协同提升企业创新能力的机制与规律研究 [D]. 浙江大学，2012.

[137] 荣泰生. AMOS 与研究方法 [M]. 重庆：重庆大学出版社出版，2010.

[138] 商务部政研室. 中国推进全球价值链合作的研究与行动 [EB/OL]，http：//gvc. mofcom. gov. cn/gvc/article/gzjz/201610/2604 _ 1. html，2016 -10 -27.

[139] 沈梓鑫，贾根良. 增加值贸易与中国面临的国际分工陷阱 [J]. 政治经济学评论，2014，5 (4)：165 -179.

[140] 盛斌. 中国对外贸易政策的政治经济分析 [M]. 上海：上海人民出版社，2012.

[141] 石林芬，唐力文. 贸易自由化进程中的技术垄断策略 [J]. 科学学与科学技术管理，2003 (2)：65 -67.

[142] 史卫，张学志，苏良军. 经验效应和规模效应——中国民营企业劳动生产率的实证研究 [J]. 广东社会科学，2010 (5)：44 -50.

[143] 世界经济百科全书 [M]. 中国大百科全书出版社，1987，212 -214.

[144] 顺商发展研究会. 敢问路在何方——新常态下顺商转型发展路径探索 [M]. 广州：广东人民出版社，2016.

[145] 宋渊洋，刘勰. 中国各地区制度环境测量的最新进展与研究展

望 [J]. 管理评论, 2015 (2): 3 – 12.

[146] 宋耘, 王婕. 企业能力对企业自主品牌升级的影响研究——基于广东省制造业企业的调查分析 [J]. 广州财经大学学报, 2017, 32 (3): 85 – 98.

[147] 苏东坡, 柳天恩, 李永良. 模块化、全球价值链与制造业集群升级路径 [J]. 经济与管理, 2018, 32 (4): 54 – 61.

[148] 苏敬勤, 高昕. 中国制造企业的低端突破路径演化研究 [J]. 科研管理, 2019, 40 (2): 86 – 96.

[149] 苏庆义. 中国省级出口的增加值分解及其应用 [J]. 经济研究, 2016, 51 (1): 84 – 98 + 113.

[150] 孙宁华, 张翔. 商业模式创新驱动全球价值链攀升 [J]. 河北学刊, 2018, 38 (1): 118 – 126.

[151] 孙曰瑶. 自主创新的品牌经济学研究 [J]. 中国工业经济, 2006 (4): 59 – 65.

[152] 汤碧. 基于产品内分工视角的我国贸易转型升级路径研究 [J]. 国际贸易问题, 2012 (9): 16 – 27.

[153] 唐宜红, 张鹏杨. 中国企业嵌入全球生产链的位置及变动机制研究 [J]. 管理世界, 2018, 34 (5): 28 – 46.

[154] 田凤权. 创建和提升 B2B 企业品牌价值的思路 [J]. 经济研究导刊, 2012 (17): 154 – 156.

[155] 田文. 产品内贸易的定义, 计量及比较分析 [J]. 财贸经济, 2005.

[156] 田野. 产品内分工视角下中国对外贸易的环境效应研究——基于污染密集产业面板数据的实证分析 [J]. 东北大学学报 (社会科学版), 2012, 14 (6): 487 – 493.

[157] 田志龙, 蒋倩. 中国 500 强企业的愿景: 内涵、有效性与影响因素 [J]. 管理世界, 2009 (7): 103 – 114 + 187 – 188.

[158] 涂颖清. 全球价值链视野下我国制造业升级研究 [M]. 南昌: 江西人民出版社, 2015.

[159] 汪斌, 侯茂章. 经济全球化条件下的全球价值链理论研究 [J]. 国际贸易问题, 2007 (3): 92 – 97.

[160] 汪建成，毛蕴诗，邱楠．由 OEM 到 ODM 再到 OBM 的自主创新与国际化路径—格兰仕技术能力构建与企业升级案例研究［J］．管理世界，2008（6）：148－160.

[161] 王伯鲁．技术权力问题解析［J］．科学技术哲学研究，2013，30（6）：41－45.

[162] 王分棉，程立茹，王建秀．知识产权保护、技术创新与品牌成长——基于门槛面板回归分析［J］．管理理论研究，2015，30（4）：102－109.

[163] 王海杰，宋姗姗．基于产业互联网的我国制造业全球价值链重构和升级［J］．企业经济，2018，37（5）：32－38.

[164] 王海忠，刘红艳．品牌杠杆——整合资源赢得品牌领导地位的新模式［J］．外国经济与管理，2009（5）：23－29＋37.

[165] 王俊，刘东．摆脱代工企业创新困境的社会网络论分析——基于温州打火机产业的案例研究［J］．商业经济与管理，2010（5）：55－61＋70.

[166] 王俊峰，程天云．技术创新对品牌价值影响的实证研究［J］．软科学，2012，26（9）：10－14.

[167] 王雷．全球价值链框架下跨国公司的“纵向控制”策略及突破路径研究——以晋江鞋业集群为例［J］．经济体制改革，2010（5）：62－66.

[168] 王生辉，孙国辉．全球价值链体系中的代工企业组织学习与产业升级［J］．经济管理，2009，31（8）：39－44.

[169] 王晓晴．基于市场力的品牌竞争力评价［J］．中国城市经济，2011（5）：54－55.

[170] 王新新．3.0 时代的品牌管理［J/OL］．品牌研究，2016（2）：33－39.

[171] 王毅．我国企业核心能力实证研究［J］．管理科学学报，2002（2）：74－82.

[172] 王振国，张亚斌，单敬，黄跃．中国嵌入全球价值链位置及变动研究［J］．数量经济技术经济研究，2019，36（10）：77－95.

[173] 王铮．企业技术创新与品牌营销关系研究［D］．华侨大学，2013.

[174] 王直，魏尚进，祝坤福．总贸易核算法：官方贸易统计与全球价值链的度量 [J]．中国社会科学，2015 (9)：108 -127 +205 -206.

[175] 王智宁，吴应宇，叶新凤．网络关系、信任与知识共享——基于江苏高科技企业问卷调查的分析 [J]．研究与发展管理，2012 (2)：47 -57.

[176] 魏江，黄学，刘洋．基于组织模块化与技术模块化"同构/异构"协同的跨边界研发网络架构 [J]．中国工业经济，2014 (4)：148 -160.

[177] 魏江，许庆瑞．企业技术能力与技术创新能力之关系研究 [J]．科研管理，1996 (1)：22 -26.

[178] 魏江，叶学锋．基于模糊方法的核心能力识别和评价系统 [J]．科研管理，2001 (2)：96 -103.

[179] 温忠麟，侯杰泰，张雷．调节效应与中介效应的比较和应用 [J]．心理学报，2005 (2)：268 -274.

[180] 温忠麟，张雷，侯杰泰，刘洪云．中介效应检验程序及其应用．心理学报，2004，36 (5)，614 -620.

[181] 吴波，李生校．全球价值链嵌入是否阻碍了发展中国家集群企业的功能升级？——基于绍兴纺织产业集群的实证研究 [J]．科学学与科学技术管理，2010 (8)：60 -65.

[182] 吴红雨．价值链高端化与地方产业升级 [M]．北京：中国经济出版社，2015.

[183] 吴际．HEM 企业组织创新与技术创新协同机制及演化动力机理 [D]．哈尔滨工业大学，2013.

[184] 吴解生．本土企业全球价值链"低环嵌入"的可能前景与决定因素 [J]．经济问题探索，2008 (5)：113 -117.

[185] 吴明．全球价值链空间分布测度及中国位置：基于国际投入产出模型的研究 [D]．云南大学博士论文，2012.

[186] 吴明隆．结构方程模型：AMOS 的操作与应用．重庆：重庆大学出版社，2009.

[187] 夏雪花，官义飞，吴国灿．顾客满意度、产品市场竞争与企业财务业绩——来自中国上市公司的经验证据 [J/OL]．财会月刊，2016 (32)：45 -49.

[188] 夏友富，何宁. 推动我国装备制造业迈向全球价值链中高端的机制、路径与对策 [J]. 经济纵横，2018 (4)：56 -62.

[189] 肖刚，杜德斌. 跨国公司在华研发机构角色演化研究 [J]. 当代财经，2014 (1)：69 -77.

[190] 肖宇，夏杰长，倪红福. 中国制造业全球价值链攀升路径 [J]. 数量经济技术经济研究，2019，36 (11)：40 -59.

[191] 肖志雄. 信任关系对知识吸收能力影响的实证研究 [J]. 图书馆学研究，2015 (13)：96 -102.

[192] 幸炜，李长英，沈伟. 增加值贸易视角下全球价值链双边嵌套特征及其动态演进 [J]. 世界经济研究，2018 (4)：110 -122 +137.

[193] 熊英，马海燕，刘义胜. 全球价值链、租金来源与解释局限——全球价值链理论新近发展的研究综述 [J]. 管理评论，2010，22 (12)：120 -125.

[194] 徐久香. 中国出口增加值核算及产业升级研究——基于全球价值链角度 [D]. 华中科技大学博士学位论文，2014.

[195] 徐雨森. 基于知识产权战略的工业企业核心能力培育 [J]. 研究与发展管理，2003 (1)：69 -73.

[196] 徐中，姜彦福，谢伟，林嵩. 创业企业架构能力、元件能力与绩效关系实证研究 [J]. 科学学研究，2010 (5).

[197] 薛纯，杨瑾. 信息化驱动装备制造业转型升级机理研究 [J]. 西安财经学院学报，2019，32 (5)：120 -127.

[198] 闫国庆，孙琪，仲鸿生，赵娜，荆娴. 我国加工贸易战略转型及政策调整 [J]. 经济研究，2009，44 (5)：66 -78.

[199] 闫云凤. 中国被锁定在全球价值链低端了吗？——中美 GVC 位置与价值获取程度的比较 [J]. 西安交通大学学报（社会科学版），2019，39 (2)：33 -42.

[200] 杨桂菊. 本土代工企业竞争力构成要素及提升路径 [J]. 中国工业经济，2006 (8)：22 -28.

[201] 杨桂菊. 本土代工企业自创国际品牌——演进路径与能力构建 [J]. 管理科学，2009，22 (6)：38 -45.

[202] 杨桂菊. 代工企业转型升级：演进路径的理论模型——基于 3

家本土企业的案例研究 [J]. 管理世界, 2010 (6): 132 - 142.

[203] 杨继军, 袁敏, 张为付. 全球价值链融入与中国制造业就业: 基于非竞争型投入产出模型的分析 [J]. 国际经贸探索, 2017, 33 (11): 19 - 31.

[204] 杨立强. 全球制造网络动态演进中的中国制造业: 角色转换与价值链跃迁 [M]. 北京: 对外经济贸易大学出版社, 2011.

[205] 尹伟华. 全球价值链视角下中国制造业出口贸易分解分析——基于最新的WIDD数据 [J]. 经济学家, 2017 (8): 33 - 39.

[206] 尹伟华. 中国制造业产品全球价值链的分解分析——基于世界投入产出表视角 [J]. 世界经济研究, 2016 (1): 66 - 75.

[207] 尹彦罡, 李晓华. 中国制造业全球价值链地位研究 [J]. 财经问题研究, 2015 (11): 18 - 26.

[208] 于明超. 动态协同效应与代工企业升级 [J]. 管理观察, 2008 (9): 53 - 54.

[209] 俞荣建, 文凯. 揭开GVC治理"黑箱": 结构、模式、机制及其影响——基于12个浙商代工关系的跨案例研究 [J]. 管理世界, 2011 (8): 142 - 154.

[210] 俞荣建. 基于共同演化范式的代工企业GVC升级机理研究与代工策略启示——基于二元关系的视角 [J]. 中国工业经济, 2010 (2): 16 - 25.

[211] 臧志彭. 数字创意产业全球价值链重构——战略地位与中国路径 [J]. 科学学研究, 2018, 36 (5): 825 - 830.

[212] 曾繁华, 杨馥华, 侯晓东. 创新驱动制造业转型升级演化路径研究——基于全球价值链治理视角 [J]. 贵州社会科学, 2016 (11): 113 - 120.

[213] 曾刚, 文婷. 全球价值链视角下的瓷砖地方产业集群发展研究 [J]. 经济地理, 2005 (4): 467 - 470.

[214] 占明珍. 市场势力研究 [D]. 武汉大学, 2011.

[215] 张定胜, 刘洪愧, 杨志远. 中国出口在全球价值链中的位置演变——基于增加值核算的分析 [J]. 财贸经济, 2015 (11): 114 - 130.

[216] 张二震, 方勇. 要素分工与中国开放战略的选择 [J]. 南开学

报，2005（6）.

[217] 张二震，马野青，方勇等．贸易投资一体化与中国的战略［M］．人民出版社，2004.

[218] 张二震，张晓磊．全球价值链、贸易增长“失速”与中国对策［J/OL］．国际商务研究，2017，38（1）：5－18.

[219] 张浩，崔丽，侯汉坡．基于协同学的企业战略协同机制的理论内涵［J］．北京工商大学学报（社会科学版），2011，26（1）：69－75.

[220] 张辉．全球价值链动力机制与产业发展策略［J］．中国工业经济，2006（1）：40－48.

[221] 张辉．全球价值链理论与我国产业发展研究［J］．中国工业经济，2004（5）：38－46.

[222] 张辉．全球价值链下地方产业集群转型和升级研究［M］．北京：经济科学出版社，2006.

[223] 张会清，翟孝强．中国参与全球价值链的特征与启示——基于生产分解模型的研究［J］．数量经济技术经济研究，2018，35（1）：3－22.

[224] 张慧明，蔡银寅．中国制造业如何走出“低端锁定”——基于面板数据的实证研究［J］．国际经贸探索，2015，31（1）：52－65.

[225] 张杰，刘志彪，郑江淮．产业链定位、分工与集聚如何影响企业创新——基于江苏省制造业企业问卷调查的实证研究［J］．中国工业经济，2007（7）：47－55.

[226] 张杰，郑文平．全球价值链下中国本土企业的创新效应［J］．经济研究，2017，52（3）：151－165.

[227] 张杰，周晓艳．中国本土企业为何不创新——基于市场分割视角的一个解读［J］．山西财经大学学报，2011，33（6）：82－93.

[229] 张京红，王生辉．从代工生产到OBM：路径依赖的束缚与路径突破的选择［J］．河北大学学报（哲学社会科学版），2010，35（2）：43－48.

[230] 张敬伟．科技型小微企业技术能力与营销能力互动关系案例研究［J/OL］．科技进步与对策，2014，31（10）：72－77.

[231] 张明之，谢浩．跨区梯度转移抑或域内产业深化——基于2003～2013年全国和长三角分区数据的产业转移分析［J/OL］．财经论

丛，2017（2）：10-17.

［232］张曙临．品牌价值的实质与来源［J］．湖南师范大学社会科学学报，2000（2）：38-42.

［233］张天顶．全球价值链能准确测量增加值贸易吗［J］．当代经济科学，2017，31（1）：96-104.

［234］张望．技术差距、人力资本结构与企业自主创新强度［J］．统计与信息论坛，2014（10）：58-65.

［235］张为付，戴翔．中国全球价值链分工地位改善了吗？——基于改进后出口上游度的再评估［J］．中南财经政法大学学报，2017（4）：90-99.

［236］张卫华，梁运文．全球价值链视角下"互联网+产业集群"升级的模式与路径［J］．学术论坛，2017，40（3）：117-124.

［237］张相文，黄娟，李婷．产品内分工下中国对外贸易对环境污染的影响——基于投入产出模型的分析［J］．宏观经济研究，2012（4）：77-82.

［238］张小蒂，贾钰哲．全球化中基于企业家创新的市场势力构建研究——以中国汽车产业为例［J］．中国工业经济，2011（12）：143-152.

［239］张小蒂，曾可昕．企业家资源拓展与中国比较优势内生增进［J］．学术月刊，2013（11）：75-85.

［240］张小蒂，赵榄．基于渠道控制的市场势力构建模式特征分析［J］．中国工业经济，2009（2）：131-140.

［241］张旭波．公司行为与竞争优势——评迈克尔·波特的价值链理论［J］．国际经贸探索，1997（3）：34-37.

［242］张咏华．中国制造业在国际垂直专业化分工体系中的地位［D］．南开大学博士论文，2013.

［243］张云逸．基于技术权力的地方企业网络演化研究［D］．华东师范大学，2009.

［244］赵爱英．企业技术创新与品牌创建：内在联系与对策［J］．商业研究，2008（2）：77-81.

［245］赵慧群，陈国权．团队两种多样性、互动行为与学习能力关系的研究［J］．中国管理科学，2010，18（2）：181-192.

[246] 赵立斌. 东盟在全球产品内分工的地位与跨国公司 FDI [J]. 国际贸易问题, 2012 (10): 86 -96.

[247] 赵树宽, 闫放. 从技术能力形成的角度看技术标准竞争及政策启示 [J]. 情报科学, 2006 (6): 851 -854.

[248] 郑丹青, 于津平. 增加值贸易视角下双边贸易利益再分解——以中美贸易为例 [J]. 世界经济研究, 2016 (5): 52 -63 +135.

[249] 郑健壮, 叶峥. 基于资源观的产业集群政策研究 [M]. 上海: 上海三联书店, 2007.

[250] 郑艳红, 吴新年. 基于专利的企业技术竞争力评价研究进展 [J]. 图书与情报, 2014 (4): 86 -91.

[251] 中共赣州南康区委, 赣州市南康人民政府: 南康家具产业转型升级情况汇报材料.

[252] 钟帅, 章启宇. 基于关系互动的品牌资产概念、维度与量表开发 [J]. 管理科学, 2015 (2): 69 -79.

[253] 朱勤. 我国电子信息业的国际市场势力: 一个实证分析 [J]. 国际贸易问题, 2009 (2): 41 -47.

[254] 祝坤福, 陈锡康, 杨翠红. 中国出口的国内增加值及其影响因素分析 [J]. 国际经济评论, 2013 (4): 116 -127 +7.

[255] 宗毅君. 国际产品内分工与进出口贸易——基于我国工业行业面板数据的经验研究 [J]. 国际贸易问题, 2008 (2): 7 -13.

[256] Aaker David A, Jacobson Robert. The Value Relevance of Brand Attitude in High Technology Markets [J]. Journal of Marketing Research, 2001, 38 (4): 485.

[257] Adel Ghannam. Business integration unit (BIU) adapter for industrial global value chain on the web, Journal of Electrical Systems and Information Technology, 2016 (3).

[258] Altenburg, T., Governance patterns in value chains and their development impact. European Journal Of Development Research, Vol. 18, No. 4, 2006.

[259] Barney J. B. Firm Resources and Sustainable Competitive Advantage. Journal of Management [J]. 1991, 17 (1): 99 -120.

[260] Barney J. B. Strategic Factor Markets: Expectations, Luck, and Business Strategy [J]. Management Science, 1986, (42): 1231 - 1241.

[261] Bart Nooteboom. Trust, Opportunism and Governance: A Process and Control Model [J]. Organization Studies, 1996, 17 (6): 985 - 1010.

[262] Barwise P. Brand equity: Snark or Boojum? [J] International Journal of Research Marketing, 1993 (10): 93 - 104.

[263] Brach, J. & Kappel, R., (2009) "Global Value Chains, Technology Transfer and Local Firm Upgrading in Non-OECD Countries" www. giga-hamburg. de/working papers, GIGA WP 110/2009.

[264] Brandow, GE. Market Power and its sources in the Food Industry [J]. American journal of Agricultural Economies, 1969, 51 (1): 1 - 12.

[265] BRQ Business Research Quarterly Virginia Hernǿndez; Torben Pedersen; Global value chain configuration: A review and research agenda, 2016, 11.

[266] Cecilia Jona-Lasinio; Stefano Manzocchi; Valentina Meliciani, Knowledge based capital and value creation in global supply chains, Technological Forecasting & Social Change, 2019 (7).

[267] Colin C. J. Cheng, ja-Shen Chen. "Breakthrough innovation: the roles of dynamic innovation capabilities and open innovation activities", Journal of Business & Industrial Marketing, Vol. 28 Issue, 2013 (5): 444 - 454.

[268] Daniel J., McAllister. Affect and Cognition-Based Trust as Foundation for Interpersonal Cooperation [J]. Academy of Management Journal, 1995, 38 (1): 24 - 59.

[269] DANNEELSE. The dynamics of product innovation and firm competences [J]. Strategic Management Journal, 2002, 23 (12): 1095 - 1121.

[270] Dedrick J, Kraemer K L, Linden G. Who profits from innovation in global value chains? a study of the iPod and notebook PCs [J]. Industrial & Corporate Change, 2010, 19 (1): 81 - 116.

[271] Dennis, R. Appleyard, Alfred J, Field JR. International Economics [M]. 3rd ed 机械工业出版社影印版, 1998, 188.

[272] Douglas W. Vorhies; Neil A. Morgan. Benchmarking Marketing Capabilities for Sustainable Competitive Advantage. Journal of Marketing. 2005,

信毅学术文库

Vol. 69 Issue 1, 80 – 94. 1 Diagram, 5 Charts.

[273] Fan C., and Y. F. Hu. Foreign Direct Investment and Indigenous Technological Efforts: Evidence from China [J]. Economics Letters, 2007 (96).

[274] Fredericke. Webster, R. Academic papers: A roadmap for branding in industrial markets. Brand management vol. 11, no. 5, 2004, 5, 388 – 402.

[275] Gabriel R G Benito; Bent Petersen; Lawrence S Welch, The global value chain and internalization theory, Springer journal, 2019, 10.

[276] Gary Gereffi and Miguel Korzeniewicz, eds., Commodity Chains and Global Capitalism, Westport CT: Praeger, 1994.

[277] Gary Gereffi, The Organization of Buyer-driven Global Commodity Chains: How U. S. Retailers Shape Overseas Production Networks, 95 – 122.

[278] Gefeffi, G., 1999b, A Commodity Chains Framework for Analyzing Global Industries, Working Paper for H1S.

[279] Gereffi G, Humphrey, J, Sturgeon, T. The Governance of global value chains [J]. Forthcoming in Review of International Political Economy, 2003, 11 (4): 5 – 11.

[280] Gereffi G, Lee J. Economic and Social Upgrading in Global Value Chains and Industrial Clusters: Why Governance Matters [J]. Journal of Business Ethics, 2014, 133 (1): 25 – 38.

[281] Gereffi G. Global Production System sand Third World Development [M]. Cambridge, Cambridge University Press, 2002.

[282] Gereffi, G and Korzeniewicz, M. Commodity chains and global capitalism [M]. Westport: Praeger, 1994.

[283] Gereffi, G, Humphrey J, Sturgeon T. The governance of global value chains [J]. Review of International Political Economy, 2005, 12 (1): 78 – 104.

[284] Gereffi, Gary. Korzeniewicz, Miguel. Eds. Commodity chains and global capitalism [M]. Westport, Connecticut: Greenwood Press. 1993.

[285] Gibrat R. Les Inégalités économiques [M]. Paris: Recueil Sirey, 1931.

[286] Giuliani E, Pietrobelli C, Rabellotti R. Upgrading in global value

chains: Lessons from Latin American clusters [J]. World Development, 2005, 33 (4): 549 - 573.

[287] Giuseppe Celi. Vertical and horizontal intra-industry trade: What is the empirical evidence for the UK [J]. CELPE Discussion Papers, No. 49. 1999.

[288] Greenaway, D., Hine, R., Milner, C. Vertical and horizontal intra-industry trade: a cross industry analysis for the UK [J]. The Economic Journal, 1995 (105): 1505 - 1518.

[289] Grereffi, G. International Trade and Industrial Upgrading in the Apparel Commodity Chain [J]. Journal of International Economics, 1999, 48 (1): 37 - 70.

[290] Gronroos C. From Marketing Mix to Relationship Marketing [J]. Management Decision, 1997, 35 (3 /4): 322 - 339.

[291] Guillaume Gaulier; Aude Sztulman; Deniz Ünal, Are global value chains receding? The jury is still out. Key findings from the analysis of deflated world trade in parts and components, International Economics, 2019, 10.

[292] Hamel G. The Concept of Core Competence [M]. New York: John W iley& Sons, 1994.

[293] Hart, O. Firms, Contraets, and Financial Structure [M]. Oxford: Oxford University Press, 1995.

[294] Hobday, M. 1995 (a). East Asian latecomer firms: Learning the technology of electronics. World Development, 23 (7): 1171 - 1193.

[295] Hobday, M. Innovation in East Asia: The Challenge to Japan [M]. Cheltenham, UK: Edward Elgar Publishing, 1995 (b).

[296] Hopkins T. Wallerstein I. Commodity Chains in the World Economy Prior to 1800. Review, 1986, 10 (1): 157 - 170.

[297] Howard Davies & David Ko. Up-grading and performance: the role of design, technology and business strategy in Hong Kong's electronics industry. Asia Pacific J Manage, 2006 (23): 255 - 282.

[298] Hummels, D, Jun lshii, Kei Mu Yi. The Nature and Growth of Vertical Specialization in World Trade [J]. Journal of International Economics, 2000 (54): 75 - 96.

[299] Hummels, David, Jun Ishii, and Kei-Mu Yi. "The Nature and Growth of Vertical Specialization in World Trade." Journal of International Economics, 2001, 54 (1): 75 -96.

[300] Humphrey J, Schmitz H. Governance in global value chains [A]. Hubert Schmitz, Local Enterprises in the Global Economy: Issues of Governance and Upgrading [C]. 2003 (32): 19 -29.

[301] Humphrey, J and Schmitz, H. How does insertion in global value chains affect upgrading in industrial clusters [J]. Regional Studies, 2002, 9 (36): 1017 -1027.

[302] Humphrey, J, Schmitz H. Governance and Upgrading: Linking Industrial Cluster and Global Value hain Research [A]. IDS Working Pa-per [C]. Brighton, Institute of D evelopment Studies, University of Sussex, 2000, 24 (3): 36 -52.

[303] Jao, Y. W. The Determinants of Capability Acquisition Through Cross-border Strategic Alliances: A Study of Taiwan Contract Manufacturing Projects [J]. Academy of Management Review, 1999 (5).

[304] Jay Weerawardena, PHD. The role of marketing capability innovation-based competitive strategy. Journal of Strategic Marketing, 2003 (11): 15 -35.

[305] John Humphrey and Hubert Schmitz, Governance and Upgrading: Linking Industrial Cluster and Global Value Chain Research, IDS Working Paper, 2000, Vol. 120, Institute of Development Studies.

[306] Johnson, Robert C and Guillermo Noguera. "Accounting for Intermediates: Production Shar-ing and Trade in Value Added." Journal of International Economics, 2012, 86 (2): 224 -36.

[307] Kamal Saggi, market power in the global economy: the exhaustion and protection of intellectual property. The Economic Journal, 2012, 123 (3): 131 -161.

[308] Kaplan, Sarah. Vakili, Keyvan. The double-edged sword of recombination in breakthrough innovation. Strategic Management Journal. 2015, Vol. (10), 1435 -1457.

[309] Kaplinsky R. Spreading the gains from globalization: What can be learned from value chain analysis? [J]. Journal of DevelopmentStudies, 2000, 37 (2): 117 – 146.

[310] Kaplinsky, R and Morris, M. A Handbook for Value Chain Research, Prepared for the IDRC, 2001.

[311] Kaplinsky, R. and Morris, M., The globalization of product markets and immiserizing growth: Lessons from the South African furniture industry. World Development, Vol. 30, No. 7, 2002.

[312] Kexin Bi; Ping Huang; Xiangxiang Wang; Innovation performance and influencing factors of low-carbon technological innovation under the global value chain: A case of Chinese manufacturing industry, Technological Forecasting & Social Change, 2016, 7.

[313] Kogut B. Designing global strategies: comparative and competitive value added chains [J]. Sloan Management Review, 1985, 26 (4): 15 – 28.

[314] Koopman R, Wang Z, Wei S J. Tracing value-added and double counting in gross exports [J]. The American Economic Review, 2014, 104 (2): 459 – 494.

[315] Koopman, R., W. Powers, Z. Wang, S. J. Wei. Give Credit to Where Credit is Due: Tracing Value Added in Global Production [J]. NBER Working Paper 16426, 2010.

[316] Lall, S. Technological change and industrialization in the Asian newly industrializing economies: achievements and challenges. In L. Kim, R. R. Nelson (eds) Technology, Learning & Innovation. Experiences of Newly Industrializing Economies, Cambridge: Cambridge University Press. Mathews, J. H. 2001, 13 – 68.

[317] Liliya, Veronika V. Tarnovskaya. Branding capability of technology born global [J]. Brand Management. 2010 (18): 212 – 227.

[318] LIU Zhiying; ZHENG Xiaofeng. The Analysis of Chinese Enterprises' Upgrading From OEM to ODM: The Opportunity Windows and Paths. Canadian Social Science. Vol. 9, No. 3, 2013, 1 – 8.

[319] Luczak, C A. et, al In-branding: Development of a conceptual

model, Academy of Marketing Studies Journal, 2007, 11 (2): 123 – 137.

[320] Luo, C. and J. Zhang, China Trade Policy Review: A Political Economy Approach, The World Economy, 2010. 33, 11: 1390 – 1413.

[321] Memedovic, O. "Inserting Local Industries into Global Value Chains and Global Production Networks", UNIDO Working Paper, 2004.

[322] Meyer M H, Utterback J M. The Product Family and the Dynamics of Core Capability [J]. Sloan Management Review, 1993, 34 (3): 29 – 47.

[323] Mintzberg, H. T. The Structuring of Organizations [M]. Englewood Cliffs, NJ: Prentice Hall, 1979.

[324] Morrison, A., C. Pietrobelli, and R. Rabellotti, Global Value Chains and Technological Capabilities: A Framework to Study Industrial Innovation in Developing Countries. Oxford Development Studies, 2008, 36 (1): 39 – 58.

[325] Mudambi S., Doyle, P. and Wong, An exploration of branding in industrial markets. Industrial Marketing Management. 1997, 26 (5): 433 – 446.

[326] Otubanjo Olutayo, Lim Lynn. A Corporate Brand in the Technology Road-map: Sony [J]. Journal of Brand Management, 2011 (8).

[327] O' Cass, A. and Ngo, L. V. "Achieving customer satisfaction in services firms via branding capability and customer empowerment", Journal of Services Marketing, 2001, Vol. 25 No. 7, 489 – 496.

[328] Patrick Barwise, Professor. International Journal of Research in Marketing, 1993, Vol. 10, 93 – 104.

[329] Penrose Edith T. The theory of the growth of the firm. New York: John Wiley. Oxford University Press, 1959.

[330] Philip Kotler, and Waldemar Pfoertsch. Ingredient branding: making the invisible visible [M]. 2010, New York: Springer.

[331] Powell, W. Neither market nor hierarchy: network forms of organization [J]. Research in Organizational Behavior, 1990, 12 (3): 295 – 336.

[332] Prahalad C K, Gary Hamel. The Core Competence of the Corporation. Harvard Business Review [J]. 1990, 68 (3): 79 – 91.

[333] Pugh, D. S. Organization Theory: Selected Readings [M]. Harmondsworth: Penguin, 1990.

[334] Raphael Kaplinsky and Mike Morris, a Handbook for Value Chain Research Prepared for the IDRC, 2001, 38 -391.

[335] Raykov, T. on the use of confirmatory faetor analysis in Personality research [J]. Personality and Individual Differenees, 1998, 24: 29 -293.

[336] Robert C. Johnson. Five Facts about Value-Added Exports and Implications for Macroeconomics and Trade Research [J]. Journal of Economic Perspectives, 2014, 28 (2): 119 -142.

[337] Ronadner and constance E. Helfat. Corporate effects and dynamic managerial capabilities. Strategic Management Journal, Vol. 24, No. 10. Oct., 2003.

[338] Ruey-Wan Liou; Hsing-Chun Lin; Ching-Cheng Chang; Shih-Hsun Hsu; Unveiling the true value of across-strait trade: The global value chain approach, China Economic Review, 2016. 10.

[339] R. Kaplinsky & J. Readman. Integrating SMEs in Global Value Chains: Towards Partnership for Development. Vienna, Austria: Unido, Private Sector Development Branch, 2001.

[340] Sanchez, R., Success Factors, Competitive Advantage and Competence Development, Journal of Business Research, 2004, Vol. 57, No. 5, 518 -532.

[341] McWilliam, Sarah E. & Kim, Jung Kwan & Mudambi, Ram & Nielsen, Bo Bernhard, 2020. "Global value chain governance: Intersections with international business," Journal of World Business, Elsevier, Vol. 55 (4).

[342] Schmitz, H., local upgrading in global value chains: Recent findings. Paper to be presented at the DRUID summer conference on industrial dynamics, innovation and development, Elsinore, Denmark 2004.

[343] Schumpeter, J. A. Capitalism, Socialism andDemocracy. New York: Harper & Brothers, 1942.

[344] Smith, A. Power Relations, Industrial Clusters, and Regional Transformations: pan-European Integration and outward Processing in the Slovak Clothing Industry [J] Economic Geography, 2003 (1): 17 -40.

[345] Song M Drge C, Hanvanich S, Calantoner. Marketing and technolo-

gy resource complementarity: An analysis of their interaction effect in two environmental contest [J]. Strategic Managemet Journal, 2005, 26 (3): 259 – 276.

[346] Stefano Ponte and Timothy J. Sturgeon, Explaining Governance in Global Value Chains: A Modular Theory-building Effort, Review of International Political Economy, 2014, Vol. 21, No. 1, 195 – 223.

[347] Stefano Ponte, Governing Through Quality: Conventions and Supply Relations in the Value Chain for South African Wine, Sociology Ruralist, 2009, Vol. 49, No. 3, 236 – 257.

[348] Teck-Yong Eng, J. Graham Spickett-Jones. An investigation of marketing capabilities and upgrading performance of manufacturers in mainland China and Hong Kong. Journal of World Business, 2009 (44): 463 – 475.

[349] Teece D J, Pisano G, Shuen A. Dynamic capabilities and strategic management [J]. Strategic Management Journal, 1997, 18 (7): 509 – 533.

[350] Teece, A dynamic capabilities and strtegic management, 1997.

[351] Temi Abimbola. Branding as a Competitive Strategy for Demand Management in SMEs. Journal of Research in Marketing & Entrepreneurship: 2001 (3): 97 – 106.

[352] Temi Abimbola. Journal of Research in Marketing and Entrepreneurship, 2001, Vol. 3, No. 2, 97 – 106.

[353] Timmer M P, Dietzenbacher E, Los B, et al. An Illustrated User Guide to the World Input-Output Database: the Case of Global Automotive Production [J]. Review of International Economics, 2015, 23 (3): 575 – 605.

[354] United Nations Industrial Development Organization. Industrial Development Report 2002/2003, 2002.

[355] Winter S G. Understanding dynamic capabilities [J]. Strategic Management Journal, 2003, 24 (10): 991 – 995.

[356] Yan Zhou; Shumei Chen; Mei Chen, Global value chain, regional trade networks and Sino-EU FTA, Structural Change and Economic Dynamics, 2019 (4).

[357] Yang, C. and C. Huang. "R&D, Size and Firm Growth in Taiwan's

Electronics Industry," Small Business Economics, 2005, 25 (5): 477-487.

[358] Yao, S. and J. Zhang, Review of China's Economic Performance in 2011 (Nottingham: University of Nottingham).

[359] Yeat. The grey retional evaluation of the manufacturing value chain. consumer marketing [J]. Technovation, 1998, 25 (9): 1051-1058.

附　录

我国产业集群企业全球价值链高端攀升的机理调查问卷

尊敬的先生/女士：

您好！

非常感谢您参与本次学术问卷调查，问卷调查所获得的内容用于纯学术研究，我们会对所有信息予以保密，请您放心填写。本次问卷调查的目的是研究推动我国代工企业升级的动力及政策因素，您所提供的信息具有重要的作用，问卷填空内容的真实性决定了最终结果，请您根据实际情况填写最符合企业升级情况的选项。资料填写过程中，如果对某些问题、项目存在疑义，可随时与我们联系。

万分感谢您的支持与配合，祝贵企业事业蒸蒸日上，您工作愉快，宏图大展！

第一部分　企业基本信息

请您根据实际情况选取与贵企业最符合的选项，在相应选项“□”上打“√”，问题为单选题。

1. 贵企业所属行业类型是

□劳动密集型行业　□资本密集型行业　□技术密集型行业　□其他(请填写具体行业)

2. 贵企业的所有权性质是

□国有企业　□中外合资或外商投资　□民营企业　□其他

3. 贵企业现有员工人数约为

□50 人以内　□51～500 人　□501～1000 人　□1001～5000 人
□5000 人以上

4. 贵企业成立年限为

□5 年以内　□5～10 年　□10～20 年　□20～50 年　□50 年以内

5. 2016 年企业研发费占当年销售总额的比例为

□1% 以下　□1%～3%　□3%～5%　□5%～10%　□10% 以上

6. 贵公司拥有产品品牌的数量是

□无　□1 个　□1～3 个　□3 个以上

7. 您在贵企业的职位为

□股东、董事　□高级管理人员　□中层管理人员　□一般管理人员
□技术人员　□普通员　□其他

填写说明：下列每个题项均由 1 到 7 个等级构成，不同的数字代表题项的内容与贵企业实际情况的符合程度，根据贵企业的实际情况，请在该题项相应数字上打"√"，每个问题均为单选题。

第二部分　集群企业升级推动力

选择项含义：1——非常不符合，2——比较不符合，3——稍微不符合，4——一般，5——稍微符合，6——比较符合，7——非常符合

8. 技术力（technical capabilities）

TC01	贵企业非常重视知识产权对企业技术能力的提升	1	2	3	4	5	6	7
TC02	贵企业已经申请相关专业领域的专利	1	2	3	4	5	6	7
TC03	贵企业通过技术标准的竞争来获取企业的竞争优势	1	2	3	4	5	6	7
TC04	相关产业的知识产权制度推动了贵企业的自主创新发展	1	2	3	4	5	6	7
TC05	贵公司组建或加入了相关专利联盟组织	1	2	3	4	5	6	7
TC06	贵公司积极主持或参与国际、国内行业标准的制定	1	2	3	4	5	6	7
TC07	贵公司常常在行业内领先推出新产品、服务	1	2	3	4	5	6	7
TC08	贵企业的核心技术在行业中有竞争力、影响力	1	2	3	4	5	6	7
TC09	贵公司拥有生产或提供主导产品或服务的互补性资源	1	2	3	4	5	6	7
TC10	贵企业根据客户需要改善产品生产、工艺流程	1	2	3	4	5	6	7

续表

9. 市场力（marketing capabilities）								
MC01	贵企业具有领先于竞争对手的市场研究能力	1	2	3	4	5	6	7
MC02	贵企业新产品开发与客户匹配的程度较高	1	2	3	4	5	6	7
MC03	贵企业在行业中具有单独或联合定价权	1	2	3	4	5	6	7
MC04	贵企业通过合作、联盟等形式构建营销核心能力	1	2	3	4	5	6	7
MC05	贵企业市场管理创新的水平高于竞争者	1	2	3	4	5	6	7
MC06	贵企业居于渠道领导的地位	1	2	3	4	5	6	7
MC07	贵企业的产品在同类产品中占有市场份额较大	1	2	3	4	5	6	7
MC08	贵企业会影响到竞争者营销策略的制定	1	2	3	4	5	6	7
10. 品牌力（brand capabilities）								
BC01	贵企业品牌声誉高，受消费者推崇	1	2	3	4	5	6	7
BC02	贵企业具有统一品牌定位	1	2	3	4	5	6	7
BC03	贵企业品牌消费者的溢价支付意愿	1	2	3	4	5	6	7
BC04	贵企业具有独特的品牌形象	1	2	3	4	5	6	7
BC05	贵企业品牌越来越受欢迎	1	2	3	4	5	6	7
BC06	贵企业为某产品大类中的领导者	1	2	3	4	5	6	7
BC07	贵企业因为创新而受到欢迎	1	2	3	4	5	6	7
BC08	贵企业品牌提供的产品物有所值	1	2	3	4	5	6	7

第三部分　中间变量

选择项含义：1——非常不符合，2——比较不符合，3——稍微不符合，4——一般，5——稍微符合，6——比较符合，7——非常符合

11. 信任关系（trust Relations）								
TR01	企业与合作者保持良好的信任关系和合作机制	1	2	3	4	5	6	7
TR02	企业与合作者之间经常交流信息和资源	1	2	3	4	5	6	7
TR03	与合作者之间经常开展合作项目，解决关键问题	1	2	3	4	5	6	7

续表

TR04	愿意与合作者共享信息和资源	1	2	3	4	5	6	7
TR04	企业与合作者之间经常交流信息和资源	1	2	3	4	5	6	7
TR05	本企业一直严格履行合同职责	1	2	3	4	5	6	7
TR06	本企业对口头协定都向来言出必行	1	2	3	4	5	6	7
TR07	本企业能根据客户要求及时提供服务	1	2	3	4	5	6	7
12. 制度环境（institutional environment）								
IE01	政府减轻企业税外负担	1	2	3	4	5	6	7
IE02	放宽审批、配额、许可证等限制，简化程序	1	2	3	4	5	6	7
IE03	市场中介组织的发展对企业的帮助较大	1	2	3	4	5	6	7
IE04	产品市场的发育程度较好	1	2	3	4	5	6	7
IE05	要素市场的发育程度较好	1	2	3	4	5	6	7
IE06	拓宽融资渠道、提供贷款优惠、保险以及风险控制	1	2	3	4	5	6	7
IE07	给予免税、减税、贴息等优惠	1	2	3	4	5	6	7
IE08	建立和完善人才教育培训体系	1	2	3	4	5	6	7
IE09	制定符合本国创新标准并与国际接轨的技术标准	1	2	3	4	5	6	7
IE10	培育创新文化，形成支持创新创业的社会氛围	1	2	3	4	5	6	7
IE11	法律系统能有效保证商业合同的履行	1	2	3	4	5	6	7
13. 核心能力（core capabilities）								
CC01	贵企业形成了成熟的核心能力	1	2	3	4	5	6	7
CC02	贵企业的核心能力逐渐增强	1	2	3	4	5	6	7
CC03	贵企业员工了解企业的核心能力，并愿意保护与强化	1	2	3	4	5	6	7
CC04	贵企业核心能力在专业领域内处于领先地位	1	2	3	4	5	6	7
CC05	贵企业的核心能力是多种能力的组合	1	2	3	4	5	6	7
CC06	贵企业具有提升核心能力的架构能力（整合能力）	1	2	3	4	5	6	7
CC07	贵企业具有提升核心能力的元件能力（职能能力）	1	2	3	4	5	6	7